Dr. Christoph S.

Vom Islam zum Islamismus, vom islamischen Fundamentalismus zum Djihadismus.

Dieses Buch ist meiner Familie gewidmet.

> Nach dem Weltjugendtag [...] zogen angetrunkene junge Muslime am Kölner Dom vorbei und riefen: In vierzig Jahren gehört der uns. (Aus dem Interview des Weihbischofs Heiner Koch in der RP vom 30.08.2006, [1] *„Christen müssen frecher werden"* A4).

Dr. Christoph S.

Vom Islam zum Islamismus, vom islamischen Fundamentalismus zum Djihadismus - ein ideologiekritischer Aufklärungsversuch.

Geschrieben 2007, veröffentlicht 2017.

---

[1] Rheinische Post: http://www.rp-online.de/politik/deutschland/christen-muessen-frecher-werden-aid-1.2315368

Bibliografische Information der Deutschen Nationalbibliothek:
Die Deutsche Nationalbibliothek verzeichnet diese Publikation in der Deutschen Nationalbibliografie. Detaillierte bibliografische Daten sind im Internet über http://dnb.d-nb.de *abrufbar.*

© 2017 Dr. Christoph S.
Das Werk ist urheberrechtlich geschützt.

Herstellung und Verlag: BoD – Books on Demand, Norderstedt

ISBN 978-3-7431-5321-9

Inhaltsverzeichnis

Vorwort 1
Einleitung 6
Hauptteil 13
   1. Der Islam 13
   2. Darstellung des eigenen ideologiefunktionellen Standpunktes aus Sicht der Kulturanthropologie im Vergleich zum islamischen Menschenbild 16
      2.1 Kulturanthropologische Prämissen 17
      2.2 Das Menschenbild des Islam 22
   3. Vom Islam zum Islamismus 33
      3.1 Der Beginn beider Religionen (Christentum & Islam) 34
      3.2 Der dreifache Universalitätsanspruch des Islam 41
   4. Die Wertproblematik 64
      4.1 Nietzsches doppelte Verneinung der Wahrheit 65
      4.2 Monod – ein Vertreter des strikten Dualismus von deskriptiver Wissenschaft und normativen Gegenstandsbezügen 68
      4.3 Lenk – der Konstruktivismus und der Wert-Wahrheitsdualismus ... 75
      4.4 Birnbacher - der „naturalistische Fehlschluss" 79
   5. Ideologiekriterien, die den Islamismus als defizitäre Ideologie charakterisieren 88
      5.1 Erkenntnisdefizit 89
      5.2 Erkenntnismonopole 92
      5.3 Dichotomisches Deutungsschema 95
      5.4 Dämonisierung des Feindbildes, Glorifizieren der eigenen Rolle 98
      5.5 Leerformeln 102
      5.6 Ambivalenz 105
      5.7 Asymmetrie 113
      5.8 Selektive Wahrnehmung 118
   6. Islamischer Fundamentalismus 123
      6.1 Geschichte des Islamismus 126

6.2 Fundamentalismus – ein Phänomen der Moderne? 132
6.3 Fundamentalistische Prämissen in Ontologie und Erkenntnistheorie 138
6.4 Islamismus und Wissenschaft 151
6.5 Islamismus und Demokratie 156
7. Vom Islamismus zum Djihadismus 164
8. Schluss 174
8.1 Zusammenfassung 174
8.2 Ausblick 178
Anhang: Der Islamismus im Spiegel von ausgewählter Literatur 184
A.1 Akbuluth: Der Islam und seine Bedeutung für die Weltpolitik – eine Fehl- und Falschinterpretation 184
A.2 Kellerhals: Der Islam. – eine aneignende Interpretation 199
A.3 *Elyas:* Islam – Religion des Friedens: *BKA (Hg.):* Islamistischer Terrorismus - *eine verharmlosende Interpretation* 202
A.4 Khoury: *Der Islam und die westliche Welt* – eine religionsphilosophisch-theologische Interpretation 210
A.5 Domenico Losurdo: *Was ist Fundamentalismus?* – eine objektivistische Interpretation... 215
Literaturverzeichnis 219

Vorwort

Bertrand Russell vertritt in seiner Philosophiegeschichte *"Philosophie des Abendlandes – Ihr Zusammenhang mit der politischen und sozialen Entwicklung"* eine neue Auffassung über die Geschichte der Philosophie, deren programmatische Intentionen er schon im Untertitel unterstreicht. Danach ist die Philosophie und ihre Geschichte keine zeitenthobene und von der menschlichen Sozietät abgelöste Selbstbespiegelung des menschlichen Geistes; sondern „Philosophen sind sowohl Ergebnisse als auch Ursachen: Ergebnisse ihrer sozialen Umstände, der Politik und der Institutionen ihrer Zeit; Ursachen (wenn sie Glück haben) der Überzeugungen, die der Politik und den Institutionen späterer Zeitalter die Form geben" (Köln 2002). Dieser Generalthese folgt die Analyse. Sie wird im Hauptteil durch unstrittige Hinweise auf die Goldene Zeit der islamischen Philosophie argumentativ bestätigt. Im Schlussteil wird eine Prognose gewagt, wie sich eine Auseinandersetzung des Islam mit seiner eigenen und derjenigen der Neuzeit soziokulturell auswirken kann.

Das vorige Jahrhundert war in Europa durch drei Großideologien geprägt: Imperialismus, Nationalsozialismus und Kommunismus. Imperialismus und Nationalsozialismus haben sich in zwei Weltkriegen unter ungeheurem Verlust an Menschen und Material ausgetobt; der Kommunismus, der vor allem in den Gulags der Sowjetunion reiche Ernte an Menschenleben gehalten hat und in China unter Mao etwa 70 Millionen Menschen ermorden ließ, hat sich an seinen eigenen Widersprüchen, artikuliert durch Präsident Gorbatschow, selbst beerdigt. Was alle drei Ideologien[2] einigt, ist ihr strukturell ähnliches Wertsystem, das dem Menschen nur eine instrumentelle Existenz zugesteht, mit dem diese Ideologien ihr Machtspiel treiben konnten.

Doch das Aufatmen auf der Welt wird zusehends schwächer, weil das ideologische Vakuum, entstanden durch den weitgehend unblutigen Untergang des Sowjetimperiums, sich schon wieder zu füllen beginnt. Die Religion „Islam" gerät mehr und mehr unter den politischen Einfluss der Herrschaftsidee des

---

[2] Die hier deutlich werdende Einbettung dieses Begriffes in einen negativen Kontext begnügt sich vorläufig in seiner Verwendung, eine defizitäre Gesellschaftstheorie mit inkorporiertem rigidem Praxisbezug zu sein.

Islamismus, einer fundamentalistischen Befreiungsideologie[3] mit missionarischem Eifer und Eiferern, die ihre Weltanschauung einer wörtlichen Auslegung des Korans entnehmen und einen muslimischen Gottesstaat mit globalem Umfang planen, deren Feindbild, der Westen, immer mehr dämonisiert wird, so dass das christliche Abendland gemäß dieser Schilderung immer mehr einem Sodom und Gomorra gleicht, dessen Auslöschung ein gottwohlgefälliges Werk ist.

Ebenso wie die schon genannten Großideologien ihre Feindbilder entwickelt haben, der Imperialismus den gnadenlosen Konkurrenten, der Nationalsozialismus die ‚minderwertigen Rassen', vor allem das internationale Judentum, der Kommunismus den ‚Klassenfeind', die zur problemlosen Vernichtung vorher dämonisiert und ‚verteufelt' wurden, so präsentiert heute der Islamismus sein Feindbild des ‚kreuzzüglerischen Westens' mit den USA und Israel als Protagonisten.

Auch hier ist auffällig, dass der Andere (wir) nacheinander die Rolle des Mitbürgers, dann des Gegners, dann des Feindes, dann des teuflischen Abgesandten der Hölle, zum Schluss dann des Untieres, Unmenschen und Unwesens (Inkarnationen des Bösen) durchlaufen, so dass es jedem guten Bürger als Angehöriger einer wahrhaft gottgefälligen Weltanschauung Pflicht sein muss, den ‚Anderen' (uns) schließlich als ‚Menschenmüll' zu ‚entsorgen'. Der terroristische Flügel des Islamismus, ungerührt von den mahnenden Stimmen einiger religiöser Führer des Islam, hat sich diesem ‚Entsorgungsprogramm' verschrieben. Es ist der Zynismus der Macht, der hier wie bei den anderen genannten Ideologien die Existenz des Menschen auf ein reibungsloses Funktionieren reduziert und höchstens als Mittel gelten lässt.

Der menschenverachtende Islamismus, der jetzt in der Reihe „Faschismus", „Kommunismus" und „Nationalsozialismus" im Gleichschritt mitmarschiert, ist ein Angriff auf alle zivilisierten Nationen, was mich dazu führt, diese terroristische Ideologie argumentativ zu entlarven und dadurch zu bekämpfen, nicht zuletzt aus der leidvollen Erfahrung mit dem Kommunismus. „Veränderung

---

[3] Auch dieser Begriff soll zunächst phänomenologisch als Sammelbegriff der Erscheinungsformen dienen, die sich vor allem durch Gebrauch der Medien unter diesem schillernden Begriff im Alltag zusammenfassen lassen. Dabei wird unterstellt, dass der Begriff „Islam" zunächst deutlich von dem Phänomen „Islamismus" zu trennen ist: ersterer bedeutet „Leben nach der heiligen Schrift des Koran", letzterer „Leben nach seiner von Ideologen instrumentalisierten und deformierten Botschaft".

durch Aufklärung" – so möchte ich mein in diesem Buch niedergelegtes Programm plakativ zusammenfassen. Die argumentative Entlarvung des Islamismus als negative Karikatur einer missbrauchten Erlösungsreligion (ich sehe vor mir ständig die beiden zusammenstürzenden Tower des World Trade Centers in New York) lässt mich emotional nicht kalt, so dass ich meinen Standpunkt bei normativen Bewertungen engagiert und sprachlich unmissverständlich vertreten werde; für die Sachdarstellung gilt das Objektivitätspostulat. Der Leser kann immer zwischen normativer Subjektivität und deskriptiver Objektivität unterscheiden.

Dass vieles in Zukunft für eine militärische Konfrontation des Westens mit dem Islamismus spricht, ist Meinung von Huntington (1996)[4]. In seinem umstrittenen Buch *"Kampf der Kulturen"* vertritt er die These: ‚Es gibt zwei Weltkulturen (besser Zivilisationen), die des Islam und die des Westens. Beide erheben einen universalen Machtanspruch.' Die Muslime glauben, dass sie das Recht und damit die Macht haben, ihre Kultur mit physischem Nachdruck auf der ganzen Welt zu verbreiten; die Europäer sind von der Überlegenheit ihrer rationalen Zivilisation überzeugt und wollen trotz schwindender Macht eine westliche Weltzivilisation aufrechterhalten. Letztere hoffen, dass durch die Globalisierung der menschlichen Belange eine die Einzelkultur transzendierende Weltkultur entsteht. Im Grunde bedeutet der alleinige Machtanspruch eine Neuauflage der Bipolarität zwischen sowjetischem Kommunismus und amerikanischen Kapitalismus als Kampf zwischen Islamismus und freiem Westen.

Die Klärung der strittigen Begriffe „Zivilisation" und „Kultur" möchte ich hier mit dem Begriff „System" umgehen. Der Einwand, dass es ein einheitliches islamisches System nicht gibt, sondern nur viele islamischen Staaten mit eigenen Interessen, die niemals eine Einheit bilden können, ist historisch und tatsächlich gut zu belegen, aber auch die Gegenthese[5], weil der Karikaturen-

---

[4] Es wird „amerikanisch" zitiert, also Autor, Erscheinungsjahr seiner Produktion und Seitenzahlen in dem Text durch eine Klammer markiert. Beziehen sich nacheinander mehrere Zitate auf die gleiche Publikation, erscheinen sie nur als eingeklammerte Seitenangabe.

[5] Hier wird die partikulare von der globalen Betrachtungsweise unterscheiden. Indem ein Problem in viele Teilprobleme zerlegt wird, kommt man der Wirklichkeit sehr nahe, verliert aber die Sicht auf die verursachenden Hintergründe, so dass eine Beurteilung des Ganzen nicht mehr möglich ist. Indem ein Problem in globale Zusammenhänge eingeordnet wird, entfernt man sich von der konkreten Wirklichkeit der Einzeldaten, gewinnt aber allgemeine strukturel-

streit gezeigt hat, dass in religiösen Fragen die Muslime ein einheitliches Bewusstsein besitzen und weil der Islamismus sich anschickt, länderübergreifend das gemeinsame Fundament des politischen Islam zu werden. Es gibt auch die Utopie eines gemeinsamen Gottesstaates, die unter Mohammed, den vier „rechtgeleiteten Kalifen", den „Omaijaden" und der „Hohen Pforte" alle oder viele Muslime in einem historisch existenten Reich vereinigt hat und also wieder Realität werden kann, wenn sie ernsthaft angestrebt wird, weil sich die Glaubensbasis nicht geändert hat. Auch der Panarabismus ist trotz seiner Niederlage im Sechs-Tage-Krieg politisch noch immer eine Option.

Die deutsche Innen- und Außenpolitik hat diese drohende weltweite Konfrontation zweier Systeme lange ignoriert, dann verniedlicht, dann ungeschickt angegangen. Unkontrolliert konnten sich jahrzehntelang Muslime in Deutschland ansiedeln. Wer in dieser unbegrenzten Einwanderung ein kommendes Problem sah, wurde als Rassist verunglimpft, Neonazi beschimpft, Deutschtümler ironisiert, Rechtsradikaler indiziert. Auf der Multi-Kulti-Spielwiese sollte sich eine integrative Gesellschaft bilden. Das gelang den europäischen Migranten; denn es hat mit Italienern, Spaniern, Griechen, Portugiesen, Jugoslawen (als Sammelbegriff) keine politischen Spannungen gegeben.

Doch die Muslime blieben wegen ihres ganz anderen Wertsystems, das sie mit nach Westeuropa brachten, unter sich, engagierten sich gesellschaftlich wenig und waren Fremde, die auch die deutsche Sprache[6] oft nur gebrochen

---

le Einsichten, die dafür nur eine generelle Prognose zulassen. Beide Perspektiven haben ihre Berechtigung und können sich gegenseitig ergänzen. Diese Arbeit orientiert sich mehr an der globalisierenden Methode, die nicht jede Einzelheit berücksichtigen kann, so dass ein vereinfachtes Bild entsteht. Doch das bis zum Erbrechen wiederholte Argument, dass es **den** Islam als solchen gar nicht gäbe, so dass jeder Einzelfall zu untersuchen sei, dient nur der rhetorischen Bestätigung von allen möglichen Theorien, damit faktisch existierende gemeinsame Ziele des Islam geleugnet werden können. Eine Generalisierung der Untersuchungsergebnisse mit Einräumung einer großen Hypothetizität wird angestrebt. Es wird ebenfalls ohne Einschränkung zugestanden, dass das Christentum auch historische Phasen des Fundamentalismus durchlaufen, aber aus eigener Kraft überwunden hat.

[6] In der ehemaligen DDR mussten alle Schüler Russisch lernen; doch wegen des geringen Prestiges der russischen Kultur, die vom 2. Weltkrieg herrührte, beherrschte diese Sprache kaum jemand. Aufgrund des hohen Prestiges der englischen und französischen Sprache fallen die dort lebenden Muslime nicht durch mangelnde Beherrschung der Landessprache auf. Ich führe die defizitären Sprachkenntnisse vieler türkischer Immigranten auf ein ähnliches Phänomen zurück, die mangelnde Autorität und das geringe Prestiges des deutschen Staates, wodurch eine emotionale Sprachbarriere entsteht.

beherrschten. Das war auch nicht so schlimm, denn inzwischen hatte sich eine muslimische Parallelgesellschaft, optisch sichtbar im Entstehen von Ghettos, gebildet, in der sich, verstärkt mittels der Medien in der Türkei, eine durch einen militanten türkischen Nationalismus[7] beeinflusste muslimische Gesellschaftsstruktur bildete, in der Türkisch die Umgangssprache ist. Ein sich aus dem deutschen Staatswesen ausgliedernder Staat im Staate beginnt, sich allmählich zu etablieren. Das „Diaspora-Syndrom", mangelhafte Bildungsqualifikation, der häufig propagandistische Einfluss der türkischen Medien, deren Schüren von Vorurteilen alte Verhaltensmuster des Denkens und Verhaltens vieler nicht nur türkischer Muslime bestimmen, die trostlose Situation auf dem Arbeitsmarkt, aber besonders das mit der Wirklichkeit nicht korrespondierende Überlegenheitsgefühl als Privilegierte Gottes sorgen zusätzlich für Abschottung vor der deutschen Gesellschaft und auch Ablehnung dieser Kultur. Trotz der vielen verfassungskonform lebenden Türken und Muslime in Deutschland bleibt der Vorbehalt, dass hier eine Entwicklung abläuft, deren Richtung kaum zu erkennen und zu steuern ist. Geringer Einsatz für deutsche Belange und Betonung der eigenen Andersartigkeit sorgt für schwindende Akzeptanz bei der deutschen Bevölkerung. Wir erleben den Weltislam und den militanten Islamismus in der verschlüsselten Form seismischer Ausschläge in unserer Kultur, die schwer interpretierbar und deshalb nicht ganz geheuer zu sein scheinen.

---

[7] Die nationalistisch agierende Türkei, die die europäische Praxis schlicht ignoriert, sei hier angeführt. Etwa fünfzigtausend in Deutschland lebende Türken haben trotz Verbotes des ‚Doppelpasses' nachträglich wieder die türkische Staatsbürgerschaft angenommen, obwohl sie wussten, dass bei Bekanntwerden automatisch die deutsche Staatsbürgerschaft erlischt. Der türkische Staat, der hier Handreichung geleistet hat, weigert sich, die Namen bekanntzugeben, so dass wir bei keiner Wahl mehr ausschließen können, dass nichtdeutsche Staatbürger verfassungswidrig wählen, also Wahlbetrug begehen.
Nach den Hartz-Gesetzen müssen Bürger, die staatliche Unterstützung beantragen, die finanziellen Verhältnisse offenlegen. Nun haben viele Türken, die nach Hartz Unterstützung beantragt haben, Vermögen in der Türkei. Doch der türkische Staat weigert sich, den deutschen Behörden Amtshilfe zu leisten, so dass viele Türken finanziell besser gestellt sind als Deutsche.

Einleitung

Das Thema der Arbeit legt nahe, als ob ein bruchloser Weg vom Islam über den Islamismus zum terroristischen Konzept des „Djihad"[8] führt, dass also mit einer gewissen Folgerichtigkeit der Islam als Ausgangspunkt einer Entwicklung anzusehen ist, die indirekt zur Basis des djihadistischen Terrorismus[9] wird. Dem Islam selbst wird ein hohes Ideologisierungspotential unterstellt, das in der Gegenwart permanent aktiviert wird. Die drei Begriffe beschreiben, so hier die Vermutung, also nicht drei diskrete Zustände, sondern einen stufenlosen Übergang, der eine eindeutige Zuordnung erschwert. Im Laufe der Untersuchung muss sich zeigen, ob dieser Generalverdacht gerechtfertigt ist, falsch ist oder modifiziert und differenziert werden muss. Dass Religionen, sofern sie die einzig maßgebende Wahrheit zu verkünden glaubten, in besonderem Maße Ursache oder Mitursache von weltanschaulichen Konflikten bildeten und bilden, also fundamentalismusanfällig sind, wird als starke Prämisse vorausgesetzt. Der Dreißigjährige Krieg ist ein solches Beispiel, in dem im Namen Gottes und der christlichen Religionen religiöse Motive und weltliches wie geistliches Machtstreben zu einer weitgehenden Entvölkerung des Deutschen Reiches geführt haben. Die öffentliche Verbrennung des Pantheisten Giordano Bruno durch die Inquisition und die durch diese Institution erfolgte Maßregelung des Galileo Galilei beweisen einen unduldsamen Fundamentalismus des damaligen Katholizismus.

Der analytischen Aufarbeitung des Fundamentalismusproblems dient das Hermeneutikmodell von Tepe. Er unterscheidet in seinem Stufenmodell der literarischen Textinterpretation zwei Ebenen, die kognitive und reflexive. Die kognitive Stufe ist durch einen objektiv und damit historisch resistenten Text-

---

[8] Der Begriff Djihad wird hier hauptsächlich in der Bedeutung „heiliger Krieg" verwendet. Als Grund dafür lässt sich angeben: „Leider haben unsere muslimischen Freunde ihn jetzt auch übernommen und ein falsches Bild vom Islam gezeichnet, das zu vielen Missverständnissen beigetragen hat" (Schimmel 1996, 12). Seine tatsächliche Bedeutungsverschlechterung wird von vielen Autoren nicht zur Kenntnis genommen, so dass sie diesen Begriff mit dem „großen Djihad", der vom Gläubigen innere Läuterung verlangt, übersetzen.

[9] Unter der Kapitelüberschrift „Vom klassischen Djihad der Eroberung zum Djihadismus des irregulären Krieges" zeigt Tibi (2004) die semantische Bedeutungsverschlechterung dieses Begriffes, der auch einer tatsächlichen entspricht, hinreichend auf.

sinn geprägt; die reflexive Ebene stellt die Frage, warum der Text so ist, wie er ist, also nach dem Grund des Textkonzeption (Tepe 2001, 118-124).

Der Autor möchte dieses Modell auch auf die Interpretation von kulturellen Erscheinungen anwenden und diesem Stufenmodell noch eine dritte und letzte hinzufügen. Das, was sich in einer Kultur als Realstes präsentiert, ist ihre Oberfläche mit dem freien Spiel von Wirtschaft, Gesellschaft, Kunst, Individualität, Trends, Werten. Dieses agile Beziehungsgemenge scheint auf den ersten Blick regellos, zufällig und ziellos, also chaotisch zu sein. Doch mit der Prämisse, dass jeder Wirkung eine Ursache vorausgeht, lässt sich die Frage stellen: Warum sind die Erscheinungen so, wie sie sind?

Die Analyse der Objektebene fördert damit die Kräfte zu Tage, durch die die widersprüchlich beschaffenen Oberflächen verursacht sind: sich widersprechende oder verstärkende Wertsysteme, Überzeugungen, Theorien. Bei literarischen Texten ist dieses das den Autor prägende Kunstprogramm und sein Wertsystem, die als ursächlicher Hintergrund die Textstruktur bestimmen, so dass sich die künstlerischen und weltbildbedingten Autorintentionen im Text spiegeln. Aber die Interessen der politischen Akteure sind noch weiter hinterfragbar. Der Regressus endet dort, wo Annahmen, Theorien, Wertsysteme durch keine Begründung wiederum begründet werden können. Diese gründenden Prämissen werden in ihrer umfänglichsten Ausformung von Philosophie, Religion und Mythos bereitgestellt und bestimmen direkt die Tiefenstruktur einer Kultur und damit indirekt ihre vielseitige Wirklichkeit.

Kultur und Geschichte können gemäß dieser Drei-Schichten-Theorie analysiert werden. Das Thema fordert also gemäß dieser Theorie ein stufenweises Vorgehen. Gesetzt ist der Islam als Religion mit seinem nicht mehr hinterfragbaren Wertsystem, das die ontologischen Prämissen des theologischen und profanen Überbaues liefert, erst einmal wertneutral „Islamismus" genannt, der wiederum die theoretische Begründung für den verwirrenden Wirklichkeitsausschnitt „Djihad" bereitstellt.

Vergleichen wir die Tiefenstrukturen der westlichen mit der islamischen Welt, dann stellt sich heraus, dass ein tiefer, scheinbar unüberbrückbarer ontologischer Unterschied zwischen westlicher und islamischer Welt besteht. Der Islam geht von einer Welt aus, die von Allah geschaffen und deshalb nur durch ihn vermittelt, erkennbar ist. Der Koran als *sola scriptura* beschreibt objektiv, für alle Zeiten verbindlich, absolut wahr, was es mit dieser Welt und der Rolle des Menschen auf sich hat. Die Staatsform, die sich daraus ergibt, nennt Prenner (2005, 128) „Nomokratie", eine primäre Herrschaft des Wortes Gottes, aus der die Wirklichkeit analytisch folgt. Man kann sich diesen Schöpfungsakt wie einen illokutiven Sprechakt vorstellen, der zugleich zur sprachlichen Information die entsprechende Handlung vollzieht, etwa: ‚Ich taufe dich […]'

Indem der Muslim den Koran rezipiert, lernt er Gottes Absicht, aber auch die Beschaffenheit seiner Welt kennen. Der Koran ist also der Vermittler objektiven Wissens, dem sich der Muslim anzupassen hat: ein direkter Weg zum Wissen von Gott und der Welt ist nicht möglich. Wahrheit heißt damit „Angleichung des Denkens und Handeln an die Aussagen des Koran", weil er semantisch als Gotteswort und daher faktisch objektiv gültig ist. Das oberste Gebot des Islam verbirgt sich in dem Begriff „Ergebung in Gottes Willen", was so viel wie monarchischer und theologischer Absolutismus Allahs bedeutet, dem gegenüber der Mensch nur ein wesenlose Schatten ist. Der Islam definiert sich und seine Welt von Gott, dem allmächtigen Herrscher, her.

Der Westen vertritt die Ontologie der Subjektivität gemäß dem Wahlspruch des Protagoras „Der Mensch ist das Maß aller Dinge". Der Zweifel an der objektiven Welt des Mittelalters, die als Spiegelung der göttlichen verstanden wird, kommt in Descartes zu seiner methodischen Ausprägung. Es ist zunächst alles bezweifelbar, sogar die Existenz der eigenen Person. Doch wenn man sich das Nichtsein der eigenen Person vorstellt, dann muss es einen Vorstellenden geben, der sein Nichtsein vorstellt, das Ich, das Selbstbewusstsein, welches allem Einzelwissen schon vorhergeht. Also geht der universelle Zweifel fehl, weil zweifeln können immer schon Wissen voraussetzt. Die Skepsis führt also nicht zur Wissensabstinenz, sondern zu unbezweifelbarem Wissen. Descartes Methode ist es also, durch Zweifeln zu zweifelsfreiem Wissen zu gelangen. Die menschliche Vernunft, so sein Schluss, ist der Ort von unbedingtem Wissen, während die Objektwelt jederzeit dem Skeptizismus wegen ihrer Kontingenz Nahrung geben kann. Der Subjektivismus bestimmt also durch Negation des Zweifels zugleich das unbezweifelbare denkende und seiende Subjekt, nicht mehr eine als absolute Objektivität gedachte Vorstellung der Existenz Gottes. Die Vorstellungskraft, die Vernunft, die Ratio sind Bedingung dafür, dass sowohl das Ich sich selbst als auch der Welt gewiss sein kann.

Die Neuzeit vertritt damit ein anthropozentrisches Weltbild, während der Islam ein theozentrisches Grundkonzept verfolgt. Für ihn ist Gott und seine Schöpfung das absolut Reale, an die sich die menschlichen Seins- und Erkenntnisfunktionen angleichen müssen. Beide sind diametral entgegengesetzt und machen den fundamentalen Unterschied zwischen beiden Welten aus. Grundpositionen, hier das Verhältnis zwischen religiösem Objektivismus des Islam und säkularem Subjektivismus des Westens, bestimmen die Probleme der heutigen Welt. Damit ergibt sich die Zielstellung dieser Arbeit: Aus der philosophischen Position des Realismus (wertneutral als Sammelbegriff für viele philosophische Strömungen verstanden), die von der Existenz und zumindest partiellen Erkennbarkeit einer außersubjektiv existierenden Außenwelt ausgeht, soll das „supra-naturalistische Wertsystem"[10] (Tepe 1988, 11) des Islam kritisch reflektiert werden.

Zunächst einmal gibt es zwei Richtungen der ideologiekritischen Analyse, die erkenntnistheoretische und die gesellschaftskritische: Ideologie[11], jetzt in einem umfänglichen Sinne neutral bis positiv gebraucht, verändert gemäß der Theorie des „standortgebundenen Denkens" der Kultursoziologie (Mannheim 1984) einmal das philosophische und profane Denken und Wahrnehmen von Wirklichkeit, zum anderen aber auch das Wahrnehmen und Gestalten von politisch-gesellschaftlicher Realität. Erstere fragt nach der anthropologisch allen Menschen zugeschriebenen Fähigkeiten der Aufnahme und Verarbeitung von Daten, nach der Denkfähigkeit: nach ihren Bedingungen, Möglichkeiten und Grenzen und kritisiert Versuche, auf Grund irgendwelchen Verfolgens von Interessen, Vorurteilen oder Indoktrinationen Einfluss auf die Erkenntniskriterien und damit auf das Erkenntnisvermögen zu nehmen. Die andere kritisiert gesellschaftliche Entwürfe, die vorgeben, eine Gesellschaft nach wahren, d.h. allgemeingültigen und verbindlichen Werten ausrichten zu können.

Birnbacher (1996) ist in dem Aufsatz *"Schopenhauer als Ideologiekritiker"* nach einer ähnlichen Methode der Ideologiekritik vorgegangen. Ein ideologi-

---

[10] Ein „supra-naturalistisches Wertsystem" rechnet außer mit der Existenz einer physischen mit der einer jenseitigen, metaphysischen Realität.
[11] Mannheim (1984) unterscheidet zwei Denkzugänge: „von innen her" und „vom Sein her" (1982, 213). Ersteren nennt er „Idee", letzteren „Ideologie" (213). Nicht so sehr das **Was** der Ideen will Mannheim bestimmen; er will das geistige Gebilde als soziologisch auf bestimmten Bedingungen beruhende Funktion betrachten. Im weiten Sinne geht es um das dahinterstehende sozio-kulturelle Wertsystem, das begreiflich macht, warum das entstandene geistige Produkt Ergebnis eines Denkens aus einer bestimmten Interessenlage heraus, aus einer „Ideologie", einem bestimmten Zeitgeist sind. Dieser Begriff wird hier als „**Ideologie(+)**" (Tepe 1988, 8) bezeichnet. Diese Auffassung deckt sich weitgehend mit dem geschichtsphilosophischen Konzept Russels.

scher Komplex wird zunächst einer theoretischen Kritik an der Falschheit der Aussagen unterworfen, dann der Grund dieser „Wahrheitsverzerrung" (51) ermittelt: kritisch zu wertende politische Funktionen und moralische Intentionen der neuen Heilslehren, die den Sachverhalt ihren Zielen gemäß verbogen haben und schließlich das Verhalten der Akteure entlarvt, die eine Ideologie produziert haben oder ihr blind folgen.

Diese Ideologiekritik ist auf theoretischer Ebene schon geleistet worden. Ich nenne hier nur Lieber, Tepe, Salamun. Ideologiebildung erfolgt nach wissenschaftlich erforschbaren Gesetzen, deren Kriterien wissenschaftlich-deskriptiv dokumentierbar sind. Hier stütze ich mich auf Salamun (2005), der auf die schon erarbeiteten Kriterien einer Ideologie- und Totalitarismuskritik hinweist, die bei der Analyse des Fundamentalismus ihre „Erklärungsansätze und Interpretationshypothesen" (9) fruchtbar einbringen können. Überraschend ergibt sich, dass sich alle fundamentalistischen Bewegungen strukturell sehr ähnlich entwickeln, so dass ihnen vermutlich ein gleiches, überhistorisches Strukturmodell zu Grunde gelegt werden kann. Die einzelnen fundamentalistischen Weltanschauungen sind dann nur Individuationen einer überhistorischen Struktur, so dass das Ziel der Arbeit unter Zugrundelegung dieser allgemeinen Strukturmerkmale eine Bestimmung der individuellen Merkmale des islamischen Fundamentalismus[12] sein muss. Doch mit solchen deskriptiven Darstellungen – wir denken an Imperialismus, Nationalsozialismus und Kommunismus – ist es nicht getan. Wenn man ein schlimmes Unheil prognostizieren kann, lässt es sich schon, besser: nur in seinem Anfangsstadium wirksam bekämpfen.

Salamun vergisst aber, außer auf den wissenschaftlichen Wert auch auf den pragmatischen Aspekt solcher Analysen hinzuweisen. Hier vertritt der Autor ein Aufklärungspathos, das rhetorisch verschärfende Formulierungen nicht scheut und sich dennoch auf gute Gründe stützt, denn es gilt der Grundsatz „*principiis obsta*" (wehret den Anfängen); wenn sich erst einmal eine Ideologie im negativen Sinne etabliert hat, gewinnt sie eine Eigendynamik, die durch Kritik kaum noch zu bremsen ist, weil sie ihre Kritiker solange ‚entsorgt', bis es keine mehr gibt. Die durch Ideologie im defizitären Sinne, **Ideologie(-)**,

---

[12] Islamischer Fundamentalismus ist eine defizitäre Weltanschauung, weil sie vorgibt, politisch aus dem heiligen Koran eine ideale Welt durchsetzen zu können, deren Wirklichkeit in naher Zukunft erreichbar ist.

verursachte Veränderung des theoretischen Erkennens und praktischen gesellschaftlichen Handelns müssen durch eine ideologiekritische Analyse bloßgelegt werden. Dieses Entlarven ideologisch defizitärer Strukturen – ein weiteres Ziel dieser Arbeit – verfolgt aber auch keinen Selbstzweck, sondern die Strategie, eine Verhaltensänderung des Lesers herbeizuführen. Nach der logischen Beziehung „wenn **p**, dann **q**" ergibt sich, wenn ich **q** nicht will, das Setzen von Nicht-**p**; d.h. Entstehen, Blütezeit und Verfall einer Ideologie laufen zwar nach voraussehbaren historischen Phasen ab, sind aber vom Menschen beeinflussbar.

Wenn die Zielsetzung einer fundamentalistischen Ideologie als falsch oder menschenverachtend bloßgestellt ist, müssen die Mittel gesucht werden, die eine andere Zwecksetzung im Sinne einer Humanisierung fördern. Diese Arbeit verfolgt daher das Anliegen, mittels einer ideologiekritischen Analyse des islamischen Fundamentalismus das Stolpern der Welt in einen Dritten Weltkrieg zu verhindern. Das Argument *„Das konnte doch niemand wissen"*, welches in Wirklichkeit *„Das wollte niemand wissen"* lauten müsste, das den Ausbruch des Ersten und Zweiten Weltkrieges wie die Schreckensherrschaft des Kommunismus irrationalisiert hat, beginnt heute wieder, als „von Natur aus toleranter und friedfertiger Islam" der Gedankenlosigkeit, aber auch dem Wunschdenken Vorschub zu leisten. Falls kein Ausgleich zwischen westlichem und koranischem Denken erzielt werden kann, muss mit dem Schlimmsten gerechnet werden!

Theoretische Grundlage dieser Arbeit bildet die Ideologietheorie Tepes, die er u.a. in zwei Untersuchungen[13] zusammengefasst hat. Da die beiden anderen Weltreligionen strukturell und funktionell mit dem Islam im Zusammenhang stehen, werden sie aus redaktionellen Gründen weitgehend von dieser Untersuchung ausgeschlossen, wobei historisch ähnliche Verhältnisse eingeräumt werden. Das Christentum, in seiner Vergangenheit durch verschiedene Fundamentalismen geprägt, hat sich in einer schmerzlichen Phase der Aufklärung und Textkritik von seiner Fundamentalismusanfälligkeit gereinigt.

---

[13] Tepe, P.: Theorie der Illusionen. Essen 1988. Ders.: Illusionskritischer Versuch über den historischen Materialismus. Essen 1989.

Doch mit aller Vehemenz wehrt sich der Islam gegen eine historisch-kritische Analyse[14] des Korans. Daran anschließend wird der Islamismus einer kritischen Sicht unterzogen, ebenso der Djihadismus, woraus sich Konsequenzen für das eigene politische Denken und Handeln ziehen lassen.

---

[14] Gemäß der intersubjektiven Erfahrung, dass „der Geist nicht vom Himmel fiel", wie ein Buchtitel von v. Ditfurth die metaphysische These der *creatio ex nihilo* negativ paraphrasiert, wird behauptet, dass eine sprachlich verfasste Botschaft, auch wenn der Überbringer sie wörtlich und ohne eigenen Zusätze weitergibt, die damalige Beschaffenheit der Sprache mit all den vom Menschen hervorgebrachten Implikationen unkritisch einfach als göttlich zugrunde gelegt hat. Unbestreitbar ist, dass, da das Koran-Arabisch eine menschliche Schöpfung ist, die eine mehr oder weniger lange Entwicklung hinter sich hat, sie Bedingung für das Verstehen der Heilsbotschaft ist, die Allah nur unter der Bedingung der Existenz und Beherrschung eines vom Menschen geschaffenen und sich ständig wandelnden sprachlichen Sinnsystems hat verkünden können. Allah kann nicht anders, als in menschlicher Sprache zum Menschen sprechen. Er musste „menschlich" werden.
Es darf hier die Frage erlaubt sein, wie Mohammed durch einen Akt Gottes den Ur-Koran hat lesen können, wenn er nach allgemeinem Urteil Analphabet war.

Hauptteil

1. Der Islam

Die Zahl der Veröffentlichungen über den Islam ist Legion, so dass jedem interessierten Leser der Zugang zu dieser Religion leicht gemacht wird, die in Deutschland die drittstärkste Konfession bildet. Deshalb wird hier ein schon differenziertes Vorwissen über diesen weltumspannenden Glauben an einen Gott, Allah, einkalkuliert und nur eine erste zusammenfassende Darstellung vorangestellt. Die sich entwickelnde Problematik verlangt dann im Verlauf der Erörterung ein genaueres Eingehen auf einzelne zu erfragende Teilbereiche.

Deskriptiv (religionswissenschaftlich) gesehen, ist der Islam eine Schöpfung des Propheten Mohammed (geb. um 570 n. Chr.), der sich von Allah inspiriert glaubt, Gottes Wille den Menschen verkünden zu müssen. Mohammed lebt als Händler und Kaufmann in Mekka und lernt als Karawanenführer das Christentum und Judentum kennen; er selbst ist Anhänger des Polytheismus, der von den arabischen Stämmen praktiziert wird. Die Kaaba in Mekka, heute das höchste Heiligtum des Islam, genießt als religiöses Heiligtum bei vielen Polytheisten hohes Ansehen. Den vielen oft miteinander befehdeten Stämmen entsprechen auch verschiedene polytheistische Systeme, so dass Mohammed mit einer Fülle von Gottheiten, die sich oft auch noch befehden, in Berührung kommt. Er zieht sich, weil er sich als wahrer Gottsucher in dieser sich widersprechenden Götterwelt fühlt, in die Wüste zurück und meditiert.

Im Jahre 610 n. Chr. beginnt seine prophetische Phase; er nimmt in Gestalt des Engels Gabriel die Stimme seines, des einigen Gottes wahr, die ihm nach einem Einblick in den Ur-Koran die wahre Gotteslehre zumutet und auch den Auftrag, diese allen Menschen zu verkünden. Nach seinem Tod werden, da Mohammed selbst Analphabet ist, seine Visionen, die schon einzeln schriftlich fixiert worden sind, in dem „Buch", im Koran zusammengefasst, leider nicht chronologisch, sondern nach Länge der Suren, die sich immer mehr verkürzen.

Der Islam kann sich auf zwei Quellen berufen; den Koran, das Worte Gottes, und das gottgefällige Leben des Propheten. Das in Arabisch, der ‚Sprache' Gottes verfasste „Buch", ist gemäß seiner als göttlich angenommenen Abkunft nicht in andere Sprachen übersetzbar, es ist die Wahrheit schlechthin, überzeitlich gültig, für jeden Muslim in allen Lebensbereichen verpflichtende Richtschnur. Der Korantext ist nach Willen Mohammeds das direkte Wort Gottes; er selbst ist nur „das Siegel der Propheten" (33:40). Damit besteht der Koran, hermeneutisch gesehen, nur aus einem einschichtigen Text, dessen Wahrheit offen vorliegt und nicht aus Schichten verschiedener Wahrheitsstufen, so dass eine Tiefeninterpretation nicht nötig ist. Dieser Meinung wird von Hermeneutikern heftig widersprochen, weil sie beweisen können, dass der Koran an vielen Stellen sehr missverständliche und widersprüchliche Texte enthält, die ihren Grund nur in sich widersprechenden Hintergrundprämissen und historischen Einflüssen haben können. Deshalb soll der gläubige Anhänger des Islam (Ergebung in den Willen Gottes) den Koran nicht reflektieren, analysieren und interpretieren, sondern Gottes Wort in den gemeinten Sinne eins zu eins überführen. Und das geschieht am besten, wenn man den Text auswendig lernt.

Das gottgefällige Leben des Propheten, dem aber jede Göttlichkeit abgesprochen werden muss, bietet eine zweite Basis für die Lehren des Islam, denn dieses gottgeleitete Leben ist Vorbild für jeden Muslim, aber in seiner wahrheitsgeleiteten Stringenz unter den Koran einzuordnen. Aussprüche, Handlungen, Fragen, viele davon den Alltag betreffend, zu denen der Prophet Stellung bezogen hat, wurden von seiner Umgebung gesammelt und von den vier ersten Kalifen kommentiert. Neben der Schrift gibt es also eine kurze Tradition im Islam, in der diese Anweisungen gesammelt werden, deren Stellenwert meiner Ansicht nach viel zu hoch bewertet wird, da sie keine Gottesworte und vom Koran nicht autorisiert worden sind. Eine solche in sich geschlossene Anweisung wird *Hadith* genannt, von denen „bis zu einer Million [...] in sechs kanonischen Büchern zirkulieren" (Barth 2003, 63), was eine nicht zu übersehende Fülle von Auslegungsvarianten zulässt, auch wenn nur etwa 9000 *Hadithe* anerkannt werden und zu vielfachem Anlass von Streitigkeiten innerhalb des Islam führen.

Im Augenblick scheint es so zu sein, als ob Mohammed ein höheres Ansehen als Gott bei den Muslimen genießt. Die in den *Hadithen* enthaltenen Anweisungen, die dort, wo der Koran keine Regelung vorgesehen hat, ihre Anwendungen finden, bilden zusammen mit dem Koran die *Sunna*, das, was gemäß dem Vorbild des Propheten „Brauch" geworden ist.

Davon zu unterscheiden ist die *Umma*, die „Gemeinschaft aller Muslime" (Tibi 2001, 30), wie sie Mohammed eingerichtet hat. Sie ist die inkorporierte

Staatsidee des Islam und besagt, dass alle Muslime in einer staatlichen Gemeinschaft leben sollen. Oberhaupt eines solchen universalistischen Staates solle in der Nachfolge Mohammeds ein Kalif oder ein gerechter Imam sein. In der Moderne gibt es eine solche *Umma* nur als Utopie, weil nur islamische Nationalstaaten existieren, aber noch kein übergreifender Staatenverbund Wirklichkeit ist. Für den Islam aber ist die universalistische Idee einer *Umma*, einer „Weltmacht Islam", (38) unterschwellig immer politisches Programm.

Es bleibt noch, die umstrittene Institution „*Scharia*" vorzustellen, für viele Europäer ein negativ besetztes Reizwort. Er ist „der Sammelbegriff für islamische Lebensregeln, religiöse Pflichten und das religiös begründete, auf Offenbarung zurückgeführtes Recht des Islam" (Barth 2003, 67). Auch regionale Modifikationen oder frauenfeindliche Lebens- und Bekleidungsvorschriften haben in diesem das ganze Leben des Muslims umfassende, religiös legitimierten Gesetzeswerk Eingang gefunden. Mohammeds Herabstufung der Frau in die zweite Reihe hat einen machohaften Männlichkeitswahn gefördert, den wir häufig bei jungen Türken und Jugendlichen anderer muslimischen Staaten wahrnehmen. Frauenrechte sind im Laufe der Geschichte des Islam immer stärker reduziert worden. Zu einem Existenzproblem wird, wenn andersgläubigen Minderheiten die *Scharia* aufgezwungen wird. Sie ist die Summe aus Koran, Sunna, Hadithen, Konsens und Analogieschluss. Wir haben hier ein umfassendes Rechtssystem, welches das gesamte menschliche Leben umschließt; es ist total, weil es alle Lebensbereiche regelt, damit eine große Lebenssicherheit vermittelt, es ist totalitär für diejenigen, die die *Scharia* als Bevormundung wahrnehmen.

Damit gibt es im Islam eine stufenförmig zu denkende Wahrheitspyramide. An der Spitze stehen Gott und der Koran; es folgen die Aussprüche Mohammeds, die *Hadithe*, zusammengefasst in der Sunna, der Analogieschluss, in dem Fragen, die nicht explizit im Koran und den *Hadithen* aufgeführt und gelöst worden sind, gemäß Ähnlichkeit mit ihnen entschieden werden, und der Konsens, die übereinstimmende Meinung von islamischen Theologen, der als *Fatwa* gutachterliches Ansehen genießt. Die *Scharia* umfasst alle diese Stufen insoweit, wie in sie Regelungen der vier Rechtsquellen eingeflossen sind.
Das Glaubensgut des Islam, in das Christliches, Jüdisches und Polytheistisches assimilierend aufgenommen worden sind, kann in zwei Bereiche gegliedert werden, Glaubensinhalte und Glaubenspraktiken.

Unverzichtbare **Glaubensinhalte** sind „die Einheit Gottes (monolithischer Monotheismus), die Macht der Engel, die Offenbarung, das Prophetentum, die Existenz des jenseitigen Lebens und der Glauben an die Vorherbestimmung" (76). Als die fünf Säulen des Islam gelten die **Glaubenspraktiken**: das Glaubensbekenntnis, das fünfmal abzuleistende Tagesgebet, das Almosengeben, das Fasten und die Pilgerfahrt, die *Hadsch*.

Ehe jetzt die These ‚Der Islam besitzt ein implizites Ideologiepotential, das besonders leicht aktivierbar ist und als Islamismus heute den Islam und seine politischen Grundlinien bestimmt', geprüft werden kann, ist eine eigene Standortbestimmung notwendig, die auf anthropologischer Grundlage beruht, weil nämlich der Begriff „Ideologie" gemäß der Theorie Tepes zu der dem Menschen eigentlich konstituierenden Bestimmung seines Wesens wird. Seine Definition des Menschen als „illusionsanfälliges Tier" (1988, 7) ist wegen ihrer zunächst befremdlich anmutenden Begriffswahl erklärungsbedürftig.

2. Darstellung des eigenen ideologiefunktionellen Standpunktes aus Sicht der Kulturanthropologie im Vergleich zum islamischen Menschenbild

Zwischen dem islamischen Menschenbild, das im Koran niedergelegt ist, und dem der wissenschaftlichen Kulturanthropologie bestehen, wie nicht anders zu erwarten, fundamentale Unterschiede, die sich in den letzten Jahrzehnten noch verschärft haben, weil eine muslimische Immigration nach Europa eingesetzt hat, die statt zu Assimilation zu Parallelgesellschaften geführt hat. Die räumliche Nähe hat beide Wertsysteme also nicht zusammengeführt, sondern immer mehr voneinander entfremdet.

Durch das Satellitenfernsehen sind die Moslems täglich mit ihrer Heimat verbunden und nehmen die sie umgebende Wirklichkeit hauptsächlich aus dieser Perspektive wahr. Sie sind „mit ihrem Kopf in der Heimat, mit ihrem Körper in Deutschland"; doch dadurch, dass diese unterschiedlichen Wertsysteme ständig mehr auseinanderdriften, drohen sie die persönliche Identität der Muslime und die der politischen Identität der Einwandererstaaten zu zerreißen. Den Unterschied zwischen dem Menschenbild der Kulturanthropologie und dem des Korans gilt es jetzt, namhaft zu machen.

2.1 Kulturanthropologische Prämissen

Nach dieser Theorie ist der Mensch kein Wesen, das von Gott sicher durch diese Welt geleitet wird, er ist ein instinktreduziertes Wesen mit offenen genetischen Programmen, die Lernen ermöglichen. Das Tier ist durch AAMs (**A**ngeborene **A**uslösende **M**echanismen) a priori an seine Welt angepasst, die wenig Modifikationsspielraum zulassen. Das Instinktrepertoire eines Lebewesens, ein genetisch verankertes Vorwissen für charakteristische Aktionen und Reaktionen, passt dieses im Voraus so seinem Lebensraum an, dass es überleben kann.

Doch bei der Evolution des Menschen hat eine Instinktreduktion stattgefunden; das in den Genen gespeicherte antizipierende Wissen von der Außenwelt besteht teilweise nur noch in offenen Lernprogrammen. Während AAMs, etwa ‚Feindbilder', die zur Flucht nötigen, nur sehr selektiv und attrappenhaft ansprechen, haben sich beim Menschen sehr stark erweiterte Formen der Wissensantizipation entwickelt, die von Kant entdeckten und von Lorenz (1997) naturhistorisch gedeuteten Kategorien, die gleichsam Regeln der Gegenstandserkennung enthalten, und zwar a priori. Was ein möglicher Gegenstand der Erfahrung sein kann, wird vom Menschen schon im Voraus gewusst, und in jedem konkreten gedachten Gegenstand sind die Anschauungsformen Raum und Zeit wie auch die Kategorien Quantität, Qualität, Relation, Modalität mitrepräsentiert. Sie arbeiten, indem sie vorgängig ein Ordnungssystem antizipieren, durch das die einströmende Datenmenge strukturiert wird. Dadurch wird der Mensch ein „weltoffenes Tier" (Tepe), das unendlich viele mögliche Gegenstände wahrnehmen, beschreiben und entsprechend auf sie reagieren kann. Doch diese Evolution hin zur Flexibilität und gleichzeitiger Abstreifung der instinktgeleiteten Verhaltensweisen muss der Mensch mit Entlassung aus der Sicherheit dieses schützenden Schirmes und Schildes bezahlen.

Damit bekommt er ein Problem: Er ist, paradox gesprochen, gezwungen, frei zu sein. (Es ist kein Gegenargument, dass viele Menschen diese Freiheit zugunsten von institutionellen Sicherheiten aufgeben und sich unter deren Schutz begeben. Religionen z.B. bieten dem Verunsicherten das Gefühl der eigenen Sicherheit.) Seine Selbsterkenntnis lässt ihn unablässig spüren, dass er ein ständig gefährdetes, ständig leidumdrohtes, sterbliches Wesen ist, da es keine leitenden Instinktprogramme mehr gibt. „Realitäts- und Leidensdruck" (Tepe /

Topitsch) hemmen jede Lebensbewältigung. Jetzt helfen ihm auch die offenen Lernprogramme nichts; denn wozu soll der Mensch etwas lernen?

Er ist zuvörderst gezwungen, sich einen Instinktersatz zu schaffen, der ihm die lebensnotwendige Sicherheit seines Lebensvollzuges garantiert. Dieser ist notwendig, denn der Normalmensch ist kein Romulus und Remus und auch kein Robinson, die in Isolation aufwachsen können, sondern ein Wesen, das in Kultur eingebettet ist. Der Mensch ist ein „Kulturwesen von seiner Natur her" (Gehlen / Lorenz), d.h. eine menschliche Natur als Artbestimmung gibt es nicht, was einer gemeinsamen biologischen Grundausstattung nicht widerspricht, weil seine ‚Natur' in der notwendigen Aufnahme von Kultur besteht, so dass er ein von der Kultur zum zweiten Male erschaffenes Wesen wird, das selbst wieder Kultur hervorbringen kann, die sich in einer unüberschaubaren Vielfalt präsentiert.

Diese Kultur begegnet dem Menschen in einer unübersehbaren Fülle von Entwürfen, bedeutet aber durch „Institutionalisierung" (Gehlen) Stabilisierung seiner Bedürfnisse. Sie erfüllt ähnliche Aufgaben wie der Instinkt: der Mensch wird in eine bestimmte Kultur hineingeboren, deren Apriomis und Werte er assimiliert. Staatliche und gesellschaftliche Institutionen, durch Tradition, Sanktionen und Moral festgeschriebene Regeln des Zusammenlebens, mythische und religiöse Bräuche, gemeinsame Sprache und gemeinsame Vergangenheit sind der Kitt, der jetzt einen sinnerfüllten Lebensvollzug ermöglicht. Man kann deshalb sogar von einem metaphysischen Bedürfnis des Menschen nach ewig geltenden Werten sprechen; doch die menschliche Geschichte besteht im Gegenteil aus einer Abfolge sich ablösender Wertsysteme. Während die drei Grundverhaltensweisen Kognition, Emotion und Willen das tierische Leben als Verhalten, als Einheit von Wissen, Fühlen und Handlungsbereitschaft gestalten, haben sich diese Vermögen beim Menschen differenziert. Das Gehirn als Überlebensorgan ist evolutiv zusätzlich zum Erkenntnisorgan geworden, das relativ unabhängig von Gefühlen und persönlichen Interessenlagen urteilen kann. Im Wissenserwerb steckt also Objektivität, es (das Wissen) kann nicht ganz falsch sein, obwohl es verschiedenen kulturellen und persönlichen Quellen entspringt; denn Leben braucht Sicherheit. Unsere Ratio ist, so die realistische Prämisse, fähig, die Realität, wenn auch in bescheidenem Maß, abzubilden.

Was den Menschen durch den „objektiven Geist" (Hegel), Kultur genannt, sehr lange verborgen bleibt, ist, dass dieser in Wirklichkeit nur ein Produkt des

„subjektiven Geistes" ist, Produkt des menschlichen Geistesschaffens, das mit ihm entsteht, sich wandelt und vergeht. Solange, wie Mythisches und Religiöses als ewig Dauerndes zusammen mit einer dazu passenden lebensnahen Rationalität der Wahrnehmung der Natur als Realität aufgefasst werden, ist eine psychische Existenzgrundsicherung gegeben, die jedoch schon ins Wanken gerät, als Mythen und Religionen sich verschriftlichen und damit eine hermeneutische Befragung nach ihrem Wahrheitsgehalt zulassen müssen. Sie sind – so das Ergebnis der Befragung – keine Objektivationen des Göttlichen oder Geistigen, sondern nur noch Symbole einer vorher gelebten Wirklichkeit, die nun zur Fiktion wird. Sie sind nur lebensnotwendige Täuschungen (falls sie einen objektiven Wahrheitsanspruch anmelden), sie ermöglichen ein persönlich erfülltes und sozial getragenes Leben dem, der glaubt, so dass Tepe vom Menschen als dem ideologieverfallenen Wesen sprechen kann, dessen anthropologische Konstante die Angewiesenheit auf essentialisierte Illusionen (kulturbewahrende Institutionen) beschreibt.

Man kann es eine Tragödie nennen, dass die Untersuchung der mythischen und religiösen Wertsysteme den naiven Glauben an die Wahrheit der Identität stiftenden Symbolwelt zerstört hat. Es stellte sich nämlich bald heraus, dass diese ontologischen Entwürfe nicht stimmen, dass sie kollektive Projektionen des menschlichen Wollens sind, damit das, was im Menschen als Hoffnung, Wunsch, Utopie, Ideal, Illusion auf Wirklichkeit und Verwirklichung drängt, auch in Wahrheit so existiert, wie es existieren soll.

Die eigene Nichtigkeit kann mit diesen oft verdrehten Projektionen kompensiert werden: aus dem Sklaven auf der Erde wird ein Herr im Himmel, die irdische Sterblichkeit verwandelt sich als ewiges Leben nach dem Tode, an das man fest glaubt, so dass gerade derjenige, dessen irdisches Schicksal bejammernswert ist, im Himmel dafür mit ewigen Freuden belohnt wird. Dieses selbst erdachte und dann rationalisierte Trostpotential, dass dasjenige, was sein soll, auch ist, das subjektive Wünsche in objektive Wirklichkeit verwandelt, hat unschätzbare kulturelle Güter hervorgebracht, ist aber gleichzeitig Quelle von unzulässigen Objektivierungen.

Was aber geschähe, würde es eine Möglichkeit geben, die Menschheit illusionsfrei existieren zu lassen? Diese Frage berührt die permanente Krisenstimmung der Moderne; denn gerade dadurch, dass sie grundsätzlich alle Werte kognitiv auf ihren Wahrheitsgehalt im Sinne der positiven Naturwissenschaften befragt, muss sie feststellen, dass alles, was unsere Kultur hervorgebracht hat, nämlich Werte, an sich keine überzeitliche Geltung wie Naturgesetze beanspruchen können. Im Wissen, dass jedes Wertverständnis und Wertverhalten nur einen temporären Nutzen für die Menschheit erbringt, dass jede geschichtliche Epoche von sich wandelnden Werten bestimmt wird, liegt die von Nietzsche am radikalsten vertretene These des Nihilismus zu Grunde, dass selbst das Schaffen neuer Werte schon a priori ihre Destruktion bedeutet. Das Heil in der Wahrheit der Naturwissenschaften zu suchen, scheitert daran, dass die Natur in keiner Weise Antworten auf die Fragen unseres Lebens geben kann, weil sie selbst wertfrei existiert und nur wertneutral wissenschaftlich erforscht werden kann.

Die Welt des Intellekts ist kalt, sie gewährt kein wärmendes Lebensgefühl. Der zugedachte absolute, aber verengte Wahrheitsanspruch der positiven Wissenschaften, der ihr von außen als Wissenschaftsgläubigkeit und -hörigkeit aufgenötigt wird, sorgt für ein Hinterhofdasein von Werten, Emotionen, Erleben, spirituellen Erfahrungen: das metaphysische Bedürfnis nach existenzieller Geborgenheit wird nicht mehr bedient. Doch gerade diese speisen das menschliche Bedürfnis nach Kunst, Kultur, moralischer Selbstwertigkeit und Daseinsbejahenden Religionen, die durch Traditionen und Institutionen ihm ein sinnhaftes Leben vermitteln. Als ein auf soziale und kulturelle Beziehungen angewiesenes Wesen (verlängerte Kindheit, „physiologische Frühgeburt", „sekundärer Nesthocker") (Portmann) bietet die Kultur dem Menschen den Schutzraum zu seiner Entfaltung, damit er den „Leidens- und Realitätsdruck" sublimieren kann. Die dadurch gebändigte Existenzangst kann jedoch dann wieder ungehemmt ausbrechen, wenn der Mensch den bloßen Konstruktcharakter dieser Kulturwelt reflektiert, was heute der Fall ist, so dass viele Menschen an der Moderne leiden.

Jeder Mensch ist durch quasitranszendentale Konstanten seiner Kultur schon im Voraus auf sie geprägt. die wir mit „Werthaltungsgebundenheit" und mit „Weltauffassungsgebundenheit" Tepe 1988, 10) übersetzen können. Letztere beschränkt unseren kognitiven Erwartungshorizont auf das in dieser Zeit Denkbare, erstere dient als Kompensation vom Leidensdruck, weist aber noch mehr einen sozialen Sinnhorizont zu, um ein gutes Leben zu führen. Doch wenn der Konstruktcharakter der menschlichen Kulturwerte transparent geworden ist, wenn dem Menschen seiner Bedeutungslosigkeit schmerzlich bewusst geworden ist, sucht er nach sicheren, überzeugenden Werten und findet in Wirklichkeit nur Utopien, Ideologien(-) (siehe nächster Abschnitt), als wahr angenommene Illusionen, rauschhafte Verklärungen des Daseins, phantastische Kartenhäuser, wenn er diese nicht metaphysisch überhöht, also mit ‚höheren Weihen' ausstattet. An dieser Stelle kommen wir auf Tepes *Theorie der Illusionen* (1988) zurück, in der er von der „unaufhebbaren Ideologiehaftigkeit" (8) des menschlichen Daseins ausgeht. Damit fasst er diesen Begriff sehr weit, als „Abhängigkeit von Wertorientierungen" (8). Die durch Instinktreduktion bewirkte anfängliche biologische Orientierungslosigkeit wird durch das kulturelle Wertesystem, in welchem der junge Mensch eingebettet aufwächst, zunächst mehr als ausgeglichen.

Aus diesem umfassenden und wertneutralen bis wertpositiven Ideologiebegriff, den man auch mit Kulturgebundenheit oder „Werthaltigkeit" (8) übersetzen kann, entwickelt Tepe seine beiden Ideologiebegriffe (+) und (-), deren inhaltliche Bestimmung und Kennzeichnung der Autor übernehmen möchte, wenn der Kontext nicht eine eindeutige Zuordnung zulässt. Allgemein ist der Mensch von **Ideologie(+)** bestimmt, von Werthaltungen, die grundsätzlich wie ein Apriori das menschliche Leben oft unbewusst und unbemerkt leiten. **Ideologie(+)** ist die kulturanthropologische Bezeichnung für den Kampf des Menschen gegen den lähmenden Realitätsdruck. Wenn dieser aber explizit projektiv die Dinge so verwandelt, dass aus Wünschen und Wollen ontologisiertes kognitives und rationales Sein wird, dann ist der engere Begriff von **Ideologie(-)** maßgebend, weil etwas, was nur normativen Charakter hat, mit der Folge zu einem deskriptiven Gegenstand gemacht wird, dass ein kognitiv allgemeingültiger Wahrheitsanspruch erhoben werden kann und auch erhoben wird. Diese Verwandlung von Normativem zum Deskriptiven ist, ideologiekritisch gesehen, als Taschenspielertrick zu beurteilen, der zu einem „Erkenntnisdefizit" (8) führt.

Ein kurzer Streifzug in Richtung Islam macht das Zentralproblem deutlich: ‚Wie ist der absolute, von Gott autorisierte Wahrheitsanspruch dieser Religion ideologiekritisch zu bewerten? Liegt hier eine voluntaristische Projektion, dass das, was sein soll, Gottes Allmacht, die menschliche Existenz auch *de facto* trägt, vor?' Der Islam offeriert dem Menschen ein ewiges Leben im Paradies, wenn er Gottes Willen, von Mohammed verkündet, erfüllt, er verspricht ewige Existenzsicherheit, ohne diese empirisch beweisen zu können; unser dem Positivismus und dem Kritischen Rationalismus verpflichteter Erkenntnisanspruch sieht im Menschen ein Wesen, das prinzipiell von jeder Transzendenz ausgeschlossen ist, so dass es sich durch Schaffung und Teilhabe von Kultur einen

Ersatz schaffen muss, der als solcher immer schon durchschaut, sich nur als zeitlich begrenzter Wertfunktion erfüllen kann. Er ist im Sinne Nietzsches eine „Lebenslüge".

Die westliche Anthropologie lässt sich in den Sätzen zusammenfassen: Der Mensch ist ein Wesen, das durch die biologische Evolution entstanden ist und sich durch die kulturelle Evolution selbst geschaffen hat und ständig sich durch Hervorbringung von Kultur selbst erschafft. Er ist Herr über sich selbst, aber ständig durch Sinnentleerung des Seins bedroht, so dass er sich nach der Sicherheit transzendenter Mächte sehnt.

2.2 Das Menschenbild des Islam

Während sich die philosophische Anthropologie des westlichen Kulturkreises in ihrer Argumentation aller Wissenschaften bedient, gibt es im Islam nur eine religiös definierte, und zwar im Koran kanonisiert. Was ist der Mensch im Sinne des Islam? Die Antwort wird deutlich, wenn man in der Moschee betende Muslime sieht. Sie knien nicht nur vor Gott, nein, sie werfen sich vor ihm quasi auf den Boden, sind also nur ein Stäubchen in Allahs Schöpfung. Gegenüber ihrem Gott sind sie fast nichts und unterwerfen sich ihm deshalb total, sie sind Gottes vollkommen gefügige Werkzeuge. Gott ist der absolute Alleinherrscher.

Aber indem sie sich bedingungslos unter Allahs Schutz stellen, erhalten sie bei gottgefälliger Lebensweise die Garantie der Unsterblichkeit und des Lebens in Überfülle im Paradies. Gott erscheint als absoluter Monarch, der seine Beherrschten nach seinen absolut geltenden Gesetzen belohnt oder bestraft. Dem Menschen bleibt diese unbegrenzte Machtfülle unbegreiflich. Wenn die Wirklichkeit dieses Heilsversprechens als gewährleistet geglaubt wird, erwächst daraus ein kaum zu bremsender kultureller Impuls, das Leben, die Gesellschaft und die Politik nach diesen Vorgaben zu gestalten. Ausgestattet mit dem Wahrheitsmonopol Gottes, kann der Islam ohne störende Eigenreflexion die Welt in wahr und falsch einteilen, um die Wahrheit, sich selbst, zu befördern und die Unwahrheit (alles Nichtislamische) zu brandmarken. Kompromisslos ist dieser Wahrheit – im Koran niedergelegt – zu folgen, so dass ihm ein bindender Missionsauftrag innewohnt. Als von Gott erwählte Geschöpfe begreifen sie sich als seine Auserwählten, ausgestattet mit dem Privileg des Besitzes der vollständigen Wahrheit. Dadurch wird aber auch eine bestimmte konservative und starre Lebensform erzwungen, die sich dann schwertut, wenn Probleme auftauchen, die religiös nicht antizipierbar sind, so dass sie nicht sich widersprechende Impulse in althergebrachter Art kanalisieren kann. Eine islamische Anthropologie kann deshalb nicht von einer naturwissenschaftlich geprägten empirisch gestützt werden. Eine darwinistisch-evolutionäre, obwohl sie empirisch vielfach belegt ist, ist im Islam ebenfalls verpönt. Was der Mensch ist, lässt sich also nur von Allah, vom Islam her erklären.[15] Und da der Mensch nur von Allah her definiert ist, ist er als er selbst, als Individuum: nichts.

Jeder Mensch ist eine Schöpfung Gottes. „Er ist es, Der euch im Mutterleib bildet, wie er will [...]": Sure (3:6)[16]. Damit schuldet der Mensch Allah Dankbarkeit für sein Leben, Vertrauen wie zu einem Vater, Respekt vor seiner Allmacht. In Gott laufen alle Fäden des menschlichen, tierischen, pflanzlichen und mineralischen Seins zusammen. Wir können hier von einer nicht mehr steigerbaren „Verdichtung des Seins", Gott, sprechen, „dessen Transzendenz absolut ist, dessen Wille in nicht hinterfragbarer Souveränität seine Dekrete diktiert, jedoch sich von seiner Weisheit und Barmherzigkeit leiten lässt" (Khoury 2001, 90). Gott legt den Gläubigen also keine unerfüllbaren Maßstäbe an, weil er Vertragstreue an seinen Geschöpfen übt, deren Wohlergehen ihm am Herzen liegt. In Allahs ‚Rechnung' sind also schon menschliche Unvermögen eingepreist, so dass der Gläubige sicher sein kann, dass er, wenn er Allahs Gebote ‚leidlich' erfüllt, ins Paradies eingehen wird. Das patriarchalische Element der Sorge für die Untertanen findet also Eingang in die Beziehung zwischen Gott und Mensch.

Der Mensch ist nicht nur symbolisch ein Geschöpf Gottes, das er aus „trockenem, tönenden Lehm erschaffen [hat], aus schwarzem, zu Gestalt gebildetem Schlamm": Sure (15:26), sondern in dieser Sure steckt auch eine Wesens-

---

[15] Es soll hier nur an die Feuerbach-These der Religion als Projektion des Menschen erinnert werden, in der er „sein Wesen zuerst *außer sich* [verlegt], ehe er es in sich findet" (1994, 33). Dieses „außer sich", Gott, ist er selbst, ohne es zu wissen. Will der Mensch sein Wesen kennenlernen, dann braucht er nur die Attribute Gottes in anthropologische *Essentials* zu übersetzen.

[16] Der Koran wird nach der Ausgabe *Der Koran*, München 1992 zitiert. Diese Ausgabe bedenkt auch die Einleitungsformel zu einer Sure mit einem gesonderten Vers, so dass sich bei der Nummerierung der Verse in anderen Ausgaben eine Differenz von eins ergibt.

schau des Menschen. Er ist wie alles Geschaffene, tatsächlich ein Werk Gottes, „vollkommen geformt, dem Ich von meinem Geist eingehaucht habe": Sure (15:30). Dennoch betont der Koran Gottes radikale Verschiedenheit gegenüber dem Menschen. Jeglicher Entwicklungsgedanken wird ausgeschlossen; dem bis auf einen ‚Konstruktionsfehler' vollkommen geschaffenen Mensch entspricht eine vollkommen geschaffene Natur, die auf seine Bedürfnisse ausgerichtet ist. Dieser Konstruktionsfehler heißt „Schwachheit"[17]. Hat Gott in seiner Allmacht einen Fehler gemacht?

Ich glaube, dass diese Frage falsch gestellt ist, da es um die Glaubengrundlagen der islamischen Offenbarung geht, die selbst nicht hinterfragbar ist: es ist eben so. Ein Rationalist allerdings entdeckt in dieser Konstruktion den Grund dafür, dass der Mensch Gott überhaupt braucht. Was hat es mit der natürlichen Schwachheit des Menschen auf sich? Warum ist er nicht so vollkommen geschaffen wie alles andere? Er ist, wie schon gesagt, eine „Fehlkonstruktion" Gottes, denn der Mensch könnte ohne Gottes Gnade und Hilfe nicht leben. Hier berühren sich Kulturanthropologie und Menschenbild des Islam. Der Mensch ist ein biopsychisch schwaches Lebewesen; doch ist es, vom Islam her gesehen, nicht primär Kultur, die diesen Mangel kompensiert, sondern Gott in seiner Güte. Wenn allerdings Allah den Menschen vollkommen geschaffen hätte, hätte er Gott nicht nötig. Warum bildet der Mensch in Allas Schöpfung eine Ausnahme? Sind es also eigensüchtige Motive, um aus der Bedürftigkeit und Schwachheit des Menschen die Notwendigkeit eines Erlösergottes zu begründen? Braucht Gott eine im Staub vor ihm kniende Menschheit, um seine schrankenlose Macht zu demonstrieren?

Das islamische Menschenbild fußt auf dem Manichäismus, dem Kampf zwischen Gut (Allah) und Böse (Satan). Beide Prinzipien bekämpfen sich nicht ‚persönlich', denn Allah hat den Kampf gegen Satan schon *a priori* gewonnen, sondern der „schwache Mensch" ist Austragungsort dieses Kampfes. Hier findet also ein „Stellvertreterkrieg" statt. Es geschieht zwar alles Allahs Willen gemäß, doch es bleibt der Widerspruch, dass der Mensch das Böse tun kann, was zur ewigen Verdammnis führen wird. Es ist also nur der Ansatz von Subjektivität einer menschlichen Entwicklung und Entfaltung seiner Individualität zu sehen. Der schwache Mensch gerät in Versuchung, lässt sich von Gott leiten und gewinnt das Paradies, ein ewiges, sehr genussvolles Leben.

---

[17] „Der Mensch ist von Natur aus schwach" (4:28).

Doch was geschieht mit den Nichtmuslimen? Als Vertreter der Buchreligionen sind sie dem Islam nahe, als Animisten, Atheisten, Positivisten sind sie *de nature* der ewigen Verdammnis preisgegeben; es sei, sie würden ihren ‚Irrlehren' abschwören; denn alle Menschen sind von Geburt aus Muslime, weil sie vom ersten durch Gottes Hand erschaffenen Menschen, Adam, abstammen; alle anderen Religionen sind Fehlkonstruktionen, die sich unterschiedlich weit vom ‚wahren' Glauben entfern haben.

Unser Rationalismus, in dem die menschliche Vernunft, das Subjekt, die Kriterien a priori enthält, mit denen es Gegenstände gemäß diesen prüft und nur das gelten lassen kann, welches ihnen nicht widerspricht, macht selbst vor Gott nicht Halt. Gott muss seine Existenz vom Menschen beglaubigen lassen, sollte er nicht ein Phantom bleiben. Der wahre Herr der Welt ist also im Sinne des Rationalismus der autonome Mensch, dessen Erkenntnisart alles Seiende unterworfen ist. Wenn es Gott gibt, dann muss seine Rationalität die gleiche wie die des Menschen sein. In den Augen eines Muslims kommt dieser Subjektivismus, intellektuell „so zu sein wie Gott", einer Gotteslästerung gleich; denn Gott ist für ihn das absolut Erste, Existente und Objektive. Im Sinne des Rationalismus ist der Mensch die höchste, sich selbst tragende Wesenheit, was ihre Erkenntnisleistung angeht, während der Islam Gott als einen absolutistischen Herrscher über die ohne ihn hilflosen Menschen sieht: der selbstbestimmte Mensch als Prometheus[18] gegen den fremdbestimmten Menschen als Passivum.

Eine von Gott als vollkommen geschaffene Welt und ein den Willen Allahs unbedingt gehorchender Mensch laden nicht zur Forschung ein; denn was Natur ist, ist keine Frage mehr, während der Begriff der Natur als „Gegenstand möglicher Erfahrung" (Kant) empirische Forschung geradezu impliziert. Die Wissenschaften (als Ausnahme die Mathematik und Medizin) haben keinen angestammten Platz im Islam, weil im Koran alles steht, was man über die

---

[18] In *Griechische Mythen, neu erzählt* (Vernant 2000) wird die Rolle des Prometheus als Wesen zwischen Göttern und Menschen gedeutet. Prometheus, so sein Name, ist der, „der im voraus versteht, der im voraus bedenkt" (77), er verkörpert den Forscherdrang des Menschen, „einen rebellischen, pfiffigen und undisziplinierten Verstand" (65). In einer Fenchelpflanze verbirgt er das göttliche Feuer und bringt es den Menschen, denen Zeus das Feuer genommen und dann versteckt hat. Dafür und noch für andere Listen gegenüber Zeus wird er an einen Felsen geschmiedet. Jeden Tag kommt Zeus' Adler und frisst seine Leber auf, die immer wieder nachwächst.

Natur wissen muss, so dass Naturwissenschaft nur ein Ins-Handwerk-Pfuschen in Gottes Plan[19] wäre.

Die Folgen einer solchen nur passiven Naturrezeption sind heute noch im Islam nachweisbar. Der Fortschrittsgedanke, der mit Hilfe des Darwinismus auch Gesellschaft, Naturwissenschaft und Technik evolutiv vorantreibt, ist dem Islam fremd, weil ein sich gleichbleibender Gott eine gleichbleibende Welt fordert, so dass es daher keine eigendynamische gesellschaftliche, wissenschaftliche[20] und technische Entwicklung gibt; der Islam also fordert konsequent eine stagnierende, statische und geschichtslose Welt. Wie Tibi ist der Autor der Meinung:

> Die theozentristische Weltsicht der Muslime, die in der islamischen Offenbarung verankert ist und den jahrhundertelangen historischen Wandel mit einem hohem Maß an Resistenz überlebt hat, erschwert die kulturelle Bewältigung des sozialen Wandels" (1991, 221).

Außerdem ist für den Muslim der Koran höchste Autorität in Fragen des Wissens, weil er Gottes Wort unverfälscht verkündet. Über Moses und Christus entfernt sich die Gottesbotschaft immer weiter von ihrem Urpropheten Abraham, bis sie durch das „Siegel der Propheten" ihre letzte allgemeingültige und überzeitliche Wahrheit findet, so dass nur das Koranstudium und nicht das

---

[19] Besonders skurril mutet die anthropomorphe Deutung der Haustierwerdung an. Für Darwin ist die Züchtung von Haustieren, ihre Domestikation, ein von Menschen bewusst gestalteter Ausleseprozess, den er auf die gesamte Biosphäre überträgt. Im Koran wird daraus eine von Gott inszenierte teleologische Schöpfung zur bequemen Nahrungsbeschaffung des Menschen. In der Sure (23:21) heißt es:
„Und im Vieh ist eine Lehre für euch. Wir geben euch zu trinken von dem, was in ihren Leibern ist, und ihr habt an ihnen vielerlei Nutzen, und von ihnen esset ihr."
Hier kommt der Koran in große Argumentierungsnot, der er entgehen könnte, würde er eine historische und symbolische Interpretation erlauben.

[20] In dieser Frage nimmt Prenner (2005) eine unklare Haltung ein. Nach ihm gibt es eine wissenschaftliche Koraninterpretation, die „seinen Wundercharakter anerkennt" (120 f.), weil er (der Koran) „wissenschaftliche Fakten enthält, die zur Zeit des Propheten unbekannt waren und mehr als tausend Jahre später entdeckt wurden" (121). Als Beispiel führt er Abduh (in Goldziher 1979) an, der behauptet, dass Darwins Grundgedanken dem Koran zu entnehmen sind (eine ungeheuerliche Provokation), ebenso, dass die Dschinnen (Dämonen) in Wirklichkeit Mikroben wären, so dass der Koran „den Standpunkt der allermodernsten Medizin [vorwegnehme]" (356). – In der ehemaligen DDR war eine ähnliche Sprachregelung üblich, indem im Unterricht Entdeckungen und Erfindungen grundsätzlich zuerst den Russen zugeschrieben werden mussten.

Studium der empirischen Wissenschaften zu höchster Einsicht führt. (Da aber auch in muslimischen Ländern das Verständnis wächst, dass es ohne sie keinen wirtschaftlichen und sozialen Wandel gibt, werden abenteuerliche Konstruktionen erdacht, von denen im Verlauf der Erörterung einige herangezogen werden, die beweisen sollen, wie man das Weltbild des Islam mit den positiven Wissenschaften kompatibel gestalten kann.)

Der dennoch latenten Ablehnung der ‚westlichen' Wissenschaften entspricht die Ablehnung bildender Kunst. Wegen dem Verbot „Du sollst dir kein Bildnis von Gott machen" (auch nicht von der Natur, weil sich damit subjektive Prämissen in Gottes Werk mitpräsentieren), das nirgendwo im Koran dokumentiert ist, gibt es keine bildenden Künste. Die Kunst hat die Kalligraphie für sich in Anspruch genommen. Die wundervollen ornamentischen Variationen von Koranversen in Moscheen dienen der Verherrlichung von Gottes ewigem Wort, das auch die natürliche Welt beschreibt; der kalligraphische Meister ist in seinem Werk nicht zu erkennen. Der Künstler als *Deus secundus* ist dem Islam fremd, weil Allah die Welt vollkommen geschaffen hat.

In den Suren (6:96 – 6:100) schildert Mohammed, wie Allah diese Welt schuf, um sie den Bedürfnissen aller Lebewesen anzugleichen. Er malt eine nahezu vollkommene Welt, in der Mittel und Zwecke so zueinander passen, dass der Mensch einen irdisch wohlgeordneten Lebensraum vorfindet, aus dem ihm alles ohne viel Mühe zuwächst. Allah lässt das Korn keimen, bringt Leben aus dem Tod und Tod aus dem Leben hervor, er schafft den Tag zum Arbeiten und die Nacht zum Ausruhen, schafft die Sterne zur nächtlichen Orientierung, erschafft den Menschen aus einen Lehmklumpen, lässt es regnen und dann wachsen. „[...] Wir bringen dann Grünes hervor, daraus wir gereihtes Korn sprießen lassen, und aus den Dattelpalmen, aus ihren Blütendolden (sprießen) niederhängende Datteltrauben, und Gärten mit Trauben, und die Olive und den Granatapfel [...]" (6:100). Die Gärten und das einem Garten nachgebildete Paradies sind kulturanthropologisch ‚verdrehte' Projektionen.

Denn der poetische Lobpreis auf Allah und seine Schöpfung hat einen offensichtlichen Fehler: er stimmt nicht! Gerade die arabische Halbinsel ist von permanenter Dürre und damit Unfruchtbarkeit geplagt; anstelle von fruchtbaren Olivenhainen breiten sich menschenfeindliche Wüsten aus. Warum erfahren wir von all dem nichts? Allah ist ein vollkommenes Wesen, und ein solches kann keine lebensfeindliche Natur hervorbringen. Der Prophet projiziert die Vollkommenheit Gottes auf eine von ihm geschaffene vollkommene Welt, fast schon paradiesisch zu nennen, die empirisch sichere Indizien für die Existenz Gottes liefert.

Wir finden hier einen sehr ausgeprägten ideologisch defizitären Zirkel vor: eine vollkommen geschaffene Welt weist auf ihren vollkommenen Schöpfer, der vollkommene Schöpfer auf seine vollkommene Schöpfung hin: eine ontologisch geschlossene Welt, die gegenüber anderen Entwürfen auf absolutem Wahrheitsanspruch besteht. Doch wie der noch zu besprechende, nach Kant haltlose teleologische Gottesbeweis zeigt, bedeutet eine nichtteleologische Struktur der Welt (siehe Quantentheorie und Darwinismus) zugleich eine Unmöglichkeit des logischen Beweises einer Existenz Gottes als Schöpfer einer solchen Welt.

Solche kritischen Fragen sind im Islam unzulässig und werden mit der Formel ‚Allah hat es in seinen unergründlichen Plänen so gewollt' beantwortet, so dass damit alles, selbst Widersprüchliches, ‚erklärt' werden kann, folglich der unkritische Zeitgenosse tatsächlich von der absoluten Wahrheit des Islam überzeugt sein kann. So lässt sich selbst die Vorherrschaft des Westens im 19. und 20. Jahrhunderts damit begründen, dass Allah die Muslime nur scheinbar im Stich gelassen habe, damit sie sich auf die ursprüngliche Kraft des Islam besinnen könnten.

Eine eigenständige Anthropologie gibt es also im Islam aus bekannten Gründen nicht, weil der Mensch dort kein autonomes Wesen ist, dessen kognitive und praktische Kompetenzen beschrieben werden könnten, es also kein Bedürfnis zur Erforschung seines Wesens gibt, da es für alle Zeit als überindividueller Typus festgeschrieben ist. Er ist ein Wesen, das völlig vom dogmatischen Werthintergrund des Islam als Religion, Gesellschaftsordnung und Politik determiniert ist und gegenüber Gott und seinen eigenen Fähigkeiten, weil die ihm auch von Gott geschenkt worden sind, kein eigenes Gesicht zeigen kann; er ist nur ein winziges Korn im Kollektiv der Gläubigen.

Im Gegensatz zum Christentum, das sich im Mittelalter durch die Übernahme des Platonismus theologisch-begrifflich fundiert hat und danach durch die Aufklärung historisch-kritische und hermeneutisch-wissenschaftliche Bibelkommentare zulassen muss, fehlt dem Islam eine solche Theologisierung und Philosophiegeprägtheit, weil er sich nicht die Vorstellung der einzelnen Philosophen des Goldenen Zeitalters zunutze gemacht hat. Dadurch, dass die Bibelhermeneutik von einem verborgenen Textsinn ausgeht, der nicht identisch ist mit der tradierten Sprachform, kann zwischen metaphysischen Glaubenswahrheiten und zeitgebundenen Bedingungen der Entstehung des Textes unterschieden werden.

Der Islam verbietet eine zeitnahe Schriftauslegung, da er von einem unwandelbaren, ewig gleichen Textsinn ausgeht. Damit ist verbunden, dass, obwohl Mohammed die Grundzüge von Judentum und Christentum kennt und sie und andere Zeitströmungen im Koran ‚verarbeitet', die Fiktion von einem von Gott nicht nur inspirierten, sondern auch formulierten Text vertreten werden kann. Folglich ist der Koran (mit Ausnahme des Goldenen Zeitalters) von philosophischen und theologischen Spekulationen freigeblieben. Er ist in dem Sinne volkstümlich geschrieben, dass jeder Muslim auch ohne dazwischengeschaltete ‚Berufshermeneutiker' diesen Text, weil er nur wörtlich verstanden werden darf, verstehen kann.

Deshalb kann seine Stellung zu den „letzten Dingen" wie Seele, Auferstehung, Paradies, Jüngster Tag und Jüngstes Gericht, Hölle, Prädestination nicht mit philosophisch theorielastigen Begriffen beschrieben werden.[21] Das wird besonders deutlich bei der Auferstehungsvorstellung.

Das Lebensprinzip des Menschen ist seine Seele. Diese wird ihm von Gott gegeben und kann mit der Vorstellung eines psychischen Vitalismus verglichen werden. Sie hat Anteil an den körperlichen Eigenschaften, besitzt also z.B. einen Raum. Sie lebt beim Tode eines Menschen ohne ihn weiter, sozusagen als „schlafende Potenz". Am Ende der Zeiten vereinigt sie sich wieder mit ihrem Körper. Mit dem Tod eines Menschen schließt sich sein Lebenskreislauf; mit seiner Wiederauferstehung ist er eine Neuschöpfung Gottes, die im Jenseits eine radikal neue Existenz gewinnt. Dieses Jenseits ist das Paradies, ein idealer Garten, in welchem dem Menschen alles, was er braucht, ohne eigenes Mühen entgegenwächst. Die Paradieserzählungen des Korans sind unseren märchenhaften Schilderungen eines Schlaraffenlandes ähnlich.

Der Projektionscharakter dieser Jenseitsvorstellung wird deutlich, wenn man das harte Leben der Wüstenbewohner mit dem angenehmen der Oasenbewohner vergleicht. Sie, die unerbittliche und karge Natur erscheint als ein kultivierter Ort im Sinne eines Gartens, in der die Natur gezähmt und friedlich ohne große Mühen die gesamte Fülle von Feldfrüchten im Übermaß hervorbringt. In ihm herrscht statt ungebändigter Naturgewalt Schönheit: Ströme

---

[21] Die folgenden Ausführungen lehnen sich an Khoury, A. T., Hagemann, L., Heine, P.: *Islam-Lexikon,* Freiburg 1991 an.

bewässern das Land, reife Früchte locken die Seligen, der Wein funkelt in wundervoll geformten Pokalen, Jungfrauen und Knaben als Diener erfreuen das Herz des früher auf Erden fromm wandelnden Muslims, Gespräche unter Freunden in lockerer Runde sorgen für geistigen Austausch. Es fällt aber deutlich auf, dass das Weibliche anfangs keine eigene Ausdrucksform im Paradies findet. Die Frau ist Dienerin und allzeit bereites Sexualobjekt. (Mir ist schwer verständlich, dass viele im Westen lebende islamische Frauen, nach ihrem Ableben im Paradies im Grunde mit den gleichen Aufgaben betraut, wie sie sie auf Erden auch wahrnehmen mussten, mit demonstrativer Religiosität auf ihre ‚himmlische' Benachteiligung reagieren. Horovitz (1975) schränkt jedoch, weil Mohammed in späteren Suren auch den Ehefrauen eine eigenständige Aufenthaltserlaubnis im Paradies zugesteht, ein:

> Allmählich begannen die Farben etwas zu verblassen, und die jugendlichen Genossinnen der himmlischen Freuden traten in den Hintergrund. Mit dem Eintritt der Gattinnen und Kinder ins Paradies schwinden die Spuren einstiger Ungebundenheit, wenn auch die sinnlichen Genüsse bleiben, Schmuck und kostbare Gewänder, köstliche Früchte und duftender Wein (73).

Doch inwieweit der Islam selbst die Wandlung der Paradiesvorstellung im Sinne einer Vergeistigung praktisch nachvollzogen hat, ist mit unbekannt. Der Islamismus fordert eine nur wörtliche Akzeptanz.

Der Phantasie sind keine Grenzen gesetzt, sich das Grauen der Hölle als Gegensatz zu den ewigen Freuden in einem paradiesischen Garten vorzustellen. Doch die geglaubte Vorstellung der Hölle als Ort ewiger menschlichen Qual ist sicherlich ein Hauptmotiv für die Einhaltung der Gebote, so dass mit dem Prinzip „Zuckerbrot und Peitsche" den Gläubigen rational und realistisch nur das Praktizieren des Islam übrigbleibt. „Jeder Muslim wird einmal von den Höllenqualen befreit werden" (364), auch wenn er sich schwer gegen Gott vergangen hat, während die Ungläubigen ewig in der Hölle ‚schmoren' müssen.

Zwischen Wiederauferstehung und ewiger Seligkeit steht der Jüngste Tag, an dem vor dem Jüngsten Gericht Rechenschaft abzugeben ist. Für jeden existiert ein Buch, in dem Lebensbilanz gezogen wird, wobei die guten mit den bösen Taten verrechnet werden. Dazu macht eine „himmlische Waage" (423) deutlich, wohin sich die Entscheidung neigt. Die „Körperseelen" machen sich nun auf den „Weg zur Hölle" (424). Sie betreten eine Brücke, „dünner als ein Haar, schärfer als ein Schwert" (424), während sich unter ihnen die Hölle auftut. Die Bösen stürzen von der Brücke direkt in den Höllenschlund, während die Guten sich mit einem Sprung an das rettende Ufer, das Paradies retten können. Problematisch bleibt hier die Definition von Schuld, weil ihre Zuschreibung auch Allah zukommt, der ja der Herr von Himmel und Erde ist, so dass es in seiner Macht stände, Schuld zu verhindern. Das Verhältnis von Prädestination und Determinismus und Freiheit auf der anderen Seite wird vom Koran in vielen Versionen variiert, aber nicht gelöst. Auch hier soll diese Frage offen bleiben.

Welcher Wahrheitsbegriff liegt dem Koran zugrunde? Es sollen nur knapp das Kohärenz- und das Korrespondenzmodell zu dieser Frage gehört werden. Unter **Kohärenz** versteht man, dass die „Wahrheit einer Aussage in ihrer Verträglichkeit mit anderen Aussagen in einem systematischen Zusammenhang besteht" (Schnädelbach 2002, 180). Schon die Entstehung des Korans durch explosive prophetische Erleuchtungen Mohammeds weisen auf einen nicht immer kohärenten Text hin, was durch die oft gegensätzlichen Textinhalte gestützt wird, weshalb ja die Aussagen des Korans am besten durch wiederholtes Lesen rezipiert werden sollen, was meiner Ansicht nach zum „Zwiedenken" (Orwell), dem Denken des Zugleichseins sich ausschließender Aussagen oder zu Ambivalenz führt. Damit sollen seine häufig festzustellenden Inkohärenzen überspielt werden und alle Aussagen den gleichen Wahrheitswert annehmen, so dass sich vom Ganzen her ein System ergibt, das bei großem Wohlwollen die einzelnen Verse und Suren in einen höheren Zusammenhang einbettet.

Das **Korrespondenzmodell** ist dem Koran am besten angemessen, das von der *adaequatio rei et intellectus*, der Übereinstimmung von Bewusstsein und Gegenstand ausgeht oder der sprachwissenschaftlich bestimmten Übereinstimmung von Satz und Sache als Tatsache. Schnädelbach (2002) kritisiert diese Definition, weil sie von zwei verschiedenen Seinssphären, von der psychischen bzw. semantischen und der außersubjektiven Realität und Objektivität Übereinstimmung verlangt und niemand sagen kann, wie dies möglich ist. Diese „metatheoretische Übereinstimmung" beherrscht als metaphysische Übereinstimmung des Wortes Gottes mit der Welt die Wahrheitsauffassung des Koran. Werte, Wissen und Wort bilden dort eine Einheit. Was Gott will, sein im Koran niedergelegter metaphysischer Wille, entspricht genau der Wirklichkeit der Welt, weil er sie selbst aus Nichts geschaffen hat. Gottes Wort als Potenz passt genau auf die dadurch geschaffene Realität. Man kann den Wahrheitsbegriff des Islam, den Koran betreffend, wie schon gesagt als illokutiven Akt bezeichnen, d.h., mit der Formulierung als Sprechakt ist zugleich eine Sprechhandlung verknüpft, so dass zwischen Text und daraus entwickelnder Aktion ein enger Zusammenhang besteht. So ähnlich bedeutet das Wort Gottes im Koran zugleich seine direkte Verwandlung und Verwirklichung in einen Schaffensakt. „Der Schöpfer des Himmels und der Erden! Wenn Er ein Ding beschließt, so spricht Er nur zu ihm: ‚Sei!' und es ist" (2:118). Zwischen Wort und Tat herrscht also strenge Isomerie oder Kongruenz. Damit wird der absolute Wahrheitsanspruch begründet, der auf dieser Ebene nicht erschüttert werden kann. Man kann diese Wahrheitsvorstellung „absoluten Realismus" nennen, die lückenlose Umsetzung von Gottes Wort im Koran in Wirklichkeit, an die sich die intellektuellen Fähigkeiten des Menschen anzugleichen haben.

Der Mensch nimmt eine vermittelnde Stellung zwischen der Natur und Gott ein, indem ihm Gott gegenüber der Natur eine „Amtsmacht" (Djassemi 2002, 22) verliehen hat, die ihm erlaubt, die Früchte der Natur zu genießen. Dieses „Lehensverhältnis" bedeutet aber auch Unterwerfung, Unterwerfung unter Gottes Willen. Dieser „**Unterwerfungsvertrag**" (26) ist zugleich Vorbild für die praktischen Machtstrukturen im Islam, weil er auch gegenüber den „Schatten Allahs" (Tibi), den Kalifen gilt, so dass sklavischer Gehorsam auch der Obrigkeit entgegengebracht wird. Sie ist sozusagen die soziale Folge des islamischen Lebensvollzuges.

Dazu kommt noch, dass das Denken in statischen Mustern abläuft, Es folgt daraus, dass auch für den Einzelnen, weil „letztlich Gott die Geschichte macht" (26), es auch keine Evolution und keine individuelle menschliche Entwicklung gibt, nicht das Heranreifen, Individualisieren Versittlichen, Selbstgestalten, Über-sich-Hinauswachsen. Der Mensch ist die Summe seiner guten und bösen Taten. Doch es soll diese gänzlich vom Islam besetzte theologische Anthropologie für den (schwachen) Menschen universal gelten, ein Anspruch, der ein nicht abzusehendes Konfliktpotential gegenüber der naturalistisch-kulturellen Anthropologie des Menschen als ein Kultursubjekt freisetzen kann. Beide Anthropologien lassen sich in dem Bild „**Amboss** oder **Hammer**" zusammenfassen.

Ein kulturanthropologisches Phänomen muss noch angesprochen werden. Wie sich leicht beweisen lässt, werden im Koran die Männer eine Rangstufe höher als die Frauen gestellt. Das hat große gesellschaftliche Auswirkungen, weil die islamische Gesellschaft aus diesem Grunde historisch eine Männergesellschaft, ein Patriarchat ausgebildet hat, so dass die Frauen immer mehr durch irgendwelche obskuren Vermummungsgebote aus der öffentlichen Wahrnehmung verschwunden sind, angeblich, um sie vor begierigen (muslimischen) Männerblicken zu schützen. Was ist das für eine Männerwelt, in der das Wesen der Frau hinter irgendwelchen wallenden Gewändern versteckt werden muss? Sie stellt sich damit ein bedauernswertes Armutszeugnis von sexueller Ungezügeltheit aus.

Bei solchen muslimischen Familien, die vor kurzem nach Deutschland immigriert sind, aber nicht nur bei ihnen, sondern auch bei vielen in der dritten Generation, wird das autoritäre Verhalten der Väter gegenüber den Müttern und Töchtern von den männlichen Jugendlichen als machohaftes Gehabe kopiert und deshalb die Rechte der Frau mit Füßen getreten. Damit wird unsere Gesellschaft in eine autoritäre und eine demokratische gespalten, die sich wie Feuer und Wasser zueinander verhalten. Da auch die staatlichen Autoritäten im Gegensatz zu ihrem Namen mit selbstbestimmten Menschen rechnen, werden deutsche Institutionen von vielen muslimischen Jugendlichen offen verhöhnt.

3. Vom Islam zum Islamismus

Schon der religiöse Islam enthält Grundsätze, die einer Ideologisierung Vorschub leisten, so wird hier behauptet. Wir hatten ja schon auf die wechselseitige Legitimierung von einem vollkommenen Gott durch eine vollkommen teleologische Schöpfung hingewiesen. Als Einheit von politischer Organisationsform und religiöser Praxis besteht die Aufgabe des Islam – seine spirituelle Wirkung soll hier nicht dargestellt werden – in der Geschichte, die jeweilige Herrschaftsform als mit Allahs Willen übereinstimmend zu legitimieren, weil die Herrscher als die „Schatten Allahs" (Tibi) gesehen werden. Seit Mohammed bilden religiöses und politisches Leben eine Einheit.

Der Religion obliegt die theologische Absicherung weltlicher Herrschaftsstrukturen. Sie kann heute als Pool eines unerschöpflichen Vorrats an Argumenten für die Legitimierung herrschender islamischen Regierungsformen ausgemacht werden. Das Prinzip „Islam" ist im Begriff, global als einzig legitime und von Gott moralisch gerechtfertigte Herrschaftsform die Weltherrschaft anzutreten. Der implizite Universalismus des Islam schickt sich an, durch die ideologisch defizitäre Explikation seines Wertsystems die Welt nach seinen Vorgaben zu gestalten. Er, so wird hier behauptet, enthält schon viele ideologisch anfällige Strukturen, die seine Aktualisierung in politische Entwürfe des Islamismus begünstigen.

3.1 Der Beginn beider Religionen (Christentum & Islam)

Zwar hat auch jeder Beginn Vorursachen, dennoch kann man sagen, mit einem solchen treten Kräfte einer neuformierten starken Kausalität auf, die wirksamer sind als die Summe der darin aufgegangenen Teilursachen. Ähnliches drückt die Formel *principiis obsta* aus „Wehret den Anfängen"![22], weil in der Phase der Neuorientierung die Chance einer Beeinflussung groß ist. Es liegt hier der Fall vor, dass nicht eine Ursache sich in viele Teilursachen aufspaltet und damit schwächt, sondern viele Teilursachen bündeln sich in einer Hauptursache mit großer Stoßkraft, dem Islam, einer monotheistischen Religion, die Christentum und Judentum darin vereinigt, dass sie beide im Islam aufgehen lässt, so dass aus den vielen polytheistischen arabischen Ortsreligionen mit ebenso vielen verschiedenen Herrschaftsformen von Mohammed eine Prophetenherrschaft mit überregionalen Zielen wird.

Zusammen mit dem Glauben, dass sich der Islam als natürliche Religion sieht, weil er sich auf Adam zurückführt, wird schon am Anfang das Hauptziel sichtbar, die Universalität des Geltungs- und Herrschaftsanspruchs. Dadurch, dass aber als erster bedeutender Prophet Abraham genannt wird, beginnt mit ihm Gottes Offenbarung, die aber von Juden und Christen verfälscht wird, bis dann Mohammed als letzter Prophet Allahs die wahre Lehre für alle Zeit ver-

---

[22] In *1984* (Orwell 1978) wird das Problem des Anfangs einer literarisch aus Kommunismus und Nationalsozialismus synthetisierten totalitären Ideologie thematisiert. Bei einem Bombenangriff kommt die Familie Wilson mit einem heruntergekommenen Vertreter der Bourgeoisie in Berührung, der die Verwandlung des „englischen Sozialismus" in „Engsoz", der Diktatur des „Großen Bruders" noch in Erinnerung hat. Er macht alkoholisiert seinem Herzen Luft:
„Wir hätten ihnen nicht trauen dürfen. Hab` ich`s nicht immer gesagt, Muttchen? Das hat man davon, dass man ihnen vertraut hat. Ich hab` es immer gesagt. Wir hätten diesen Lumpen nicht trauen dürfen" (33).

künden kann. Wir müssen hier als Hauptdatum des Anfangs des Islam die Zeit des Wirkens Mohammeds zugrunde legen, weil erst durch sie das Vorher und Nachher der Geschichte des Islam bestimmt werden kann. Wenn diese Anfangspotenz erst erweckt ist und weitere Bewegungen auslöst, ist die Eigenentwicklung kaum noch zu stoppen. Die religiös-politische Dynamik des Islam steckt also schon in seiner Konzeption als einzig wahre und weltumspannende natürliche Religion. Damit liegt die religiöse Essenz des Korans im Sinne von **Ideologie(-)** schon bereit, um bei geeigneter ‚Zündung' verwirklicht zu werden. Deshalb wird behauptet, dass schon zu Mohammeds Zeiten die Veränderung des Islam in Richtung eines globalen Islamismus und Imperialismus schon begonnen hat, so dass sie kognitiv beschrieben werden kann. Absicht dabei ist, aus Kenntnis dieser Entwicklung sie zu beeinflussen und zu entschärfen. Wäre in unserer jüngsten Geschichte der Rassismus früher stärker ideologiekritisch untersucht und kritisiert worden, als es noch Zeit war, hätte es möglicherweise keinen Hitlerfaschismus gegeben.

Was hinterlassen die beiden Religionsstifter Jesus und Mohammed? Jesus ist der große Verlierer, der schmählich am Kreuze geendet ist, weil er vorgibt, der Sohn Gottes zu sein. Sein Versprechen, die Menschheit in einem Jenseits zum ewigen Leben zu führen, ist durch seinen Kreuzestod *ad absurdum* geführt. Politische Ambitionen wie die Errichtung eines weltlichen Gottesstaates hat er nicht („Mein Reich ist nicht von dieser Welt"). Er hinterlässt eine verängstigte Gemeinde von Anhängern, Jüngern und Apostel, und es dauert sehr lange, bis diese Urgemeinden durch für verbindlich gehaltene Texte eine Heilslehre vermitteln können.[23] Im Jahre 391 n. Chr. nach dem Toleranzedikt des römischen Kaisers Konstantin von 313 n. Chr. wird das Christentum Staatsreligion, die sich nun mit weltlichen Mächten, vor allem mit dem Papst- und Kaisertum, um die Vorherrschaft im Heiligen Römischen Reich streitet. Es beginnt eine unsägliche Verquickung von Staatsmacht und fundamentalistischer Religion, die erst durch Luther teilweise entwirrt wird. Wer das Christentum ernstnimmt, muss sich und sein Leben an den Begriffen „Erbsünde", „Nächstenliebe", „Vergebung und Verzeihung", „Erlösung", „Glauben", „Hölle", „Weltgericht", „Auferstehung von den Toten und ewiges Leben", „Opfertod", um die

---

[23] Eine Kanonisierung der biblischen Texte des Neuen Testament findet um 200 n. Chr. ihren Abschluss; die Evangelien sind zwischen 70 und 100 n.Chr. in schriftlicher Form entstanden (siehe Helferich 2001, 70 – 75).

meisten zu nennen, orientieren. Die *imitatio Dei*, möglichst sein Leben als Nachfolge Christi zu gestalten, verleiht dem Christentum ein humanistisches Ethos, weil auch Gegner des Christentums nicht umhin können, die vorbildliche Moral des Menschen Jesus anzuerkennen. Damit ist eine Erhöhung der Eigenwertigkeit des Menschen als „*Deus secundus*" verbunden, nämlich mit einer ähnlichen Schöpferkraft wie Gott ausgestattet zu sein, die es verantwortungsvoll auszuüben gilt. Doch sorgen die vielen Verweise auf das AT auch für eine potentielle Militanz des Christentums aufgrund des beanspruchten Wahrheitsmonopols, so dass im Mittelalter alle anderen religiösen Bekenntnisse brutal unterdrückt werden.

Mohammed beginnt 613 n. Chr. mit der Verkündigung seiner göttlichen Inspirationen; doch nur wenige lassen sich überzeugen, selbst nicht Mitglieder vom eigenen Stamm der *Kuraischiten,* weil der Prophet deren Götter und Gesellschaftsordnung angreift, so dass er fliehen muss. Diese Flucht (*Hedschra*) führt ihn nach Medina, wo er als Schlichter vieler Streitigkeiten zwischen den Stämmen willkommen ist. Sein Erfolgsrezept ist die Abkehr vom Stammesprinzip und die Einführung einer allgemeinen religiösen Vergesellschaftung, der *Umma*. Mohammed ist also Religionsstifter und Verkünder einer neuen Staatsidee, die untrennbar miteinander verbunden sind. Diese Staatsidee wird noch ontologisiert, indem Gott als alleiniger, aber unsichtbarer Herrscher über die *Umma*, die Gemeinde, eingesetzt wird. Damit ist das Problemzentrum des Islam angesprochen, die Untrennbarkeit von Religion und Politik, d.h. seine implizite **Ideologiehaftigkeit(-)**.

In Medina gewinnt Mohammeds Idee eines Gottesstaates, dessen Exekutor er ist, Konturen, indem er sich die umgebenden Gebiete unterwirft. Um die Mekkaner, die ihn zur *Hadsch* gezwungen hatten, zu schwächen, greift er zurück auf den „damaligen Gebrauch der Raubzüge" (Barth 2003, 23). Selbst im *Ramadan* überfällt er eine mekkanische Karawane. Die Juden Medinas werden, weil sie mit dem Feind in heimlicher Verbindung stehen sollen, im tiefsten Frieden in Medina belagert, und viele von ihnen werden umgebracht. Damit ändert sich auch das Verhältnis zu den Buchreligionen. Sure (5:52) lautet:

> Ihr Gläubigen! Nehmt euch nicht die Juden und die Christen zu Freunden! Sie sind untereinander Freunde, aber nicht mit euch. Wenn einer von euch sich ihnen anschließt, gehört er zu ihnen und nicht mehr zu der Gemeinschaft der Gläubigen. Gott leitet das Volk der Frevler nicht recht."

Er verschärft den Kampf gegen Renegaten (Abtrünnige) und lässt sie in Geheimoperationen töten.[24] Viele moralischen Gebote entstammen dieser ‚Gründerzeit'.

Auf der Stufenleiter der Wahrheit stehen Mohammeds Aussprüche (Hadithe), gesammelt in der *Sunna*, an zweithöchster Stelle. Da man glaubt, der Prophet lehre und handele auf Gottes Anweisungen, ist die Sunna ebenfalls für Muslime verbindlich. Als Gesegneter Gottes wird er im Glaubensbekenntnis genannt, ist also, was seine Lebensführung angeht, ein anzustrebendes Vorbild. Wenn man alle zeitgenössischen Einflüsse mit Gewaltpotential, denen Mohammed in seinem Kulturkreis ausgesetzt ist, zu ‚mildernden Umständen' uminterpretiert, lässt sich daraus eine progressive Religionsstiftung herauslesen.

Aber Mohammeds Vorbildfunktion durch den heutigen Islamismus konzentriert sich nicht so sehr auf seine Rolle als Prophet, Gesandter Gottes, Vorbild für die Gläubigen, Erwählter Gottes (Khoury 1990), sondern der Sektor „Gewalt in staatspolitischer und religiöser Hinsicht während der ‚Gründerzeit' " wird gewaltig überinterpretiert und auf die Jetztzeit übertragen. Er bestimmt „das kollektive und individuelle Bewusstsein der Muslime immer dann, wenn „große politische, gesellschaftliche und religiöse Krisen" (Barth 2003, 26) auftreten. Besonders der heutige Islamismus in seiner terroristischen Spielart beruft sich auf den ‚wahren' Islam unter Mohammed. Islamisten sind diejeni-

---

[24] Sowohl in dem Buch von Khoury *Wer war Muhammad?* (Freiburg 1990) als auch in dem von Serauky *Geschichte des Islam.* (Berlin 1991) wird die Meinung vertreten, dass Mohammed, was Gewaltanwendung angeht, nicht über das Maß seiner Zeit hinausgeht. Serauky bettet diese in den damaligen Kontext von Religiosität, Politik und Gewalt ein und zeigt das dialogische Verhältnis zwischen Welt und Religionsstifter. Das Primat hat die Verkündigung des neuen Glaubens, der auf große Ablehnung stößt, bis eine neue Eingebung einen Weg aus der Krise weist. Gewalt zur Durchsetzung politischer und religiöser Ziele dient nur als äußerstes Mittel. Man kann deshalb den Koran als Handbuch politischer Maximen und religiöser Überzeugungen sehen, woraus sich ein Mix von beiden ergibt, der zeitgebundene Historizität und überzeitliches Glaubensgut untrennbar miteinander verknüpft.
Im *Islamlexikon* (Freiburg 1996, 547) wird zusammengefasst:
„Er konnte sich nicht damit begnügen, eine von Askese inspirierte, auf das Jenseits gerichtete Lehre zu predigen, er musste sich mit dem Alltag der Muslime beschäftigen, eine soziale Ordnung auf die Beine stellen, die Fundamente der solidarischen islamischen Gemeinschaft legen, deren Solidarität nicht mehr auf der Blutsverwandtschaft, sondern auf den gemeinsamen Glauben gründete. Endlich musste Mohammed den politischen Kampf gegen die Feinde des Islam nach außen und innerhalb der Gemeinde führen."

gen, *„die sich an ihren Wurzeln bzw. Fundamenten orientieren"* (25). Es soll also wie unter Mohammed ein irregulärer Krieg gegen die Ungläubigen wiederholt werden, natürlich mit wirksameren modernen Waffen. Damit ist der Islamismus schuld an Mohammeds negativem Image in der westlichen Welt, die in ihm auch einen Terroristen sieht, weil die Islamisten Mohammeds Wirken auf diesen verhältnismäßig marginalen Tatbestand fokussieren.

Hier wird Religion zum Anwalt des Terrorismus erniedrigt. Die zu erklärende Rigorosität bei der Durchsetzung des Islam durch Mohammed wird – durch moderne Vernichtungsmittel verstärkt – heute als Begründung eines menschenverachtenden Terrorismus wiederbelebt. Der absolute Wahrheitsanspruch, den Mohammed für seine neue Religion vertritt, rechtfertigt heute das Liquidieren politisch und religiös Andersdenkender, soweit sie sich nicht freiwillig seinem Diktat beugen. Ich möchte den Zynismus noch weitertreiben, indem ja durch die politischen und religiösen Morde die Ermordeten von Unbotmäßigkeit gegenüber Allah abgehalten worden sind, so dass sie vielleicht noch das Paradies gewinnen, was ihnen sonst vielleicht verlorengegangen wäre.

Die Hypothese, dass der Islam auf Grund seiner Ununterscheidbarkeit von Religion und politischem Kalkül schon von seiner Konzeption her besonders ideologieanfällig ist, kann gerade für seinen Beginn hier schon als bewiesen gelten. Folgt man den Maximen beider Religionen „*imitatio Dei*", Nachfolge Christie, und „gottgefälliges Leben wie der Prophet Mohammed", dann werden die gravierenden Konsequenzen einsichtig. Wenn auch die christliche Ethik, die von Jesus vorgelebt worden ist, oft, sehr oft, durch Dienstbarkeit für politische und persönliche Kalküle gebrochen worden ist, ist dieser Bruch auch wahrgenommen, als Sünde gegenüber Gott gebrandmarkt und durch Reformen abgestellt worden.

Das Anstreben eines ‚gottgefälligen' Lebens im Sinne Mohammeds gerade heute von den Islamisten, die sich in ähnlich bedrängter Lage wie ihr Prophet damals zu finden glauben, führt zu der allseits bekannten und beklagten militanten Grundhaltung. Und das nur durch Kultivierung eines Missverständnisses, indem Mohammeds Taten nicht im historischen Kontext gesehen werden dürfen, der damals rechtfertigen konnte, was heute nicht zu rechtfertigen ist. Insofern unterschiedslos alle Koransprüche, auch die, die als Reaktionen auf Tagesereignisse aufgefasst werden müssen, den Status von ewig geltender Wahrheit zugesprochen bekommen, öffnet der Koran dem Islamismus Tor und

Tür zu manipulativer Auslegung. Hier ist der Begriff **Ideologie(-)** am Platze, dessen wichtigstes Kriterium in der Behauptung besteht, im Besitz der absoluten Wahrheit zu sein, die aber nicht eingelöst werden kann. Der Ausweg daraus, eine „zweite Botschaft" im Koran zu finden, die gegenüber der ersten historischen einen zweiten überzeitlichen Wahrheitsstatus beanspruchen kann, bringt dem Gelehrten Taha die Todesstrafe ein.

Doch noch ein Argument lässt sich anführen, welches seit der Gründung des Islam die Geschichte dieser Politikreligion bestimmt hat. Als Prophet verkündet Mohammed Gottes Wort. Dieses macht ihn aber zugleich zum politischen Führer der Bekehrten, indem er der Vertreter einer Staatsreligion wird. Damit unterliegt er zwei genuin verschiedenen Ansprüchen, dem der Religion „Islam" und dem der politischen Führung einer Gemeinde, die von Feinden umgeben ist. Folglich geraten religiöse und politische Prämissen durcheinander, indem Strafexpeditionen religiös gerechtfertigt oder religiöse Prämissen politische Aktionen implizieren. Diese „wechselseitige Legitimierung" (Kalikow 1984) dauert bis heute fort.

Der „Karikaturenstreit"[25] ist ein Beispiel für die politische Instrumentalisierung des Islam. Es ist auch nicht zu leugnen, dass schon am Anfang des Islam „Feuer und Schwert" stehen, um für Allah in den Krieg zu ziehen, die häufig genug in der Geschichte als Instrumente des bewaffneten Djihad gedient haben, aber meist in konventionellem, nicht aber im totalitaristischen Sinne.

---

[25] Die Antipathien der muslimischen Welt gegenüber dem Westen fokussierten sich in dieser „Beleidigung der religiösen Gefühle aller Muslime". Jetzt war ein Grund gefunden, ‚Volkszorn' zu inszenieren. Aufgehetzt durch Mullahs und koordiniert durch Vernetzung und heimliche Unterstützung vieler Regierungen, wurde eine derartige Emotionalisierung bewirkt, dass westliche Botschaften zur ‚Vergeltung' verwüstet wurden. Dieser ‚gerechte' Volkszorn entlädt sich merkwürdigerweise nie, wenn von Islamisten Geiseln genommen werden, um Lösegeld zu erpressen oder politische Forderungen mit ihrer angedrohten Tötung durchzusetzen. ‚Zerstörst du mein Heiligtum, zerstöre ich dein Heiligtum' ist gängige alltägliche Praxis im Bürgerkrieg zwischen Schiiten und Sunniten im Irak – so erleben wir es fast täglich im Fernsehen. Solche ‚Schändungen' werden merkwürdigerweise vom Weltislam nur marginal wahrgenommen. Falls der Westen in seiner Funktion als ‚rotes Tuch' glaubt, auf solche Repressionen mit Einschränkung der Pressefreiheit reagieren zu müssen, um Wohlverhalten zu signalisieren, werden wir erstaunt sein, was alles von der westlichen Kultur die religiösen Gefühle der Muslime zu beleidigen imstande sein und mit dem „Schändungsargument" als unantastbar heilig jeder Kritik entzogen wird.

Der Chefideologe des islamischen Fundamentalismus, Qutb, kennt vier dem Islam innewohnende Stufen des Djihad, die ineinander übergehen und bis in die Gegenwart reichen:
1. Stufe: Zurückhaltung im Kampf, Fundierung des religiösen Fundamentes des Islam durch Mohammed, also Selbstfindung, mekkanische Periode.
2. Stufe: Hedschra, Erlaubnis zum Kampf gegen die Mekkaner, medinische Periode.
3. Stufe: Aktivierung des Kampfes gegen Aggressoren, 2. mekkanische Periode.
4. Stufe: Kampf gegen alle Polytheisten, wobei dieser Begriff sehr großzügig ausgelegt wird, eine jetzt noch währende Periode (nach Prenner 2005, 138).[26]

Unschwer ist zu erkennen, dass sich der Djihad nach Qutb in konzentrischen Kreisen immer weiter universalisiert. Die heutige 4. Stufe bedeutet quasi den permanenten historisch notwendigen Kampf gegen alle nichtislamischen Weltanschauungen. Nur intellektuell ‚Blinde' können weiter von dem ach so toleranten Islam ausgehen. Es lassen sich Parallelen zu Hitlers *"Mein Kampf"* ziehen, wo sehr viele Intellektuelle dieses Werk als Produkt eines politischen Spinners abtaten. Der Islamismus aus Qutbs Feder will also eine totalitäre Herrschaft Gottes auf Erden verwirklichen; und jeder, der zum Streiter Gottes wird, handelt in seinem heiligen Auftrag. In diesem Zusammenhang sollte

---

[26] Nach diesem Schema geht auch heute der missionarische Islamismus vor, in Europa politisch gestützt durch die Türkei. Während bisher die schwedischen Muslime eine unauffällige Existenz führten, beginnen jetzt die Phasen 3 und 4, die gewaltsame Einführung des Islam, weil ja ein Muslim nur in einem muslimischen Staat leben soll. Dafür eignet sich der unblutige Kampf des „Marsches durch die juristischen Institutionen". Unter der Überschrift „Schweden: Islam-Staat im Staate?" beschreibt die RP vom 18.05.2006, A5, folgenden Forderungskatalog: Arbeitsbefreiung für das Freitagsgebet und für wichtige islamische Feiertage, Unterricht der muslimischen Kinder durch Imame in Religion und in der Landessprache, kein gemeinsamer Schwimmunterricht von Mädchen und Jungen, Einführung besonderer Frauentage in den Schwimmbädern, Einräumen von zinslosen Krediten für den Bau von Moscheen.
Die muslimischen Einwanderer werden mit einer Broschüre begrüßt, in der das Patriarchat des Mannes und die Unterlegenheit der Frau gepriesen und die Sittenlosigkeit durch Sexualkunde angeprangert wird. Die islamischen Sondergesetze sollen denen einer schützenswerten Minderheit (wie z.B. der Dänen in Norddeutschland) entsprechen.

man nicht vergessen, dass Bin Laden ein eifriger Schüler von Qutb war.²⁷ Für den heutigen Islamismus liefert der Koran also gute Gründe.

3.2 Der dreifache Universalitätsanspruch des Islam

Von seinem innerreligiösen Selbstverständnis fordert der Islam eine dreifache Universalisierung, einen Absolutheitsanspruch, einen Totalitätsanspruch und einen Globalisierungsanspruch, und diese schon mit seiner Gründung; er steht damit also einer expliziten Ideologisierung weit offen.

3.2.1 Absolutheitsanspruch

Diesem liegt ein Denkmodell der sich immer mehr verdichtenden Wahrheit zu Grunde. Von unten nach oben ergeben sich zur Erinnerung folgende Stufen:
Die *Fatwa*: Sie ist ein religiöses Rechtsgutachten, das bei Anfragen in strittigen Glaubensfragen eingeholt und von *Muftis*, hochangesehenen islamischen Gelehrten, verfasst wird. Es gewährt Glaubens-, aber keine Rechtssicherheit, weil es nur den Status einer Empfehlung hat. Wozu aber solche ‚Gutachten' gebraucht werden können, zeigt der Fall „Rushdi".²⁸ (Verspricht Gott wirklich solchen Mördern das Paradies?)

---

[27] Siehe dazu: „The 911 Commission Report", Seite 68, Chair: Thomas H. Kean, 2004. Download unter: http://avalon.law.yale.edu/sept11/911Report.pdf
[28] Der hohe islamische *Imam* und *Ajatollah Khomeini* [Wichtig ist hier zu wissen, dass ein Imam ähnlich wie Mohammed ein „göttlich inspirierter Leiter" ist. Siehe Koraneinleitung von Schwer, T., (Hg.): *Der Koran*. München 2003, 11] verbreitet am 14. Februar 1989 die Fatwa: „dass das Blut des Autors dieses Buches [...], das im Widerspruch zum Islam, dem Propheten und dem Koran verfasst, gedruckt und veröffentlicht wurde, sowie aller, die an der Veröffentlichung des Buches beteiligt waren und dessen Inhalt kannten, hiermit für verwirkt erklärt wird. Ich rufe alle stolzen Muslime auf, sie schnell ins Jenseits zu schicken, wo immer sie sich aufhalten, auf dass niemand es je wieder wagen möge, islamische Heiligtümer zu beleidigen. Wer bei diesem Vorhaben selbst das Leben verliert, wird als Märtyrer angesehen werden" (nach Barth 2003, 69). Damit rechtfertigt das Oberhaupt der iranischen Schiiten politischen Mord, und lässt die Mörder, falls sie dabei getötet werden, ins Paradies einkehren. Der Westen sollte nicht vergessen, dass sein Wertsystem durch diese Fatwa auf den Kopf gestellt wird. Und eine solche ‚Lichtgestalt' fordert, beigesetzt in einem pompösen Mausoleum, öffentliche Verehrung, wo wir von Anstiftung zum Mord sprechen.

Die anderen, der Analogieschluss, der Konsens, die *Sunna* mit ihren *Hadithen* und der Koran sind bereits vorgestellt worden.

In der Umgangssprache sind zwei Wahrheitsbegriffe vorwiegend im Gebrauch: absolute und relative Wahrheit. Auch hier ist das Arbeiten mit dem Gegensatzpaar „absolut/relativ" von einigem Vorteil. „Absolutheit" bedeutet Losgelöstsein von allen determinierenden Bedingungen, Gegenstand an sich, unterworfen nur den eigenen Gesetzen, argumentativ unangreifbar, wahr und objektiv. „Relativität" bedeutet Abhängigkeit von anderen Gegenständen, Gegenstand für andere Gegenstände, unterworfen fremden Gesetzen, argumentativ vorläufig, richtig und objektiv nur insoweit, wie eine Teilhabe am Absoluten besteht. Relativ heißt also verkürzt: Wahrheit aus zweiter Hand, die immer direkt bezogen bleibt auf die absolute Wahrheit.

Nun behauptet der Islam, „die letztgültige Gestalt der Religion" (Khoury 2001, 112) zu sein. Die entsprechenden Quellen finden sich in (3:68-69), (33:41), (33:19-20). Abraham als „Nichtjude", posthum von Mohammed aus ideologischen Gründen seiner Stammeszugehörigkeit beraubt, so weiß der Koran zu berichten, sei eigentlich der große Prophet Allahs; doch die Juden hätten durch ihre vielen Propheten diese reine Lehre verfälscht; aber selbst Christus als Gesandter Allahs hätte mit Irrlehren die reine Lehre befleckt, so dass erst durch Mohammed die wahre Lehre zu ihren Wurzeln zurückgekehrt und letztgültig ausgesprochen und auch besiegelt worden sei.

Im Grunde genommen ist es also Gottes Botschaft, die von den Juden und Christen verfälscht worden ist, so dass es ein gutes Werk ist, diese von ihren Irrtümern zu befreien, wenn auch mit Gewalt. Im Grunde beginnt also mit Abraham der geoffenbarte Islam; und da das Judentum nicht am Beginn des theologischen Islam stehen darf, wird *post mortem* dem Stammvater Israels das Judentum aberkannt. Damit können zuerst die Juden, dann aber auch die Christen zu Verfälschern des Islam kriminalisiert werden. Folglich erhebt sich der Islam zur einzig wahren und natürlichen Religion, weil alle anderen religiöse Fehlentwicklungen darstellen, so dass Christentum und Judentum nur eine verstümmelte Form des Islam bilden. Diese beiden existieren nur in Beziehung auf den Islam, besitzen Wahrheit nicht aus eigener Kraft, sondern nur relative Wahrheit in Bezug auf die Absolutheit des Islam, ja, sie können negativ als verschiedene Versionen des Abfalls von Gott gesehen werden.

Gerade dieser Absolutheitsanspruch, verbunden mit der Relativierung des Anspruches anderer Religionen und der Annullierung von Wahrheitsansprüchen nichtreligiöser oder animistischer Weltanschauungen, hat sich in der Geschichte zweifach ausgewirkt. Im islamischen Mittelalter war die Sicht des Islam, was die beiden Buchreligionen angeht, positiv, weil die vielen Gemeinsamkeiten mit den beiden anderen Religionen aktive Toleranz förderte; in der Jetztzeit ist die Sicht des Islam mehr auf die Gegensätzlichkeit und geglaubte mindere Wertigkeit der beiden anderen Buchreligionen gerichtet, so dass er überall dort, wo er die Mehrheit bildet, religiöse Minderheiten systematisch unterdrückt[29], während er im von ihm gescholtenen Europa ständig zunimmt. Auch hier ist das Phänomen der Ambivalenz zu beobachten, mit allen Mitteln in das ‚Reich des Bösen' einzuwandern, das man doch so erbittert bekämpft. Diese Ambivalenz ist ein Grund, warum sich Muslime generell schwer in eine westliche Gesellschaft eingliedern lassen. Es ist, solange der Islam sich als die natürliche und absolute Religion aller Menschen ansieht und andere Religionen als Abirren vom wahren Glauben disqualifiziert, ein Dialog unmöglich. Auch hier gilt das Bild der immer mehr expandierenden konzentrischen Kreise.

Eine große Hilfe für die Verabsolutierung eines Wahrheitsanspruches leistet dabei der Begriff des „Heiligen", der aus dem Bereich des Mythos stammt. Insgesamt ist für den Islam eine Verstärkung symbolischer Botschaften zu beobachten, ein „Bedeutungsaufschwung äußerer Zeichen und Symbole" (Galter 2005, 171). Besondere Kleidung, ein Bart, martialisches Präsentieren der Kalaschnikow als Männlichkeitsgehabe, kniende Geiseln, Särge mit grünem Bahrtuch, geöffneter Koran, Fahnen, Skandieren antiwestlicher Parolen sollen das neue Machtbewusstsein der Muslime versinnlichen.

---

[29] In der RP vom 10.07.2006, C4 wird die schleichende ‚religiöse Säuberung' durch den Islam an Zahlenmaterial belegt. Innerhalb von 30 Jahren ging die Zahl der Christen in Syrien von 2,8 auf 1,9%, im Irak von 2,6 auf 1%, in Israel und Palästina von 1,9 auf 1%, im Iran von 0,1 auf 0,01% zurück. Die Christen sind dort ausgewandert, weil sie in einem intoleranten Islam keine Lebensmöglichkeiten mehr sahen. Umgekehrt wird die Zahl der Muslime in Westeuropa immer höher. Warum eigentlich?
Es findet hier ein aufschlussreiches historisches Experiment statt. Überall dort, wo Muslime die Mehrheit bilden, findet eine „**stille Vertreibung**" der Christen statt. Was glauben wohl die Gutgläubigen, warum Europa so attraktiv für Muslime ist und was passiert, wenn sie, was Hochrechnungen nahelegen, Ende des Jahres 2100 die Bevölkerungsmehrheit bilden?

Für Rationalisten ist das „Heilige" nur ein irrationaler oder metaphysischer, für den religiösen und mythischen Menschen ein äußerst bedeutsamer Begriff.[30] Aber auch für einen Rationalisten soll das „Heilige" keine bemitleidenswerte rückschrittliche Vorstellung sein, sondern er soll diesem zwar nicht mit Verehrung, jedoch mit Respekt begegnen. Doch muss das „Heilige" tabulos hinterfragbar bleiben, damit es rational als metaphysische Wesenheit oder als Wertprojektion aufgefasst werden kann.

Mit den Worten „heilige Schrift", „heiliges Buch" ist nicht so sehr ein literarischer Text gemeint, sondern eine dem Profanen enthobene Anwesenheit Gottes in der Schrift. Wer also den Koran missachtet, lästert Gott. Der Koran ist ein heiliger Text, und heilige Texte sind von anderer Qualität als profane, so dass sie nicht wie diese behandelt werden dürfen. Er hat eine hohe rituelle Bedeutung, wird deshalb an einem besonderen Ort aufbewahrt und besitzt eine mythische Ausstrahlung im Sinne einer Gottesnähe. Mit seiner Verehrung wird Gott und der Islam verehrt, mit seiner Verächtlichmachung Gott und der Islam unmittelbar entheiligt. „Wenn ein Exemplar aus Altersgründen nicht mehr gebraucht werden kann, darf es in keinem Falle verbrannt werden. Die unbrauchbaren Texte werden in der Regel in Moscheen aufbewahrt. Jede Form von Missachtung des Korans wird zugleich als Beleidigung Gottes, des Islams und der Muslime ausgegeben." (Heine 2003, 61 f.).

Grund für diese Hochschätzung von heiligen Schriften kann der Glaube sein, dass sich in ihnen ein transzendenter, die menschliche Fassungskraft übersteigender Textsinn verbirgt, der nur von auserwählten Menschen entschlüsselt werden kann, was für den Koran aber nicht zutrifft. Das Heilige ist einfach Gottes Wort. Der Begriff des Heiligen eignet sich wie kein anderer, weil er den höchsten, aber transzendenten Wert einer Religion oder Staates verkör-

---

[30] Seinen Ursprung hat das Heilige im mythischen Denken. Dieses konzentriert sich in der Vorstellung des Numinosen, eines Wesens, das weder reiner Naturgegenstand noch körperloses Phantom ist. Geist oder Materie, Innen oder Außen ist omnipräsent in der heiligen Zeit, es ist gleichzeitige präsent an vielen Orten, die dadurch des Status eines Heiligtums gewinnen. Der Mensch begegnet diesem Numinosen, das auch als Gottheit verehrt wird, mit Furcht, Ehrfurcht und Achtung, aber auch mit einem Schauder, weil er sich von diesem Wesen angelockt und zugleich abgestoßen fühlt. Was aber im Mythos als immer schon gewesene Wesenheit erscheint, ist in Wirklichkeit eine menschliche Projektion von etwas Lebensbedeutsamem in die entrückte Dimension des jetzt unbedingt zu Befolgenden, es bekommt einen Ewigkeitswert und ist damit jeglicher Alltäglichkeit entzogen.

pert, zur Hypostasierung vieler profaner Abstrakta wie Volk, absolute Gotteswahrheit, Vaterland, Partei, Staatsgrenzen, Personen, was ihre Entrückung in eine Sphäre kritiklose Verehrung bedeutet. Jetzt sind sie unangreifbar gewordene Gegenwart des Heiligen, das durch rationales Argumentieren nur ‚geschändet' werden kann. Der Islam und der Islamismus unterdrücken mit der Erweiterung des Begriffs des Heiligen sehr wirksam jede Form von Kritik.

Obwohl Mohammed nicht wie Gott und seine Schrift, der Koran, als heilig verehrt werden darf, werden, wie im jüngsten Fall im Karikaturenstreit deutlich, „heilige Gefühle der Muslime" durch Karikaturen des Propheten verletzt. Selbst lebende islamische Würdenträger sind heilig, wie uns die BH-Affäre Rudi Carrells lehrt. Damit muss, wenn das vom Westen akzeptiert wird, das, was die Aufklärung als Aberglauben, die Mythosforschung als Projektion deuten, wieder in seine mythische Funktion zurückgeführt werden, die sich dann als inkompatibel mit Grundgesetz und Menschenrechten in unserer Verfassung wiederfinden darf. Wenn das, was einer Religionsgemeinschaft als ein heilig Unfassbares gilt, mit dem gebotenen Takt und nicht im Sinne einer Schmähung und Verunglimpfung thematisiert wird, hat sie das hinzunehmen. Wir lassen uns vom Islamismus durch die inflationäre Verwendung des Begriffes „heilig" die Aufklärung gegen den Mythos des Heiligen wie in einem Basar abhandeln. Gerade politisch haben ‚Heiligsprechungen' eine bedeutsame Funktion, wie wir an der Weigerung des Ministerpräsiden Erdogan gegenüber den EU erkennen, den Artikel zur „Beleidigung des Türkentums" aus dem Strafgesetzbuch zu streichen (RP vom 31.10.2006, A5). Damit kann der ‚heilige' türkische Staat alle kritischen Fragen an ihn kriminalisieren, was auch Auswirkungen auf unsere Innenpolitik hat. Noch schlimmer ist der geistige Terror, der mit einem solchen Gesetz ausgeübt wird; denn wenn der Bürger durch einen solchen ‚Gummiparagraphen' bewusst in der Meinungsfreiheit eingeschränkt wird, so dass er nicht mehr weiß, was erlaubt ist, sagt er bald nichts mehr. Man kann das Legalisieren von Meinungsterror nur schärfstens missbilligen. Auf jeden Fall können wir erleben, dass der Islam und speziell die nationalistische Türkei sehr häufig bei westlichen Maßnahmen ‚beleidigt' ist.

Religiöse Texte präjudizieren einen absoluten Wahrheitsanspruch, der als heilig verklärt, damit kritikresistent gemacht und als absolut gültig essentialisiert wird, eine ideologisch-metaphysisch konstruierte Prämisse, mit der ein absolut gesetzter Wahrheitsansatz sich selbst beglaubigt. Hieraus lässt sich ein argumentativ unbrauchbarer, aber praktisch sehr wirksamer Scheinsyllogismus gewinnen[31]. Ein solcher wirkt, da er formal der Logik genügt, plausibel und lässt keinen Widerspruch zu, so dass solche in weltanschaulichen Auseinandersetzungen sehr beliebt sind.

Philosophisch sind es analytische Urteile, die sich als synthetische ausgeben, Tautologien, Trivialitäten. Zweifel und Kritik an den Inhalten religiöser Dogmen dürfen nicht als Gotteslästerung indiziert und erstickt werden, wie es leider in vielen vom islamistischen Gedankengut beherrschten muslimischen Ländern der Fall ist, so dass ein intellektueller Dialog unmöglich wird. Wir sind nach dem Koran einmal „*Djimmi*", Schutzbefohlene, unmündige Wesen, die ihr wahres Heil nur im Islam finden können oder auszurottende Ungläubige.

Der Koran selbst unterstützt seinen absoluten Wahrheitsanspruch, indem er sich selbst als im Besitz der absoluten Wahrheit ausgibt und mit schweren Sanktionen jede Kritik indiziert. Damit können kritische Fragen abgewiesen und Infragestellungen als Entweihung, als Gotteslästerung geahndet werden, so dass er sich mit einer fast undurchbrechbaren ideologischen Mauer immunisiert. Also hat der Angehörige einer solchen in sich schlüssig gemachten Ontologie überhaupt keinen Grund, sich auf einen Dialog einzulassen. Er hat die „Denkform Fundamentalismus" (Tepe 2000, Internet) internalisiert, die ihm ab jetzt vorschreibt, was wie gedacht werden muss und was allein schon zu denken verboten ist.

Es gibt im schiitischen Islam noch eine weitere, politisch sehr virulente Wahrheitsinstanz, „das besondere Kalifat der Imame" (Djassemi 2002, 44). Das bedeutet, dass sich zwischen menschlicher Amtsmacht und absoluter Macht Gottes eine Zwischeninstanz etabliert hat, das „Imamat" (45). Dieses Imamat gilt für besonders erwählte Muslime, das man „besonderes Kalifat" (44) nennt. Ein Imam steht mit Allah in einem ähnlichen Verhältnis wie Mohammed zu Gott, verwirklicht also Gottes Ratschlüsse auf der Erde in Ausübung räumlicher, zeitlicher und heilsgeschichtlicher Macht, d. h. ein Imam kann sich in alle Angelegenheiten von Staat und Religion einmischen und die-

---

[31] Obersatz: Der Koran als heiliger Text ist wahr.
Untersatz: In der Sure x wird y behauptet.
Konklusion: Das für y Behauptete ist wahr.

se Einmischung als Gottes Wille kundtun. Imame sind keiner Kontrollinstanz unterworfen, haben aber ihrerseits ein absolutes Kontrollmonopol über Staat und Religion. Am Beispiel der iranischen Ajatollahs wird deutlich, dass diese „Diktatur des Hintergrundes" ein äußerst gefährliches politisches Modell eines Gottesstaates favorisiert. Die häufig von Sprechern des Islam verkündete These, die Terroristen seien vom Islam indizierte Verbrecher, ist oft nur ein Lippenbekenntnis; denn die Hintermänner, die den Himmel für die Ausführung von Mord versprechen (Khomeini), genießen hohe Verehrung.

Der Islam in Form des Schiismus teilt die Gläubigen in zwei Gruppen ein, „geistig Unmündige" (57) und „auserwählte Heilige" (57). Die religiös im Grunde unmündige Masse der Gläubigen schreit sozusagen nach einer sie führenden Elite[32], die vorgibt, göttlich inspiriert zu sein. Begründet wird dieser Führungsanspruch[33] mit der Sure (4:59):

> Ihr Gläubigen! Gehorcht Gott und dem Gesandten und denen unter euch, die zu befehlen haben [...].

Sie lädt ja direkt dazu ein, dass die Imame, die ja die besten Korankenner sind, sich selbst in die Nachfolge von Gott und Mohammed einordnen können, so dass sie wie dieselben „unsündbar" (58) sind, was jedoch zum Glück von anderen muslimischen Glaubensrichtungen abgelehnt wird. Aber die Schiiten beharren weiter auf dem Wahrheitsmonopol der elitären Ajatollahs und Imame, so dass nach Goldziher (1963) der Schiismus noch einen sechsten Glaubenspfeiler hat: „die göttliche Machtvollkommenheit der Imame" (61). Diese Variante des Islam ist besonders ideologieträchtig.

Zuweilen treibt der Absolutheitsanspruch seltsame Blüten. Der Fundamentalist Al-Gundi behauptet (nach Tibi 1991 228 ff.), weil der Koran die allumfassende Quelle auch der Wissenschaften sei, dass Bacon, der als Vater der Naturwissenschaften gelte, in Wirklichkeit im *Novum Organum* „nichts Neues" (zit. nach Tibi 1991, 238) sage, denn „die arabisch-islamischen Wissenschaftler hätten aber schon längst in allen Bereichen diese [empirische – der Autor] Methode praktiziert" (238). Das bedeutet, dass der Islam mit seinem Koran den Schlüssel zu den Wissenschaften besessen hätte, den er nach dem Golde-

---

[32] Diese Form von religiösem Beamten- und Funktionärstypus ähnelt der des Katholizismus.
[33] Zur Begründung der elitären Ausnahmestellung der Imame im Schiismus sei ein Satz des Imam Baqir hergezogen: „Glaube heißt: uns zu lieben, Unglaube heißt: uns zu hassen" (nach Djassemi 2002, 60).

nen Zeitalter dem Westen hätte zukommen lassen, der daraufhin diese weiterentwickelt hätte. Jetzt könne sich der Islam durch „Wiederaneignung" (230) das zurückholen, was ihm eigentlich schon immer gehört habe. Al-Gundi ist völlig verborgen geblieben, dass diese mathematisch-naturwissenschaftlichen Wissenschaften ganz überwiegend auf positivistischen Positionen beruhen, die alles andere als göttliche Standpunkte vertreten. Solchen aneignenden Fehlschlüsse mit eingebautem Selbstwiderspruch begegnen wir immer dort, wo Koran und Wissenschaft im Sinne des Islam und Islamismus auf einen Nenner gebracht werden sollen.

Die allen Ernstes vom Islam vertretene allumfassende Göttlichkeit des Korans mit seinem absoluten überzeitlichen Wahrheitsanspruch und seinem Heilswissen verhindert jeden substantiellen Dialog mit dieser Religion, weil der andere Dialogpartner von gleicher Ranghöhe heruntergestuft wird auf die Ebene eines Bittstellers oder „Schutzbefohlenen", *Djimmi*. Es ist ein Skandal des Islam, dass er die Menschen mit seinem absoluten Wahrheitsbegriff a priori naturgegeben in die Guten (Muslime) und die Schlechten (Nichtmuslime) einteilt und letzteren ewige Höllenqualen nach dem Tode voraussagt. Die Vertreter der Buchreligionen, Juden und Christen, sollten eigentlich eine hohe Akzeptanz genießen; doch unter der Rubrik „westliche Kreuzritter" werden sie heute als Feinde dämonisiert.

Noch schlimmer ergeht es Apostaten, Muslimen, die zum Christentum konvertieren. Sie sind keine Menschen, sondern Untermenschen, deren Tötung im Islam straffrei bleibt, ja als gottgefällige Tat gepriesen wird, während der Übertritt zum Islam als gottgefälliges Ereignis gefeiert wird – eine besonders perfide Art der Ambivalenz. Aus dem genetischen Rassismus Hitlers wird ein ähnlich inhumaner religiöser Selektionismus des Islam. Nicht erst der Islamismus fordert die Tötung des vom Islam Abgefallenen, sondern schon der Islam. Er weigert sich, dem Menschen als solchen, unabhängig von Konfessionen, einen unbedingten Wert zuzuerkennen: er bemisst den Wert des Menschen a priori nach seiner Religion.

3.2.2 Totalitätsanspruch

Im Sinne der Sozialwissenschaft ist „Totalität" ein deskriptiver Begriff. Nach Lieber ist er zweidimensional ausgerichtet: einmal als ein die Partikularitäten im Staate übergreifendes und ablösendes Sinnsystem, das einmal vertikal alle geistigen Bereiche dominiert, zum anderen horizontal als Infizierung aller Lebensbereiche mit diesem Sinnsystem zu sehen ist. „Der Begriff totalitär meint also in diesem Sinne sowohl die Ausschließlichkeit des Herrschaftsanspruches als auch die Unbegrenztheit des Herrschaftsbereiches" (1985, 108). Die „Ausschließlichkeit des Herrschaftsanspruches", der vertikal absolute Wahrheitsanspruch, ist schon unter dem Begriff der Absolutheit seiner Geltung und deren hierarchischer Aufbau besprochen worden. Beide Dimensionen gelten für profane wie auch religiöse Systeme. Insofern aber eine Religion staatstragende oder staatsbildende Begründungs- und Realfunktion wahrnimmt, gilt das oben Gesagte auch in besonderem Maße für Religionen. Hier bedeutet „horizontale Totalität": „Gottes Recht in allen Bereichen des Lebens durchzusetzen" (Khoury 2002, 112). Lassen wir Khoury weitersprechen:

> So kennt der Islam keine Trennung von Religion und Staat, von Glaubensgemeinschaft und politischer Gesellschaft. Die islamische Gemeinschaft und auch alle Gemeinschaften, die im islamisch regierten Staat leben, stehen unter dem Gesetz Gottes und haben nach seinen Bestimmungen zu handeln. Gottes Recht dient als Richtschnur der politischen Entscheidungen der Regierung, als Grundsatzung staatlicher Institutionen und als Maßstab der Autorität des Staates [...] (112).

Insofern der Islam als Religion oder Staatsidee oder beides in nicht aufzulösender Verquickung erscheint, ist sein Herrschaftsanspruch nicht nur total, sondern totalitär, zumindest was sein Verhältnis zu den nichtislamischen Gruppierungen angeht. Dieser richtet sich auf alle horizontalen Sektoren des menschlichen Lebens. Der Islam bestimmt total, d. h. ohne Freiräume, den horizontalen Alltag der Gläubigen, der durch die Scharia oder ähnlich klerikalen Ordnungen in allen Lebensbereichen gilt.

Exekutive, Legislative, Judikative: sie alle folgen Gottes Gesetz, wenn möglich, in einer ganzheitlichen theokratischen Regierungsform. Religionsverbrechen sind Staatsverbrechen und umgekehrt. Wissenschaft, Kunst, Alltag, Bekleidung, Nahrung, Religiosität, Intimsphäre unterliegen im Extremfall der

Kontrolle von Religionsfunktionären[34]. So wird, gemäß der Sure (3:110), Gottes Wille erfüllt, dass der Islam die beste Gemeinschaft unter den Menschen hervorbringen würde. Die zu Totalität und Kollektivierung strebende horizontale Vereinnahmung des Menschen im Islam findet ihre Legitimation und Grenze im Koran; doch mittels einer Fatwa, eines Analogieschlusses usw. ist eine weitere Entgrenzung möglich. Was sich dann noch nicht vereinnahmen lässt, bekommt das Stigma „unislamisch" eingebrannt.

Auch der Totalitätsanspruch des Islam, das Leben des Menschen in allen Lebensbereichen von der ‚Wiege bis zur Bahre' zu bestimmen, darf als ständige Quelle von **Ideologie(-)** bezeichnet werden, zumal, wenn andere Gruppierungen zu Subordination unter die Scharia gezwungen werden. Wer kann gegen eine solch perfekte göttliche Ordnung auf Erden sein?[35]

3.2.3 Globalitätsanspruch

Es zeigt sich also, dass im Islam die Strukturen vorgeprägt sind, die im westlichen Sinne zu einer Hypostasierung von Religion führen; aus dem Islam wird ein für alle verbindlicher Gottesstaat abgeleitet, der alle anderen Herrschaftsformen als minderwertig erklären kann und deshalb ein Recht zu ihrer Zerstörung hat. Damit impliziert der Islam eine ständige Expansionsbereitschaft; denn „der Islam herrscht, er wird nicht beherrscht". Das Bewusstsein, auf der richtigen Seite der Weltgeschichte zu stehen, sowie das Bewusstsein, Werkzeug Gottes zu sein, bilden den Legitimationsrahmen einer ständigen expansiven Bereitschaft jedenfalls dort, wo der Islam mit westlichen Anschauungen in Berührung kommt. Der gern zitierte Spruch „Der Islam ist eine tolerante Religion" gilt nur dann, wenn sich ihm die anderen Buchreligionen unterwerfen. Diese kurzen Ausführungen zeigen, dass im Islam ein großes Argumentationsinventar zur ideologischen Begründung von universaler Herrschaft abrufbereit vorliegt.

Wie kommt der Islam zu dem imperialistischen Anspruch auf eine weltbeherrschende Rolle in der Geschichte? Abraham, der Stammvater Israels in unseren Augen, wird als erster Monotheist von Mohammed für den Islam als Prophet reklamiert. „Abraham war weder Jude noch Christ; doch er war immer

---

[34] Es gibt in Saudi-Arabien sogar eine Religionspolizei. Auch dort ist also Orwell nicht weit.
[35] Das ist ironisch gemeint!

(Gott) zugeneigt und (ihm) gehorsam, und er war nicht der Götzendiener einer" (3:68). Jedoch hätten die Juden die frommen Überlieferungen der Thora verdreht (3:79): „Und fürwahr, unter ihnen ist ein Teil, die verdrehen mit ihren Zungen die Schrift (Thora), damit ihr es aus der Schrift vermutet, während es doch nicht aus der Schrift ist." Weil die ‚wahre' Offenbarung durch die „aneignende Auslegung"[36] der Juden verfälscht worden sei, habe Jahwe Jesus als Propheten gesandt, um die hineininterpretierten Fehler der jüdischen „heiligen Schriften" zu revidieren. Doch auch Jesu Lehre, dem nur die Rolle eines Propheten Allahs zugestanden wird, habe sich durch ‚aneignende Projektion' der Christen polytheistischen Einflüssen (Dreifaltigkeitslehre) geöffnet und sei zu einer Irrlehre geworden, zumal auch noch die Gottgleichheit des Gottessohnes angenommen werde. Deshalb habe Allah den Propheten Mohammed zu den Menschen geschickt: als letzten Künder des Willens Gottes, nicht als Vermittler zwischen Gott und Menschen, und es heißt: „Er ist es, der Seinen Gesandten geschickt hat mit der Führung und dem wahren Glauben, auf dass er ihn obsiegen lasse über alle (anderen) Glaubensbekenntnisse, mag es den Götzendienern auch zuwider sein" (9:33). Der Koran vertritt also einen permanenten Imperialismus, der durch göttliche Satzung gedeckt, ja sogar naturalisiert wird.[37]

---

[36] In *Mythos & Literatur* (Tepe 2001) wird dieser Begriff präzisiert. Er besagt, „dass der Sinngehalt des Kunstphänomens auf projektiv-aneignende Weise an das Überzeugungssystem des Interpreten angepasst wird" (125). Diese Feststellung gilt auch für den Fall einer wissenschaftlichen Theorie oder einer hermeneutischen Auslegung von Texten. Mohammed wirft den Juden ebenfalls eine projektive Interpretation der Abrahamfigur vor, weil sie seine Gottesvorstellungen der ihren angepasst und damit verfälscht hätten.

[37] In der RP vom 16.09.2006, äußert sich die Bundestagsabgeordnete Griese, „dass das eigentliche Wesen des Islam friedliebend und human ist" (A1). Es gab zwei Epochen, wo der Islam im Allgemeinen friedlich war, das Goldene Zeitalter der Philosophie und die Zeiten eines kooperativen Handeltreibens mit anderen Kulturen. Letzteres war aber nur eine andere Form des Djihad im Sinne der Ausbreitung des Islam. Seinen expansiven Charakter wegen seines Anspruchs auf das Wahrheitsmonopol hat er immer beibehalten.
Von der Friedfertigkeit der Muslime kann Elkin Deligöz ein langes Lied singen. Sie (MdB) hatte die Muslima in Deutschland aufgefordert, das Kopftuch abzulegen. Sowohl türkische Medien, die sie als „Schande für die Menschen" und „Nazi" (RP vom 03.11.2006) übel verunglimpften als auch die türkischen Verbände in Deutschland, die ihren Aufruf als „Unsinn" disqualifizierten wie auch Todesdrohungen von Islamisten sind ein starkes Indiz dafür, dass die Türkei mittels des Islam den Einfluss auf die Meinungsfreiheit und die deutsche Politik insgesamt immer stärker ausweiten will. Es lässt sich an diesen Reaktionen die Ambivalenz

Ideologien(-) haben die Tendenz, die Geschichte, die ihnen vorangeht, projektiv so umzuformen, dass sich das ‚Jetzt' als notwendige Folge seiner Geschichte darstellt, die sich jetzt in Richtung Zukunft verlängern lässt, so dass man sich als Sachwalter einer gesetzlichen Entwicklung in Richtung Zukunft fühlen kann. Eine solche gesetzliche Fortschrittshypothese wirkt als historischer Verstärker auf die Motivation ihrer Anhänger, so dass sie von allen Großideologien genutzt wird.

Es sei hier an den Kommunismus erinnert, der, in einer bestimmten Phase der Weltgeschichte von Marx und Engels als Sozialtheorie entwickelt, mittels der Theorien vom historischen und dialektischen Materialismus die Menschheitsgeschichte zu einem wissenschaftlich beschreibbaren Fortschrittsprozess umgedeutet hat. Mit der klassenlosen Urgesellschaft beginnend, würden sich verschiedene, den Menschen entfremdende Klassengesellschaften entwickeln, die sich dialektisch gemäß historischen, wissenschaftlichen Gesetzen ablösten, bis die Entfremdung des Menschen in der klassenlosen Gesellschaft im Kommunismus aufgehoben würde. Viel gewaltsamer haben die Nationalsozialisten Kulturphänomene ihrer Ideologie angepasst, so dass Griechen, Römer, Germanen wie auch Dichter wie die Romantiker, ja sogar Goethe und Schiller als nationalsozialistische Vorläufer interpretiert wurden und eine historische und genetische[38] Kontinuität der notwendigen Entwicklung bis zur nationalsozialistischen Gegenwart konstruiert werden konnte.

Auch Mohammed benutzt den Kunstgriff der projektiven Geschichtsdeutung, indem er Abraham zum Stammvater der Verkündigung der Ur-Religion Islam und zum ersten monotheistischen Propheten erklärt, dessen Judentum er

---

des politischen Türkentums demonstrieren. Während in der Türkei, weil sie ein laizistischer Staat sein will, das Kopftuch als religiöses Symbol in öffentlichen Gebäuden zu tragen verboten ist, wird der von ihr verunglimpft, der sich im Westen kritisch zum Tragen dieses Symbols äußert. Die Türkei maßt sich an, auch in Deutschland naturalisierte türkischstämmige Bürger noch ‚publizistisch', also propagandistisch und politisch zu ‚betreuen'.

[38] Dazu Hitler (1925): "Es ist im Übrigen die Aufgabe eines völkischen Staates, dafür zu sorgen, dass endlich eine Weltgeschichte geschrieben wird, in der die Rassenfrage zur dominierende Stellung erhoben wird" (II, 60). Auch hier ähneln sich Islamismus und Nationalsozialismus. Frühere Kunstepochen (siehe die von den Taliban gesprengten Buddhafiguren in Afghanistan, und die von den Moslembrüdern in Ägypten geplante Zerstörung ‚heidnischer' Zeugnisse) entsprechen der Ächtung und Vernichtung von „entarteter Kunst" im Nationalsozialismus. Es geht um die Utopie genetischer bzw. religiöser Reinheit des Anfangs der eigenen Geschichte.

apodiktisch verneint. Damit steht er am Ursprung des Islam, der mehrfach verfälscht wird, bis Mohammed seine Vollendung verkünden kann.

Es gibt also vier Phasen der einzigen und einzig wahren Religion: der Ur-Muslim Abraham verkündet den reinen Glauben an Allah, die Juden verfälschen seine Botschaft, Jesus als Jude und Prophet Allahs soll diese Verfälschung wieder korrigieren, verfällt aber polytheistischen Einflüssen; und schließlich erscheint Mohammed als letzter Prophet Allahs, um den wahren Glauben endgültig für alle Zeit zu verkünden.

Damit ist der Islam Ursprung und Vollendung aller Religionen, „die genialste aller religiösen Schöpfungen"[39]. Mohammed hat hier Hegels Dialektik der Geschichte vorweggenommen. Es gibt für den Moslem nur eine Religion, die mit dem Nachfolger Adams, mit Abraham beginnt und sich lawinenartig über die ganze Welt verbreiten wird.

Die Schrittfolge einer defizitären Geschichtsutopie, nämlich idealisierter Anfangszustand (Abraham), Sündenfall, (jüdische Propheten und Jesus) und eine immer weitergehende Erfüllung der Verheißung des Anfangszustandes (Mohammed), die noch andauert, macht, dass der Islam durch seine in sich ruhende Ontologie seine Entwicklung als historisch notwendig ausgeben kann. Dieser ‚Sündenfall' (jüdische Propheten und Jesus) wird als ‚Unfall' deklariert, als historische Fehlentwicklung, die die Ausweitung des Islam verzögert habe. Die weitere Geschichte des Islams besteht also in seiner linearen kontinuierlichen Ausbreitung über die ganze Welt, was so sicher ist wie ein wirkendes Naturgesetz. Er beansprucht, die universale Religion schlechthin zu sein und seine Heilsbotschaft in einem teleologischen Prozess Schritt für Schritt in einem weltumspannenden theokratischen Staat zu verwirklichen, in dem nur Allahs Gesetze grenzenlose Gültigkeit haben.[40]

Die Verkündigung der ‚wahren' Heilsgeschichte beginnt mit Abraham, führt zu Jesus und mündet in dem „Siegel des Propheten". Diese jetzt endgültige Offenbarung Allahs im Koran wird historisch kontinuierlich von seinen Ver-

---

[39] In: Hurgronje (1923), zitiert nach Barth (2003, 20).
[40] Um die Erinnerung an vorislamische Hochkulturen auszulöschen, haben die Taliban mehrere überlebensgroße, in Stein gehauene Buddha-Figuren gesprengt (ein Weltkulturerbe); die ägyptischen Moslembrüder können nur unter Androhung von Brachialgewalt an der Vernichtung ihrer pharaonischen Hochkultur gehindert werden. Damit soll eine ‚bombensichere Einsicht' internalisiert werden: Nur der Islam ist die Weltkultur, die die Menschheit erlösen kann, alles andere ist Götzendienst.

tretern, den Kalifen, in die Realität über- und historisch weitergeführt. Vorgreifend auf die Literaturbesprechung im Anhang möchte ich auf Akbuluth (2002) verweisen, für den es selbstverständlich ist, dass der Islam auf Grund seines heilsgeschichtlichen Auftrages das Recht hat, sich für ‚Gerechtigkeit' auf der ganzen Welt einzusetzen, auch mit Waffengewalt, weil der Muslim verpflichtet ist, Gottes Recht auf der ganzen Welt zur Geltung zu bringen. Hier ist der Willkür der Interpretation des Korans und der faktischen politischen Wirklichkeit mit der Worthülse „Gerechtigkeit" Tür und Tor geöffnet.

Der universale Gottesstaat ist keine Utopie, die im Sinne von regulativen Ideen Kants ein Ziel vorgibt, das vielleicht erst im Paradies erreicht werden kann, sondern eine durch Gott und die Geschichte determinierte Entwicklung in Richtung irdischer Theokratie, besser: Theodiktatur. Dieser konkrete verstandene Utopismus verleiht dem vom Islam gespeisten Islamismus sein Sendungsbewusstsein und begründet sein verpflichtendes Missionierungsgebot, macht ihn sozusagen zum Gerichtsvollzieher einer schnelleren Verwirklichung seines objektivierten Programms und verführt ihn deshalb zu einer sehr eingeschränkten Wahrnehmung der Wirklichkeit, durch die politisch irrationale Strategien aus dem Gefühl einer trügerischen Sicherheit heraus verheerende Fehlentscheidungen präjudizieren können. Es gilt auch wieder das Prinzip der sich konzentrisch erweiternden Kreise. Dazu kommt noch:

> Der Anspruch des Islam „die beste Gemeinschaft (...) unter den Menschen" (3:111) hervorzubringen und den Gottesstaat auf Erden zu errichten, hat zu einem Lebensmodell geführt, in dem Gottes Autorität konkrete Institutionen und konkrete Entscheidungen sanktioniert und die freie Initiative und die Gestaltungsfreiheit des Menschen stark einengt (Khoury 2002, 113 f.).

Gottesrecht bricht Menschenrecht. Die Einführung einer Gewaltenteilung, um Machtmissbrauch vorzubeugen, wäre eine offene Misstrauenserklärung an Gott. Ist nicht die ständige Erhöhung der Anzahl Muslime auf unserer Erde der beste empirische Beweis für die Realitätsnähe der dargestellten Geschichtsutopie?

Es lässt sich jetzt immer weniger die Frage abweisen: *„Ist das Wesen, um das sich diese Auseinandersetzung bewegt, um dessentwillen blutige Kriege geführt werden oder große Kulturen ihr Selbstbewusstsein entwickelt haben, Gott, ein in der Wirklichkeit präsentes Wesen, das einen absoluten Wahrheitsanspruch verbürgen kann. Gibt es Gott oder gibt es keinen oder ist die Frage unentscheidbar?"*

3.2.4 Kants Kritik der Gottesbeweise

Dieses die Philosophie auch heute noch bewegende Thema soll hier nur knapp erörtert werden[41]. Nach Kant gibt es nur drei grundlegende Gottesbeweise: den ontologischen, den physikotheologischen (teleologischen) und den kosmologischen, die in der Geschichte der Philosophie immer wieder auftreten.

1. Der ontologische Gottesbeweis, von Anselm von Canterbury (1033-1109) entwickelt, geht von dem Begriff Gottes als *ens realissimum*, als einem allerrealsten Wesen, Gott, aus. Er ist ein Vernunftbegriff a priori. Indem die Vernunft einen transzendentalen Begriff vom umfänglichsten Sein präjudiziert, ist alle mögliche Erkenntnis schon darin vorgegeben, so dass es keinen Gegenstand möglicher Erfahrung gibt, der durch ihn, weil er gegenüber dem Begriff des umfänglichsten Seins weniger Prädikate enthält, also weniger Attribute hat, nicht schon als Gegenstand bestimmt ist. Es ist nun die Frage, ob dieser denknotwenige Vernunftbegriff der Allheit von Seiendem, durch den wir jeden möglichen Gegenstand der Erfahrung a priori schon antizipiert haben und verorten können, auch in Wirklichkeit existiert. Anselm ist dieser Meinung, weil, da dieser Begriff von seinem Umfang her auch die Realität enthält, dieser Begriff quasi aus sich selbst auch existieren muss. Es gibt nun den vulgär-empiristischen Einwand, dass dieser also empirisch existierende Gegenstand sich wahrnehmen lassen müsse, was nicht der Fall ist, von der Mystik aber bestritten wird.

Für Kant gilt eine scharfe Trennung von gedachtem Begriff und seiner möglichen Wahrnehmung in der Realität. Aus einem wenn auch notwendig zu denkenden Begriff der „unerreichbaren Vollkommenheit" (Kant IV, A 529)[42] lässt sich synthetisch nicht die Wirklichkeit, die empirisch als Datum gegeben sein muss, deduzieren. Ein Begriff kann also sein Dasein nicht erzwingen, was der Islam vehement bestreitet. Zwischen Wirklichkeit und sprachlicher Begrifflichkeit besteht ein ontologischer Sprung. Diesen zu überwinden, ist,

---

[41] Eine ausführliche Darstellung und Würdigung philosophischer Versuche, Gottes Dasein als ein wirkliches und wirkmächtiges Faktum deduktiv oder induktiv zu beweisen, findet man in v. Kutschera, F.: *Vernunft und Glaube*. Berlin 1991.
[42] Kant wird zitiert nach Kant, I.: Werke in zwölf Bänden. Hg.: Weischedel, W. Frankfurt am Main 1964, indem Verfasser, Band und Seitenzahl angegeben werden.

christlich oder islamisch gedeutet, gerade Privileg der göttlichen Schaffenskraft.

Im Koran hat dieses Argument eine große Beweiskraft; denn es heißt dort:

> Sure (2:255): Allah – es gibt keinen Gott außer Ihm, dem Lebendigen, dem aus Sich selbst Seienden und Allerhaltenden. Schlummer ergreift ihn nicht und Schlaf. Sein ist, was in den Himmeln und was auf Erden ist. Wer ist es, der bei ihm fürbitten will, es sei denn mit seiner Erlaubnis? Er weiß, was vor ihnen ist und was hinter ihnen; und sie begreifen nichts von Seinem Wissen, außer was Ihm gefällt. Sein Wissen umfasst die Himmel und die Erde; und ihre Erhaltung beschwert ihn nicht; und Er ist der Erhabene, der Große.

Die Kraft der eigenen Seinserzwingung wird als Kreationismus bezeichnet, so dass Gott sich aus sich selbst und aus sich auch die Welt hervorbringt; denn „er ist es, Der euch im Mutterleib bildet, wie er will" - Sure (3:6). Einen platten Empirismus weist der Koran ab, denn Allah ist der „Ungesehene" - Sure (16:77), was bedeutet, dass es jenseits unserer Welt eine transzendente gibt, in der sich Allah den Menschen im Paradies zeigen wird. Gottes Sprache überwindet den ontologischen Riss zwischen Naturalismus und Metaphysik, indem Gottes Wort sogleich den propositionalen Gegenstand, der vorher nicht war, hervorbringt.

2. Der physikotheologische Gottesbeweis „verdient jedoch mit Achtung genannt zu werden" (Kant IV, A 632). Zumal in der biologischen Natur gibt es kein „für sich", alles ist aufeinander abgestimmt, jedes Lebewesen ist zugleich Mittel und Zweck, so dass man von der zweckmäßigen Beschaffenheit der biologischen Natur ausgehen kann. Was ist ein Zweck? Nach Kant bedeutet Wille: Handlung nach Zwecken. Letztere bedeuten „Bestimmungsgrund der Willkür" (Kant VII, A 39), des empirischen Willens. Er ist „alsdenn die Vorstellung eines Objektes, und dasjenige Verhältnis derselben zum Subjekt, wodurch das Begehrungsvermögen zur Wirklichmachung desselben bestimmt wird" (A 39). Oder anders ausgedrückt: Die Vorstellung einer Sache ist Bedingung der Wirklichkeit der Sache, insofern der Wille zur Realisation fähig ist. Das zweckmäßige Denken in dem Sinne, dass gemäß eines zu erreichenden Ziels die Mittel zur Verwirklichung bestimmt werden können, beweist nicht, dass die Natur von sich zweckmäßig geordnet ist. Jedoch erlangt man, wenn man mit dem Begriff der Zweckmäßigkeit operiert, Ordnungskriterien für die Gewinnung eines Überblickes über die Natur. Und je mehr sich ein abgestimmtes Ganzes konstruieren lässt, desto stärker wächst der Glauben, dass, da Zweckmäßigkeit in der Vernunft ihre Ursache hat, es jemanden geben muss, der außerhalb dieses Ganzen seine Fäden zieht, eine den Menschen transzendierende Vernunft, Gott, der bewirkt, dass die Welt sich als „Reich der Zwecke" offenbaren kann. Dieses trägt stark anthropomorphe Züge, weil der Mensch es in vorindustriellen Gesellschaften in seinen handwerklichen Tätigkeiten täglich erfährt und deshalb Gott eine ähnliche, aber gewaltigere Schöpferkraft zusprechen kann. Ich möchte hier als empirischen Gegenbeweis die Evolutionstheorie herbeizitieren, die weder für noch gegen einen Gottesbeweis gebraucht werden kann. Für einen teleologischen Gottesbeweis spricht die (als objektiv geglaubte) Zweckmäßigkeit, die wir vorfinden. Eine solche feine Abgestimmtheit der Natur kann nicht Zufall sein, denn wie lange auch einige Affen auf der Schreibmaschine hämmern, ein Drama von Schiller entsteht daraus nicht.[43] Es muss also einen Weltenlenker geben, nach dessen Plänen die Welt gestaltet ist. Die zweckmäßig eingerichtete Natur beweist, da sie selbst eine solche Leistung nicht zustande bringen kann, die Existenz eines die Welt planenden Gottes. Dieser Beweis hat zumindest starke analogische Beweiskraft.

Die Natur selbst aber wird nicht von der *causa finalis* (Endzweck), sondern von der *causa efficiens* (Wirkursache) bestimmt, besagt der Grundsatz der Darwin'schen Evolutionstheorie.[44] Der Grundsatz gilt auch für den teleologischen Gottesbeweis, denn:

---

[43] Ähnlich schließt auch W. Paley: Wenn jemand in der Natur eine Uhr findet, zieht er unweigerlich den Schluss, dass die Zweckmäßigkeit dieses Gegenstandes kein Zufall sein kann, sondern von einem vernunftbegabten Wesen stammen muss. Das Verhältnis „Uhr-Mensch" lässt sich übertragen auf das von einer zweckmäßigen Natur, die von einem weltenplanenden Wesen, Gott, geschaffen worden ist.

[44] Rapoport (1988) weist nach, dass zwischen einer „von vorn ziehenden Ursache" (causa finalis) und einer „von hinten drückenden Ursache" (causa efficiens) keine Übereinstimmung besteht. Die causa finalis ist in Wirklichkeit eine causa efficiens. Die Evolution, damit auch die Evolution von scheinbar teleologischen Handlungen organismischer Systeme lässt sich mit Darwins Evolutionsmechanismen kausal erklären. „Teleonomie" oder „Als-ob-Teleologie" heißt deshalb auch die Bezeichnung von Lorenz für Wirkursächlichkeit, die aus sprachökonomischen Gründen wie anthropomorphe Finalursachen behandelt werden, z. B.: ‚Gase, Flüssigkeiten, Lebewesen, politische Systeme, Staaten haben das „Bestreben", dieses oder jenes zu erreichen …'.

„den Dingen der Welt ist diese zweckmäßige Anordnung ganz fremd, und hängt ihnen nur zufällig an, d.i. die Natur verschiedener Dinge konnte von selbst, durch so vielerlei sich vereinigende Mittel, zu bestimmten Endabsichten nicht zusammenstimmen [...]" (A 626).

Aber auch der krudeste Materialist muss zugestehen, dass es so etwas wie eine objektive Zweckmäßigkeit in der belebten Natur zu geben scheint; man braucht sich nur organische Strukturen und Abhängigkeiten in einem Biotop ansehen.[45] Sie beruht auf Mutation und Selektion. Erstere ist ein zufälliges chemisches Ereignis, das irgendeine erbliche organische Veränderung im Genom und damit im Organismus hervorruft. Die Umwelt liefert die Kriterien, ob diese Mutante diesen Kriterien entspricht. Damit wird eine „Passung" (Lorenz), eine Zuordnung von Biotop und Lebewesen erreicht. Dawkins hat für das Zusammenspiel von Mutation und Selektion den beziehungsreichen Buchtitel *Der blinde Uhrmacher* (1996) gewählt.

Dem Koran ist der teleologische Gottesbeweis immanent, und Mohammed kann Allah nicht genug dafür preisen, dass er die Welt so geschaffen hat, dass sie dem Menschen einen geordneten Lebensraum bietet. Siehe Sure (6:99):

> Und er ist es, Der Wasser niedersendet aus der Wolke; damit bringen Wir alle Art Wachstum hervor; mit diesem bringen wir dann Grünes hervor, daraus Wir gereihtes Korn sprießen lassen, und aus der Dattelpalme, aus ihren Blütendolden (sprießen) niederhängende Dattentrauben, und Gärten mit Trauben, und die Olive und den Granatapfel – einander ähnlich und unähnlich. Betrachtet ihre Frucht, wenn sie Früchte tragen, und ihr Reifen. Wahrlich, hierin sind Zeichen für Leute, die glauben.

3. Der kosmologische Gottesbeweis schließt von dem allgemeinen Satz der Bedingtheit alles Existierenden in einem Regressus auf ein Existierendes, das selbst keine Ursache hat, Gott, den unbewegten Beweger, wie schon Aristoteles gefolgert hat. Doch ist ein solcher Regressus empirisch nie zu Ende, es gibt keine Möglichkeit, zu einer Ersturschache zu kommen, die sowohl empirische Existenz besitzen muss, weil sie eine Wirkung hervorbringt, als auch als unbedingter Anfang der Transzendenz zugehört. Es ist ein unendlicher Regressus,

---

[45] Z.B. hat der Biber seine Schwimmfüße nicht, weil er sich fast ständig im Wasser bewegt, sondern weil erbliche Mutationen die Haut zwischen den Zehen zusammenwachsen ließen, was sich als großer Anpassungsvorteil herausstellte. Doch vom Augenschein her kann man an eine Zweckmäßigkeit in der Natur glauben.

der nicht durch einen ontologischen Salto aus der Empirie in die Transzendenz und umgekehrt entweichen kann.

Im Koran wird dieser Beweis in seiner Richtung umgekehrt, wenn von Gottes Attributen die Rede ist. Er ist „Schöpfer der Himmel und der Erde" (6:101), „Blicke können Ihn nicht erreichen. Er aber erreicht die Blicke" (6:103). Damit wird nach Erachten des Autors auf Allah, den unbewegten Beweger, verwiesen, durch den die Welt geschaffen wird, die aber dialogisch nicht auf ihn zurückwirkt. Die Kausalketten bewegen sich aus Gott irreversibel in Richtung Welt ohne die Möglichkeit der Gegenbewegung hin zu Gott. Deshalb kann menschliches Forschen nie bis zu ihm selbst vordringen, denn er ist transzendent, also unsehbar. Aus ihm entspringt die Kausalität, die alles Sein hervorbringt. Aber wie weit auch der Mensch in Richtung des Anfangs auf den Kausalketten herumklettert: Gott ist unerreichbar. Damit kann seine Präsenz nicht begründet werden. Die islamische Mystik hat sich nicht streng an den Grundsatz der Unerforschlichkeit Gottes gehalten und versucht, sich ihm erkennend so weit zu nähern, dass der schroffe Gegensatz „Gott-Mensch" abgemildert werden kann.

Es gibt also keine logisch und argumentativ zwingenden Gottesbeweise, aber auch keine logischen Beweise der Nichtexistenz Gottes. v. Kutschera aber findet eine Fülle von Begründungen für einen tiefen Glauben an supranaturalistische Entitäten. Ähnlich wie Tepe erklärt er Religiosität als Antwort auf den Leidens- und Existenzdruck des Menschen im Sinne projektiver Bedürfnisse:

> Es gibt ein tiefes Bedürfnis des Menschen, über die Grenzen seiner beschränkten, zufälligen vergänglichen Existenz hinauszugelangen und Anteil zu haben am Ewigen. Unter diesem Aspekt verbreitet das Transzendente nicht nur Licht über die empirische Welt, sondern erweitert auch den Horizont menschlichen Lebens (1991, 170).

Damit hat er das Manko des westlichen Rationalismus und Säkularismus angesprochen: das durch ihn nicht befriedigte Bedürfnis nach Religiosität als Mittel einer emotionalen Seinsbewältigung. Die Wissenschaften, obwohl im Westen mit dem Wahrheitsmonopol, jedenfalls in der kulturellen Wahrnehmung, ausgestattet, können dieses Defizit nicht ausgleichen.

Im weiteren Verlauf seiner Untersuchungen fragt v. Kutschera nach dem historischen Verhältnis von Immanenz und Transzendenz. In der mythischen Welt bilden sie ein Ganzes, in dem das Numinose mit dem Profanen „verwoben" (168) ist. Die religiöse Welt trennt beide Aspekte. Es gibt jetzt auf der einen Seite den aus sich seienden Weltenschöpfer mit höherem Realitätsanspruch, dem sein Geschaffenes als profane, mindere Welt gegenübersteht. Schließlich, im Szientismus und Positivismus dreht sich das Verhältnis „Immanenz – Transzendenz" um, die Immanenz als empirische Realität beansprucht gesicherte Erkenntnis, während der Transzendenz, dem Wunsch nach letzter Sinngebung, nur noch ein Schattendasein im Sinne von Offenbachs *Orpheus in der Unterwelt* zugebilligt wird. Allem, was rational nicht schlüssig beweisbar ist, wird der Anspruch auf beachtenswerte Existenz entzogen. Aber auch der Realismus als Folge des Rationalismus beruht auf Voraussetzungen, Prämissen und Setzungen, die ihrerseits nicht mehr mit gleichem Methodeninventar, mit dem er die Ontologie der Religionen zu zerbrechen sucht, untersucht werden können.

Dazu stellt v. Kutschera die schon von Kant gestellte Frage nach der Erkennbarkeit der Welt an sich. Doch hinter der Frage verbirgt sich schon ein Glauben, nämlich, dass es zumindest eine von unserer Wahrnehmung unabhängige Außenwelt geben muss und unser Erkenntnisvermögen geeignet ist, von ihr Kenntnis zu nehmen. Erst dieser transzendentale Glauben im Sinne Kants konstituiert die Erfahrung der Erkennbarkeit, d.h., dass wir schon von einer Welt, die erkennbar und einem Subjekt, das erkennt, überzeugt sein müssen, also Erfahrung im Sinne des naiven Realismus, dass die Welt so ist, wie ich sie wahrnehme, voraussetzen müssen, ehe wir die Frage nach der Erkennbarkeit der Welt stellen können. Um sicher zu gehen, müssten wir einen weltenthobenen Standpunkt einnehmen können; doch auch dabei tritt das Problem auf, nämlich dass unser Wahrnehmungsvermögen an den naiven Realismus angepasst ist und versagen könnte, würde es aus diesem aussteigen müssen. Auch das Hinterfragen der Frage nach der Erkennbarkeit der Welt erbringt immer wieder die gleiche Frage hinter dieser Frage, so dass wir von der Tatsache ausgehen dürfen, dass es „Grenzfragen" gibt, die rational sinnvoll sind, rational aber nicht gelöst werden können.

Der Rationalismus muss also auf seinem Gebiet weiße Flecken der Schwäche einräumen, so dass es ihm nicht zukommt, voller Häme auf die Schwächen religiöser Ontologien herabzublicken. Deswegen unterscheidet v. Kutschera deskriptive von kognitiven Aussagen. Erstere beschreiben die Realität und Objektivität von wissenschaftlichen Tatsachen. Wenn Religionen auf einem absoluten, damit auch deskriptivem Wahrheitsbegriff bestehen, dann geht es ihnen wie dem Christentum, das Schritt für Schritt unter bedauernswerten Umständen diese Monopole aufgeben musste, wobei dann oft das Kind mit dem Bade ausgeschüttet wurde. Wenn der Islam weiter auf einem deskriptiven, also auch wissenschaftlich zu verstehenden Wahrheitsmonopol besteht, dann droht ihm ein gleiches Schicksal. Dem Fundamentalismus im Islam ist deshalb ein solches absolutes Wahrheitsmonopol, das als ideologisch dankbares Instrument zur Durchsetzung eigener Interessen dient, wert, es mit allen Mitteln, auch der Gewalt und des Terrors zu verteidigen, so dass es immer anachronistischer, dadurch aber auch ständig gefährlicher wird.

Letztere, die kognitiven, um den Wahrheitsgehalt von religiösen Aussagen wieder aufzugreifen, behaupten nicht, was ist, „sie zielen nicht auf begriffliche Genauigkeit und wollen uns das, wovon sie reden, in seiner Bedeutung für unser Leben verdeutlichen, es unserem Erleben und Fühlen, nicht nur unserem Denken nahe bringen [...]. Sie wollen in ihren Gleichnissen und Parabeln Aspekte göttlicher oder menschlicher Wirklichkeit aufzeigen, uns nahe bringen, nicht beschreiben" (81).

An der Stelle möchte ich diese Problematik verlassen, ohne aber die Religionen ganz in das „Reich der Illusionen" zu verbannen, weil sie zur menschlichen Seinserhellung und Kulturisation beitragen. Sie leisten zur menschlichen Existenzerhellung ebenso ihren Beitrag wie alle philosophischen Ontologien, die auch ohne Grundannahmen nicht auskommen können. Wenngleich sie viel plausibler als diese erscheinen, so besitzt selbst die plausibelste nicht stringent im Sinne überzeitlicher Kontinuität die Wahrheit an sich. Auch das von uns als evident angesehene positivistische Wahrheitsverständnis schwimmt auf einem bodenlosen See, der es verschlingen kann. Ich schließe mich resümierend v. Kutscheras Standpunkt an, dass es „erkenntnistheoretische Grenzfragen" (194) gibt, die „rational nicht zu entscheiden sind" (195). Zu dieser zähle ich auch die Frage nach der Existenz Gottes.

Da aber der islamische Gottesglauben für die Gläubigen Objektivität verbürgt, gibt es keinen Grund für sie, an Allahs Existenz und Herrschaftsanspruch zu zweifeln. Es stehen sich also zwei unversöhnliche Ontologien gegenüber, die säkulare westliche des Zweifels mit kleinen Inseln der Unentscheidbarkeit, auf die sich das Christentum geflüchtet hat, und die dogmatisch-theologische des Islam, die das Ganze zu umfassen glaubt. Besonders in der Wissenschaftstheorie positionieren sich beide Auffassungen diametral. Jeder, der an einer islamischen Universität ein Diplom erwirbt, muss in einem Vorspann[46], ähnlich wie im Kommunismus Stalin, Lenin oder Marx, Allah für die Weisheit und Einsicht danken, mit der er diese Arbeit nur hat vollenden können. Der Wissenschaftler ist also nur Werkzeug Gottes, weil er dessen Willen, auch wenn er es nicht weiß, erfüllt.

Die durch keine Reflexion erschütterte Gewissheit der Existenz Gottes, mit welcher der absolute Wahrheitsanspruch des Islam unlösbar verknüpft ist, erklärt seine gerade heute wachsende Akzeptanz, weil die Gebrochenheit westlicher Lebensformen mit ihrem permanenten Krisenszenario keine sozialisierende Wärme mehr verbreiten kann. Aber gerade dann, wenn eine Weltanschauung mit der Synthetisierung einer volksnahen Theorie einen solchen deskriptiv abgeleiteten sozialen Konsensus herstellen will (man denke an den Volkstumsbegriff des Nationalsozialismus und die Propagierung eines „sozialistischen Menschen" in einem Gemeinwesen, in dem Staat, Volk und Partei in einer Einheit aufgehen), hat sich diese längst in eine vulgär-theoretisierende **Ideologie(-)** verwandelt. In dieser werden Werte konstruiert, deren Geltung auch als deskriptiv befohlen wird, obwohl sie nur dem Bemächtigungswillen der Ideologieproduzenten entspringen. Die Argumente des defizitären Islamismus müssen nicht erfunden werden; denn sie liegen vorformuliert schon im Koran vor.

Wir können den Islam mit einem schlafenden Vulkan vergleichen, dessen gespeicherte potentielle Energie sich mangels Disziplinierung durch Rationalität von Zeit zu Zeit entlädt. Als potentielle Energie können wir seinen absoluten Wahrheitsanspruch, die Globalisierung seines Herrschaftsanspruches, seinen Anspruch auf totale Beherrschung aller Lebensbereiche, seine Unterscheidung zwischen gottgefälligen und defizitären Religionen und Menschen, seine als Verpflichtung aufgefasste historische Weltmission zur Verbesserung des Menschen durch den allein seligmachenden Islam und seinen immanenten Anspruch auf politische Verwirklichung dieser gespeicherten Energien benen-

---

[46] Wie auch heute noch im Islam in jeder wissenschaftlichen Abhandlung üblich, beginnt Al-Ghazali seine Schrift *Die Nische der Lichter* mit einem Lobpreis Allahs und des Propheten: „Gepriesen sei Gott, der Lichter ausströmen lässt, der Sehkräfte aufschließt, der Geheimnisse enthüllt und der Schleier hebt. Friede sei über Muhammad, Licht der Lichter, Herr der Frommen, Geliebter des Allmächtigen, Frohbotschaft desjenigen, der viel Verzeihung gewährt, Warner des Allmächtigen, Unterwerfer der Ungläubigen und Bloßsteller der Frevler. Friede sei über seiner Familie und seinen Genossen, den Reinen, den Guten und den Auserwählten. Nun zum Thema!" (Al-Ghazali 1987, 3).

nen. Der Islamismus mit seiner dogmatischen Religions- und Staatstheorie ist dabei, die potentielle ideologische Energie des Islam in kinetische zu verwandeln.

4. Die Wertproblematik

Der Sprengstoff, der Islam und westliche Welt zu zerreißen droht, besteht im Grunde nur aus dem Gegensatz „Subjektivität/Objektivität und der Interpretation der beiden Begriffe „Wert" und „Wahrheit".
Das christliche Mittelalter ist von den Gegensätzen:

„Glauben – Vernunft",
"absolute Wahrheit Gottes – menschlich begrenztes Wissen",
"absoluter Gott – erlösungsbedürftige und ohnmächtige Menschheit",
„Religion – beginnende Wissenschaften",
„ewige Seligkeit im Himmel – ewige Verdammnis in der Hölle"

bestimmt.
Die Trennung von Glauben und Wissen mit Beginn der Neuzeit verwandelt sich in die Dichotomie „Wert/Wahrheit", die auch unser Denken stark beeinflusst, aber auch politische Konsequenzen nach sich zieht, indem sich eine Abgrenzung von Sakralem und Säkularem vollzieht.
Wir können unsere Ontologie mit einer Münze vergleichen, die die Realität als Ganzes darstellt. Die eine Seite symbolisiert die Wirklichkeit, so wie sie kognitiv als Faktum vorliegt und allgemeinen Naturgesetzen unterliegt, die andere, was nicht von sich aus existiert, sondern vom Menschen hervorgebracht werden muss, die Welt der Kultur, der Artefakte, denen ein Wert zugeschrieben werden kann.
Ein Ding ist als Gegenstand ein Objekt der Wissenschaft, dem als Artefakt oder für den Menschen brauchbares Objekt ein Wert zuerkannt werden kann. Der Wertbegriff gehört in den Bereich der praktischen Philosophie, der Normen, der Voreinstellungen, der menschlichen Wertgebundenheit, der Ethik und Moral. In dem jetzt folgenden historischen Exkurs soll die Entwicklung der Wertphilosophie nachgezeichnet werden, weil die Konkordanz oder Dichotomie zwischen Wahrheit und Wert gesellschaftspolitisch von weittragender Bedeutung ist. Beide ‚Welten' sind, so die Behauptung, zwar aus gleicher Wurzel, aber dennoch nicht kompatibel. Mit Nietzsche soll die Auseinandersetzung um den Wertbegriff eröffnet werden.

4.1 Nietzsches doppelte Verneinung der Wahrheit

Seine philosophische Analyse geht vom nicht weiter hinterfragbaren Phänomen „Leben" aus. wenn er feststellt: " [...]. Das *Lebende* ist das Sein: weiter gibt es kein Sein" (1 [24])[47]. Es ist dadurch gekennzeichnet, dass es nach Prinzipien der Selbsterhaltung und Steigerung des Anderen bedürftig ist, um selbst sein zu können. Es muss sich das Seiende außerhalb seiner selbst aneignen, oder es abstoßen, es assimilieren. Dabei muss es das Andere auf seine Geeignetheit für sich perspektivisch in den Blick nehmen. Jetzt erscheint aber das Seiende nicht mehr so, wie es ist, sondern nur in dem Licht der abtastenden Perspektiven. Das Subjekt wird zum perspektivischen Wesen des Sehens, zum Scheinwerfer, dessen Lichtstrahlen einen „Lichtüberzug" auf den Gegenständen bilden, die damit zu Werten werden. Was im Lichte dieser Scheinwerfer sichtbar wird, ist der Mensch, der sich in den von ihm gesetzten Werten, Schätzungen, „Wertschätzungen" (7 [2]) spiegelt. Den Vorgang der Wertermittlung nennt Nietzsche „Interpretieren", noch besser wäre „aneignendes Interpretieren", weil er seine Wertschätzungen in den Gegenstand implementiert, um sie dann, durch den Gegenstand verwandelt, wieder zu entdecken. Nietzsche überträgt das Bild des perspektivischen und projektiven Interpretierens auch auf das Seiende im Ganzen:

> „[...]. In Wahrheit ist Interpretation ein Mittel selbst, um Herr über etwas zu werden. Der organische Prozess setzt fortwährendes *Interpretieren* voraus" (2 [148]).

Wertungen und Werte sind also Projektionen unserer Bedürfnisse, ja aller Lebensformen, auf das Andere, die Außenwelt, und wir können eigentlich im Lichtkegel unserer Bedürfnisse nur diese wahrnehmen; indem sie aber als „Film" den Gegenstand überziehen, halten wir das, was uns diese Perspektiven zeigen, für objektiv. Sie sind, für sich genommen, Glaube und Illusionen, die wir ontologisiert haben. Wir verwechseln also Wert mit Sein, das eigentlich als es selbst gar nicht erscheinen kann. Auch das „vernünftige Denken" (5 [22]) ist eine solche Perspektive, wir „interpretieren nach einem Schema, das wir nicht abwerfen können" (5[22]). Das gilt ebenso für die „*richtige* Vorstellung des Objekts, das ursprünglich *nur Mittel* zum Zweck des Ergreifens, des

---

[47] Nietzsche wird zitiert nach Colli und Montinari (Hg.): Friedrich Nietzsche – Kritische Studienausgabe (14 Bände). Berlin und New York 1988. Die Zitate hier beziehen sich auf Bd. 12.

Fassens und Sich-*bemächtigens* [ist]" (7 [3]). Deshalb gibt es für Nietzsche keine Tatsachen als solche, sondern nur Interpretationen. Menschliche Bedürfnisse werden also auf das Seiende projiziert und erscheinen verwandelt als ‚wahre' Interpretationen der Welt. Das objektiv Seiende und seine Beschaffenheit ist in Wirklichkeit eine Wertprojektion des Menschen, aber auch des Lebens insgesamt. Es lässt sich daraus Nietzsches These folgern, dass, indem der Objektbegriff destruiert worden ist, so dass es keine Objekte im geglaubten Sinne gibt, es auch keine objektive Wahrheit geben kann. Diese doppelte Verneinung, dass die Gegenständlichkeit nur eine projektive Illusion, die Vernunft nur eine Bemächtigungsperspektive unter vielen ist, führt zu einem wahrheitslosen Zustand, der durch Illusionen verschleiert wird, so dass, wenn man letztere so nimmt, als was sie erscheinen wollen, sein Leben führen kann.

Tepe interpretiert Nietzsches Illusionstheorie nicht so aggressiv, indem er anstelle von Illusionen den Begriff „Wert" setzt, so dass er die Wertgebundenheit des menschlichen Daseins einsichtig machen kann (1993, 90). Aber in Nietzsches Theorie der Verflüchtigung des Objektes steckt ein Widerspruch; denn der perspektivische Projektionsfilm kann nicht als hologrammähnliche Abbildung erfasst werden, sondern muss ein Substrat haben, an und auf dem der Wert nur sichtbar werden kann, dessen spezielle Eigenschaften von ‚Natur' aus die Geeignetheit für die vereinnahmende Perspektive dokumentieren kann. Wertperspektiven lassen die Objektivität nur hintergründig, aber dennoch als ständige Präsenz erscheinen. Es kann also nur Perspektivisches geben, wenn es auch eine Objektwelt gibt. Daraus ergibt sich, dass viele verschiedene Perspektiven auch die Intersubjektivität und Objektivität einer Vorstellung befördern können.

Doch Nietzsche entscheidet sich in der Frage, wem er Priorität einräumen will, für Werte und gegen das Sein; jedenfalls, wenn man seinen *Zarathustra* zu Rate zieht. Im zweiten Teil dieses Werkes stellt er die Frage nach der „unbefleckten Erkenntnis" (4, 154-159). Die ironische Anspielung auf die „unbefleckte Empfängnis" Mariens und ihre Gleichsetzung mit der Vorstellung einer „unbefleckten Erkenntnis" soll den Glauben an reine Erkenntnis und lustfreie Empfängnis erschüttern. Dem Märchen von der „unbefleckten Empfängnis", Dogma des Katholizismus, entspricht das von der "unbefleckten Erkenntnis" der alten Philosophie. Diese hat den Glauben an reine Wahrheit, an eine subjektfreie, also intersubjektive Erkenntnis der vollen Selbstrepräsentation der Welt verbreitet. Das interessefreie, intersubjektive Erkennen ist eine Lüge wie die lustfreie, also ‚reine', „unbefleckte Erkenntnis". Nietzsche erteilt also einer interessenfreien Kontemplation, einer wertfreien Philosophie und Wissenschaft eine harsche Absage:

> „Und das heiße mir aller Dinge unbefleckte Erkenntnis, dass ich von Dingen Nichts will: außer dass ich vor ihnen da liegen darf wie ein Spiegel mit hundert Augen. -
>
> Oh ihr empfindsamen Heuchler, ihr Lüsternen! Euch fehlt die Unschuld in der Begierde: und nun verleumdet ihr drum das Begehren" (4, 157).

Mit der Hypostasierung der Werte und der Verdünnung des Seins zum Schein verflüchtigt sich auch der Wahrheitsbegriff. Da dieser auf das erkennende Subjekt referiert, wird das, was dieses spricht, selbst unwahr: aus dem Philosophen Nietzsche/Zarathustra wird ein „*Nur Narr, nur Dichter*" (4, 371-374). Wenn durch die Subsumierung des Wahrheitsbegriffes unter den Wertbegriff auch für ihn die „Umwertung aller Werte" gefordert wird, dann bleibt für den Philosophen nur die Rolle des Narren, der Unsinn redet, oder die des Dichters, der mit „lügnerischen Wortbrücken" (4, 372), mit Metaphern, die einen tiefen Sinn vorgeben, den Schein zum Sein frisiert.

Nietzsches Wertphilosophie, von ihm konsequent zu Ende gedacht, führt zu einer Katastrophe, die er sich in dem Dithyrambus „*Nur Narr! Nur Dichter*" vergegenwärtigt.

4.2 Monod – ein Vertreter des strikten Dualismus von deskriptiver Wissenschaft und normativen Gegenstandsbezügen

Während Nietzsches Ausgangspunkt seiner Wertphilosophie ein philosophischer Subjektivismus ist, geht Monod dieses Problem von der anderen, der naturwissenschaftlichen Seite an. Dazu teilt er die Weltgeschichte in zwei Phasen ein, die des „Animismus"[48] (1996, 43) und die des (platonischen) Objektivismus. "Realitätsdruck" und „Leidensdruck" durch das Wegfallen von instinktgeleitetem Handeln (Instinktreduktion) zwingen den Menschen, sich dieser Grundangst zu stellen. Dafür „erfand" im Sinne Nietzsches der Mensch „Werte", die ihn durch Befestigung im Glauben an einen Lebenssinn Lebenssicherheit gegeben haben. Doch in Wirklichkeit sind diese Werte nur menschliche Projektionen auf eine Ebene, die übermächtig und bestimmend als Mythos und Religion wertverstärkend rückwirkend eine menschliche Sozietät ermöglichen. Die Mythen und Religionen können, weil sie eine in sich schlüssige Ontologie anbieten, das Erklärungsbedürfnis des Menschen umfassend befriedigen und also bei der Sozialisierung und Problembewältigung wertvolle Hilfe leisten. Aber es gibt auch das profane Denken, das den Menschen rationale Erklärungen für ihre Alltagsprobleme anbietet. Das Datum der endgültigen Trennung beider voneinander ist mit Bacons neuem Naturbegriff im Sinne ihrer Beherrschung als „Wissen ist Macht" und Galileis Natur als Quantität (alles ist mathematisierbar) im 17. Jahrhundert festzumachen.

Ist die Dichotomie zwischen objektiver Wahrheit und menschlich gesetztem Wert eine jetzt und die Zukunft bestimmende Antinomie?

---

[48] Mit diesem Begriff beschreibt Monod sowohl den Vitalismus in der Biologie, der besagt, dass mit „physikalischen Gesetzen" die Lebenserscheinungen „nicht vollständig erklärbar" (41, Fußnote) sind, also innerhalb der Materie noch ein ‚geistiges Prinzip' schlummere, dass mit der Materie zusammen in lebendigen Wesen unterschiedlich stark in Erscheinung trete, als auch den mythisch-religiösen Animismus. Dieser bedeutet das Zusammenfallen der Quellen der Erkenntnis und Wertvorstellungen. „Er betrachtet sie als zwei Aspekte einer Wirklichkeit" (152). Als ein gegenwärtiger prominenter Vertreter dieser Auffassung der Natur als zugleich ethisches wie kognitives System ist Konrad Lorenz zu nennen.

Für den Animismus gibt es keine Probleme, weil er zwischen Sein und Sollen keine scharfe Grenze zieht, so dass man ihn zum „metaphysisch-metaethischen Naturalismus"[49] (Birnbacher 2003, 360) zählen kann, während man Lorenz' Bioethik in seinem umfangreichen Buch *Der Abbau des Menschlichen* noch dem „empirisch-metaethischen Naturalismus" (1983, 360) zuweisen kann. Es gibt also auch noch heute westliche Vertreter einer dem Animismus nahestehenden Weltanschauung (Hegelianer, Marxisten). Wenn einmal die „Forderung der Objektivität als notwendige Bedingung für jegliche Wahrheit der Erkenntnis erhoben wird, wird eine radikale Trennung zwischen den Bereichen der Ethik und der wissenschaftlichen Erkenntnis eingeführt, die für die Erforschung der Wahrheit unerlässlich ist" (Monod 1996, 152). Diese strikte Trennung beider (wenn normativ, dann nicht objektiv, wenn objektiv, dann nicht normativ) ist bis heute nur sehr bedingt in das kulturelle Gedächtnis eingedrungen, weil im Alltag diese Antinomie nur schwach wahrgenommen wird. Deshalb können Ideologien(-) beide Kategorien wieder mit der Folge der Legitimierung von politisch sehr fragwürdigen Absichten vermischen. Auch Religionen sind für solche ‚Wiedervereinigungen' anfällig, da sie ja wie Mythen vor der Trennung beider Bereiche entstanden sind und diese noch nicht oder schwer nachvollzogen haben. Es geht also auch hier um die Frage, ob der Islam als eine mythendurchtränkte Religion den animistischen Holismus, eine ganzheitliche Betrachtungsweise des Seienden, überwunden hat.

Es gibt damit gemäß Monod nur wahrheitslose Werte, Normen und Moralvorstellungen einerseits und eine wertfreie wahre Wissenschaft andererseits. Die Erkenntnis, dass das wissenschaftlich nicht begründungsfähige Objektivitätspostulat Bedingung für wissenschaftliches Arbeiten ist, dass ein moralisches Gebot, das nicht falsifiziert werden kann, ohne den Wissenschaftsbetrieb zu blockieren, die Bedingung von objektiver Erkenntnis darstellt, scheint paradox zu sein. Einerseits greift dieses Paradoxon den Glauben an absolut gültige Werte mit einem ähnlichen Wahrheitsstatus wie den der Naturwissenschaft an, andererseits emanzipiert sich der normative Bereich durch eine neue, vom Menschen gesetzte Realität, die Wirksamkeit. Werte bewegen etwas.

Es ist daher nur zu verständlich, dass Religionen, wenn sie nur als Wertsystem ohne Objektivität aufgefasst werden, sich gegen diesen existenzbedrohenden Angriff wehren. Monod artikuliert hier aber auch den schweren Verlust,

---

[49] Dieser Begriff wird im Kapitel „Birnbacher – der naturalistische Fehlschluss" expliziert.

den die Menschen durch die Ausweisung der Werte aus dem Reich der Wahrheit hinnehmen müssen. Doch auf der anderen Seite ist er jetzt der Bevormundung durch nicht hinterfragbare Werte ledig. Mythos und Religionen können die existentielle Sinnstiftung nur noch privatim übernehmen. Der Mensch wird immer mehr zu demjenigen, der sich selbst seine Handlungsmaximen vorschreiben muss, weil er aus dem Zwang und der Obhut sich deskriptiv gebender normativer Sinnsysteme entlassen worden ist. Damit gewinnt der Mensch einen Entscheidungsfreiraum, den er nicht mehr an ‚höhere' Instanzen abgeben kann.

Monod nennt den Menschen „ein Wesen, das gleichzeitig zwei Herrschaften unterworfen ist: dem Reich der belebten Natur und dem Reich der Ideen" (154). Beide zusammen konstituieren das Wesen „Mensch": wenn ein Vorgang oder Gegenstand gewertet wird, schwindet der Wahrheitsanspruch; immer, wenn wissenschaftlich geforscht wird, lässt sich daraus allein kein Wert extrahieren. Aber ohne sich dem wissenschaftsethischen Postulat der Objektivität zu unterwerfen, gedeiht keine Wissenschaft. Doch wie die zwei Königskinder im Märchen können sie nicht zusammenkommen. (Monods Handlungstheorie, die beide Entitäten wieder zu einer praktikablen Zusammenarbeit vereinigt, soll hier ausgeklammert werden.) Die Zeit, dass sich der Mensch auf mythische oder religiöse Ontologien mit Wahrheitsanspruch und daraus abgeleitetem fraglosen Normensystem verlassen und seine Taten mit dem Anspruch ‚höherer' existierender Wesen rechtfertigen konnte, sind vorbei. Die Welt als Wahrnehmung einer sinnerfüllten Ganzheit ist unmöglich geworden. Damit wird der Mensch existenziell zu einer tragischen Figur, von der Monod sagt:

> Wenn er die Botschaft in ihrer vollen Bedeutung aufnimmt, dann muss der Mensch endlich aus seinem tausendjährigen Traum erwachen und seine totale Verlassenheit, seine radikale Fremdheit erkennen. Er weiß nun, dass er seinen Platz wie ein Zigeuner am Rande des Universums hat, das für seine Musik taub ist und gleichgültig gegen seine Hoffnungen, Leiden oder Verbrechen (151).

Der Mensch hat sich selbst aus dem Paradies der ihn tragenden Werte hinausphilosophiert: sie sind zwar notwendig, aber nicht wahr im Sinne der Dauerhaftigkeit; die Naturwissenschaften haben zwar die platonische Struktur der Materie und ihre objektiven Gesetzlichkeiten entdeckt, aber ihre Wahrheit verhält sich gegenüber dem Menschen gleichgültig. Der Mensch gewinnt aber mit dem Durchschauen der Konsequenzen dieses Dualismus potentiell die absolute Freiheit, sich zwischen Transzendenz ins Nichts und Immanenz des Seins als Grenzgänger einzurichten.

In unserem Alltagsrealismus sind wir uns dieser logischen Trennung beider Postulate nur selten bewusst und argumentieren und handeln nach einer probaten Mischung aus beiden, wir könnten sonst nicht leben. Doch in dem Moment, wo wir unsere Ansprüche auf Wahrheitskriterien stützen wollen oder normative Systeme mit absolutem Wahrheitsanspruch ausgesetzt werden, bricht der verdeckte Wert-Wahrheitsdualismus wieder auf.

Wenn der Koran die Wahrheit seiner Inhalte bezeugt, dann muss diese Aussage differenziert werden, da es durchaus „eine immanente Rationalität des Mythos" (Tepe 1988, 32) gibt, so dass erst einmal von zwei gleichwertigen Rationalitäten auszugehen ist. „Die Wahrheit des Mythos", von Hübner (1984) in dem gleichnamigen Buch vertreten, legt einer Religion ein Erfahrungssystem wie das unseres wissenschaftlichen Weltbildes zugrunde. Während die wissenschaftliche Weltdeutung von einer nach gewissen Regeln gelenkte Hintergrundontologie, hier dem Realismus, also auch von einem Axiomsystem ausgeht, demgemäß die Gegenstände erscheinen und hypothetisch bestimmt werden können, bewegt sich das religiös-mythische Denken in einer Einheit der stofflichen und nichtstofflichen Welt, in der aber „Begreiflichkeit, Begründbarkeit, Folgerichtigkeit, Klarheit und allgemein verbindlicher Einsichtigkeit" (Tepe 1988, 31) herrschen, also rationale Verhältnisse wie in der Wissenschaft. Auch ist ein Mythos nach seiner Funktion zu beurteilen, die Informationen, Verhaltenscodizes und emotionale Befriedigung vermittelt.

Warum aber wird das mythisch-religiöse (supranaturalistische) Denken immer mehr durch ein realistisches Denken abgelöst? Die Erklärungskraft des Realismus ist, jedenfalls für uns, erheblich höher; sie kann für das Hineinragen des Numinosen natürliche Ursachen verantwortlich machen. Wir leben in einem geschichtlichen Prozess, in dem die Ontologien schon mehrfach gewechselt haben; die größere Erklärungskraft des Realismus darf aber nicht dazu verführen, ihn mit einem dogmatischen Wahrheitsanspruch auszustatten.

An dieser Stelle möchte der Autor auf die enge Verwandtschaft von mythischem und religiösem Denken hinweisen. Auf die Einheit von *Wert- und Handlungsmodell* des Mythos (Schupp 1979, 63) wurde schon hingewiesen, „Religion, Kunst und Wissenschaft haben im Mythos noch keine klar abgegrenzte Gestalt (Cassirer, *Symbolische Formen* II, 1969, IX). Wenn aber die Axiologie des Mythos problematisiert, reflektiert und kodifiziert wird, wird aus dem Mythos „ein System abstrakter theologischer und metaphysischer Begriffe" (Schupp 1979, 69).

Religion und Mythos gelangen aber an ihre Grenze, wenn sie die eigene Axiologie in Frage stellen müssen; sie immunisieren sich selbst durch Konstruktion des „metatheoretischen Begriffes ‚Offenbarung'" (73), der jedem Verständnis wie Missverständnis weit offen steht. Nach Cassirer ergibt sich: „Die Religion vollzieht den Schnitt, dem der Mythos als solchem fremd ist: indem sie sich der sinnlichen Bilder und Zeichen bedient, weiß sie sie sogleich als solche" (Cassirer, II, 1969, 2856). Religion ist also reflektierter Mythos. Also kann man ein reflektiertes mythisches Denken mit dem religiösen Denken vergleichen. Hier wird zwischen mythischem und religiösen Denken nicht unterschieden, zumal in unseren Weltreligionen mythische Texte in Fülle zu finden sind.

Tepe geht beim mythischen Denken von einem Modell eines „Zusammenspiels mit dem profanen Denken" (1995, 168) aus, das so beschaffen ist, dass es ein übergreifendes profanes Denken gibt, einen durch die Evolution herausgefilterten ontogenetischen Wissensbestand, ohne den der Lebensvollzug unmöglich wäre. Wir befinden uns dabei in der Sphäre des naiven oder des Alltagsrealismus, dass die Dinge so sind, wie wir sie wahrnehmen. Dieses profane Wissen entspricht einem „systemübergreifenden profanen Rationalitätsbegriff" (168), dessen Qualität höher anzusetzen ist als der dem Mythos innewohnende systemimmanente Rationalität. Wir gehen daher von einer Meta-Rationalität aus, die im profanen wie im mythischen Denken ihre Objektebene hat.

Innerhalb des Mythos nehmen beide Denkformen den gleichen Rang ein, während auf der Meta-Ebene dem mythischen Konzept ein Realitätsdefizit zugeschrieben werden muss. Was im mythischen Denken den Göttern zugeschrieben wird, wird im profanen Denken zur natürlich erklärbaren Ursache, im wissenschaftlichen Denken Wahrscheinlichkeit oder Naturgesetz. Vom Meta-Standpunkt des übergreifenden rationalen Denken wird der eigentlich mythische Bereich immer mehr verkleinert und die darin enthaltene Rationalität abgesaugt und dem profanen Denken zugeschrieben. Das wissenschaftliche Denken löst das mythische (und damit das religiöse) immer mehr ab. Dieser als Sinnverlust verstandene Prozess kann aber auch anders gedeutet werden: als „Ablösung eines Sinnsystems durch ein anderes" (Tepe 1993, 191). Der Vorgang der allmählichen Sinnentleerung des Daseins als Verdrängungsreaktion von Mythos und Religion (nicht normativ gemeint) durch die positiven Wissenschaften ist also nicht nur ein Prozess vom Mythos zum Logos, sondern einer der Trennung von Werten und Fakten. Insofern Mythologien ihre Wertsetzungen mit dem Anspruch der rationalen Verbindlichkeit ontologisieren, produzieren sie falsches Wissen als Illusion. Dieses kann denn auch nicht mehr den Status einer geglaubten Mythologie oder Religion einnehmen, sondern nur als „Als-ob-Mythos und Als-ob-Religion"[50] (192) im Sinne eines „fiktiven Mythos" bzw. fiktionalen Religion" mein Wertsystem stützen. Doch solche „fiktionalen Religionen" sind historisch gescheitert.[51] Aus ‚Du sollst nicht töten', weil du damit Gottes Gebot übertrittst, wird ‚Du sollst nicht töten', weil wir dadurch lebenswertes Leben zerstören.

Unser Problem auf den Islam übertragen: Insofern sich die rationale wissenschaftliche Ontologie durchsetzt, wird diese Religion als ein illusionistisches Vorhaben dann, wenn sie normative Fragen kognitiv überhöht, so dass sie illusionskritisch und ideologiekritisch angreifbar wird. Es ergibt sich, historisch generalisiert, eine Säkularisation der Religionen.

Um diesem Schicksal zu entgehen, hat sich der Islam seit der Industrialisierung und vor allem in den letzten Jahren zu einer Religion entwickelt, die sich durch ihr Beharren auf wörtlicher Auslegung des Korans als Fels in der Brandung wähnt und eine neue Konjunktur der Religiosität anstrebt. Insofern die Re-Religionisierung als Nebenerscheinung des weltweiten Fundamentalismus auftritt, kann von einer Renaissance der Weltreligionen außer dem Islam nur bedingt gesprochen werden, wohl von ihrer **Ideologisierung(-)**. Man lese nur den Koran darauf hin, welche Strafen all denen angedroht werden, die von

---

[50] Das Argument, der Islam sei eine weitgehend mythenfreie Religion und daher von der Entmythisierung nicht betroffen, kann leicht widerlegt werden. Beltz (1980) hat in seinem Buch *Die Mythen des Koran* mythoshaltige Texte untersucht. Allein das Kapitel „Allah ist Gott" nennt folgende Unterpunkte: „Offenbart in Mekka", den Schöpfungsmythos „Allah als Schöpfer des Himmels und der Erde", „Der Wettergott und Naturbezwinger", Der Gott der Fruchtbarkeit", „Der Weltenrichter", „Der Gesetzgeber", „Das Licht der Welt"," „Allah und die anderen Götter".

[51] „Das praktische Bedürfnis des Gemüts-Lebens und der Staatsordnung wird früher oder später dazu führen, unserer monistischen Religion [Vergottung der Natur- der Autor] ebenso eine bestimmte *Kultus-Form* zu geben, wie dies bei allen anderen Religionen der Kulturvölker der Fall gewesen ist. Es wird eine schöne Aufgabe der *ehrlichen Theologen* des 20. Jahrhunderts sein, diesen monistischen Kultus auszubauen und den mannigfaltigen Bedürfnissen der einzelnen Kultur-Völker anzupassen" (Haeckel 1905, 462, Anmerkung 18).

Gott abfallen oder sich ungläubig oder kritisch gegenüber einer Existenz Allahs verhalten.[52]

Bei der Vorstellung einer personalen Existenz Gottes kann man ziemlich sicher sein, dass es sich um anthropomorphe Projektionen der Vorstellung von menschlicher Vollkommenheit handelt.[53] Der Mensch hat sich aufgrund seiner Erfahrungen ein Bild von Gott gemacht. Dieses muss personal an ein menschenähnliches Wesen gebunden sein, weil nur dieses einen Willen äußern kann. Gott werden übernatürliche Kräfte zugeschrieben, die in Wirklichkeit alle positiven Eigenschaften des Menschen in seiner Person bündeln, so dass für den Menschen nur mangelhafte Prädikate übrigbleiben, die ihn als hilfloses Wesen kennzeichnen.

Werden diese Projektionen aber rückverwandelt und von allen Anthropomorphismen gereinigt, dann sind „alle metaphysischen Bestimmungen Gottes daher nur wirkliche Bestimmungen, wenn sie als Denkbestimmungen, als Bestimmungen der Intelligenz, des Verstandes erkannt werden" (Feuerbach 1969, 85). Er ist von dem historisch immer klarer werdenden Absterben der Religionen überzeugt, indem „der Mensch immer mehr Gott ab-, immer mehr sich selbst zuspricht" (78), denn dann entfällt jede Projektion ins Metaphysische, und dieser Entwurf verliert immer mehr an Attraktivität. Für das Christentum ist Feuerbachs These weitgehend aufgegangen; für den Islam scheint

---

[52] Sure (2:162): "Die ungläubig sind und als Ungläubige sterben, über sie der Fluch Allahs und der Engel und der Menschen", (2: 213): „Das weltliche Leben ist den Ungläubigen schön gemacht, und sie verhöhnen die Gläubigen. Die aber Gott fürchten, werden über ihnen stehen am Tage der Auferstehung; und Allah gibt, wem er will, ohne zu rechnen", (18:30): „Und sprich: ‚Die Wahrheit ist es vor eurem Herrn: darum lasst den gläubig sein, der will'. Siehe, wir haben für die Frevler ein Feuer bereitet, dessen Zelt sie umschließen wird. Wenn sie dann um Hilfe schreien, so wird ihnen geholfen werden mit Wasser gleich geschmolzenem Blei, das die Gesichter verbrennt. Wie schrecklich ist der Trank, und wie schlimm ist das (Feuer) als Lagerstatt!"

[53] Feuerbachs Projektionstheorie gegenüber den christlichen Religionen lässt sich auch auf den Islam übertragen. Danach „zieht die Religion die Kräfte, Eigenschaften Wesensbestimmungen des Menschen vom Menschen ab und vergöttert sie als selbständiges Wesen – gleichgültig ob sie nun, wie im Polytheismus, jede einzelne für sich zu ihrem Wesen macht, oder, wie im Monotheismus, alle in Wesen zusammenfasst – [...]" (Feuerbach 1969, 41 Anm.). Indem der Mensch seine positiven Eigenschaften bündelt und sie zu einem „höchsten Wesen" macht, bleibt für ihn, weil er dadurch sein Wesen verkennt, nur die erlösungsbedürftige Kreatur übrig, die nur von diesem „höchsten Wesen" gerettet werden kann.

sie nicht zuzutreffen, denn er befindet sich in einem Stadium der Ausbreitung, in einer Phase religiöser Wiedergeburt.

Tepes und Monods Argumentationsschemata ähneln sich, auch wenn der eine vom mythischen Weltverständnis und der andere von der Naturwissenschaft ausgeht, in ihrem historischen Ansatz wie Positiv und Negativ. Was der eine Mythos und Religion nennt, benennt der andere aus der Wissenschaftsperspektive mit „Animismus". Beide Forscher gelangen aber trotz verschiedener Ansätze auch zu dem gleichen Ergebnis der Dichotomie von objektivem Sein und der Subjektivität geltender Werte.

4.3 Lenk – der Konstruktivismus und der Wert-Wahrheitsdualismus

„Alles, was wir wahrnehmen, sind Interpretationskonstrukte', ist der Leitspruch des Konstruktivismus. Damit verkehrt Lenk die Annahmen eines wissenschaftlichen Realismus von einer außersubjektiv existierenden, erkennbaren Welt und verlegt sein ontologisches Primat in die physisch-psychische Schicht der Wahrnehmung, und erst sekundär lässt er eine reale Außenwelt gelten. In einem von ihm entwickelten Modell der Stufung des Erkennens, die er „Stufen der Interpretation"[54] (Lenk 1995, 103) nennt, ist die dem Gegenstand am nächsten stehende „Urinterpretation" (103). Sie ist eine „Ebene der biologisch unveränderlichen oder biologisch angelegten, insofern praktisch für uns unveränderlichen Musterbildungen und -unterscheidungen, die man die Stufe der *primären Schematisierungen* nennen könnte" (104). Konsequenterweise muss nach Lenk die Vorstellung einer irgendwie zu erkennenden Außenwelt zugunsten eines „Modells", „erkenntnistheoretischer und alltagspsychologischer Art" (56) aufgegeben werden.

Als Anhänger der Evolutionstheorie, welche die Evolution vom Urknall bis heute als Tatsache ansieht, was nur möglich ist, wenn wir von weitgehend konstanten (platonischen) Bedingungen einer real existierenden und zumindest hypothetisch erkennbaren Außenwelt ausgehen, möchte ich den Konstrukti-

---

[54] Seine hierarchisch angelegten „Stufen der Interpretation" in Kurzform lauten:
1. produktive Urinterpretationen, 2. Musterinterpretationen, 3. konventionelle Begriffsbildung, 4. Einordnungsinterpretation, 5. Rechtfertigungsinterpretation, 6. Metainterpretation (103).

vismus dahingehend abschwächen, dass, auch wenn ich die psychische Generalthese[55] vom Seienden als Interpretationskonstrukt teile, dennoch annehme, dass dieses so strukturiert sein muss, dass es in einem irgendwie geartetem Passungsverhältnis zur Realität steht. Auch selbst gestaltet er seinen „internen Realismus" dadurch moderater, dass er zu einer Interaktionstheorie kommt, in der beide Seiten sich verklammern:

> Die Welt trägt in gewisser Weise etwas bei zu ihrer Erfassung durch uns; wir strukturieren sekundär das, was die Welt beiträgt, aber die Strukturierung ist nicht beliebig, sondern an die Impression von und die Interaktionen mit den Weltfaktoren verbunden [...] (44).

Damit wendet sich Lenk gegen den Glauben, ein Gegenstand könne an sich wahrgenommen werden. Das Vorwissen eines Menschen bestimmt also in hohem Maße die Art der Wahrnehmung und ihre Einordnung in das hierarchische System seiner Interpretationsstufen.

Den diesen Aktionen zusammenfassenden Begriff nennt Lenk „Imprägnieren" (45), „demzufolge das sogenannte *Wirkliche* eben in einem Wechselspiel mit den Deutungen mitspielt, mitspielen muss" (57). Unser kognitiver Apparat liefert also keinesfalls sachneutrale Daten, sondern „Interpretationsprodukte". Was wie wahrgenommen wird, entscheidet das subjektive Vorverständnis, das entscheidend vom soziokulturellen Kontext, meist aber unbewusst, abhängt. Von „selektiver Wahrnehmung" spricht man, wenn das Bewusstsein schon von konkreten Voreinstellungen gesteuert wird. Wenn das Bewusstsein von einer defizitären Ideologie beherrscht wird, dann spricht man mit Birnbacher von „willensbestimmten Wahrnehmungsverzerrungen".

Nach der Darstellung dieser erkenntnistheoretischen Prämissen des Konstruktivismus dürfte es von Interesse sein, auch seine Werttheorie zu reflektieren. Zunächst einmal trifft er die schon bekannte Differenzierung von „kognitiv und deskriptiv". Den Dualismus vermeidet er, indem er auch hier den schon geklärten Begriff des Interpretationskonstrukts als beiden übergeordnet einführt und von „normativer und beschreibender Verwendung von Interpretationsprodukten" (Lenk 1994, 162) spricht. Es ist daher besser, wenn man nach der Bedeutung von dem Begriff „Wert" fragt als nach seinem Sein; denn schon hier liegt eine Verwechselungsmöglichkeit von „kognitiv und „deskriptiv"

---

[55] Auch Psychosysteme beruhen auf einem materiellen Substrat, dem Nervensystem so dass die „Interpretationsprodukte" nur durch eine materiell-reale Komponente möglich werden.

nahe. Werte haben nach Lenk eine „Geltung", sie werden für eine bestimme Gruppierung von Menschen verbindlich gesetzt und akzeptiert, weshalb sie „künstliche, fiktive Gegenstände, abstrakte Artefakte" (164) sind, ihre „soziofiktive" Funktion (164) besteht in der Herstellung von Geltung durch Konvention, Tradition, Institutionalisierung. Doch sie sind auch in irgendeiner Weise wirklich, weil sie kraft des menschlichen Willens eine große Wirksamkeit entfalten können. Sie gehorchen dem Prinzip der Kausalität.

Schon hier wird diese Wertdiskussion außerordentlich bedeutsam, wenn nämlich der Wertecharakter von Normen geleugnet wird. Das kann dazu führen, dass durch Erheben eines absoluten Wahrheitsanspruches einer Weltanschauung auch Normen als wahr oder falsch im deskriptiven Sinn postuliert werden können, so dass es strikte Handlungsvorschriften gibt, die nicht zur Disposition gestellt werden können. Die Kognifizierung von normativen Aussagen ist das Hauptkriterium von fundamentalistischer Ideologie; sie erzeugt nur einen Schein von Objektivität, in Wirklichkeit ein „theoretisches Defizit" das aber um so wirksamer als Begründung, Rechtfertigung und Expansion von **Ideologien(-)** dienen kann, weil die Deskriptivität von Faktum und Norm Entscheidungsfreiheit nicht mehr nötig hat. Ähnliches gilt für Religionen und mythische Konzeptionen, wenn sie ihren Wahrheitsanspruch maximieren. In diesem Fall können wir auch von einer Projektion mit Einmündung in einen „ideologischen Selbstverstärkerprozess" (Lenk 1994, 168) sprechen, dessen ersten Teil Feuerbach (1956) beschrieben hat. Die Projektion der Idealisierung des Menschen als Gott, wobei für den Menschen jetzt nur noch verstärkt seine Schwachheit übrigbleibt und deren Rückwirkung als göttliche Offenbarung, die dem Menschen das ersehnte Heil bringt, wirkt wie ein wertsystemverstärkender Impuls.

Auch Lenk ist ein Vertreter des Humeschen Gesetzes oder der logischen Unhaltbarkeit eines „naturalistischen Fehlschlusses", eines logischen Extrahieren eines Sollens aus dem Sein, obwohl der Begriff „Interpretationskonstrukt", der für beide, Norm und Deskription gilt, eigentlich ein Verwischen der Unterschiede zwischen beiden nahegelegt hätte. Damit, so lässt sich verallgemeinern, gilt auch in der zeitgenössischen Philosophie des Konstruktivismus die Trennung von Sein und Sollen. Dass auf einer Metaebene selbstverständlich auch normative und moralische Verhaltenseinstellungen etwa bei der Beschreibung einer ethischen Konzeption eines Kulturkreises deskriptiv dargestellt werden können, ist wiederum eine Tatsache, aus der sich in keiner Weise ein allgemein verbindliches Beurteilen und Handeln des wissenschaftlichen oder profanen Akteurs herleiten lässt.

Das entstandene Wertedurcheinander, das allerorten beklagt wird, ist also eine logische und historische Konsequenz der Trennung beider Kategorien, die als Einheit im Animismus die Sinnhaftigkeit menschlichen Daseins garantiert haben, aber heute nur noch als **Ideologie(-)** zu neuem holistischen Scheinleben mit der Gefahr der Bildung totalitärer Systeme wieder auferstehen. Aber ohne abgesicherte Werte, die soziale Geborgenheit vermitteln, ist menschliches Leben unmöglich. Kann es Möglichkeiten geben, die Sinnleerheit einer Wissenschaftsgesellschaft, die gleichzeitig sehr instabile und konfliktanfällige soziale Gebilde produziert, durch religiös begründete Werte wieder zu stabilisieren? Kann nicht eine Renaissance der Religionen im westlichen Lager das Wertechaos mit seinem allgemeinen Schlachtruf „Profit" einer globalen Industriegesellschaft beenden? Wäre diese Frage so einfach zu klären, könnte viel Papier eingespart werden.

Für den Islam gilt die Trennung in Wert (Lebensorientierung) und methodischer Rationalität (Wissenschaft) nicht. Aber religiöse Wertprämissen haben in der Wissenschaft nichts zu suchen. Doch eine Trennung von islamischer Lebensorientierung und rationalem Denken ist verboten (siehe Scharia); da die Welt die Ontologie ihres Schöpfers Allah trägt, reicht eigentlich hin, wenn der Koran studiert wird, in dem sich alles notwendige Wissen (Gott ist allwissend) findet. Solange der Islam auf dem koranischen Wahrheitsmonopol besteht, muss er sich vieler ideologischer Krücken bedienen, um dieses Wahrheitsmonopol mit dem Wahrheitsanspruch der rationalen Wissenschaften zu vereinbaren.

Der Verhaltenskodex der *scientific community* gilt nicht in islamischen Ländern. Noch ist das Verhältnis zu Technologie und Wissenschaft im Islam verkrampft, ja ambivalent, weil es schwer ist, das dahinterstehende positivistische Denkkonzept mit dem eigenen supranaturalistischen zu verknüpfen.

4.4 Birnbacher - der „naturalistische Fehlschluss"

Im Grunde genommen ist der „naturalistische Fehlschluss"[56] (Moore 1970) ein Ausdruck der Trennung der Wertvorstellungen von deskriptiven Aussagen, also eine Variation des Themas „Glaube – Vernunft" oder „Wert – Wahrheit". Erstere stehen unter dem Kriterium „Geltung/Nichtgeltung" und sind also historisch wandelbar, letztere unter dem Wahrheitskriterium „wahr/falsch", sind also historisch resistent. Zwischen beiden gibt es keine logische Beziehung der Implikation. Aus einem Sein kann logisch kein Sollen abgeleitet werden. Doch sei an Monod erinnert, der mit dem Begriff „Animismus" die Einheit von wissenschaftlicher Rationalität und mythischer Weltsicht benennt, wie sie die vorindustrielle Gesellschaft geprägt und gelebt hat.

Kant hat mit seiner Kritik der Gottesbeweise gezeigt, dass die Gottesvorstellung nur kontingente Qualität hat: Es gibt keine Beweise für die Existenz bzw. Nichtexistenz Gottes. Nichts aber spricht gegen einen überzeugten und überzeugenden Glauben an Gott. Es lassen sich viele gute Gründe angeben, an Gott zu glauben; aber selbst eine unendliche Fülle von diesen plausiblen Argumenten kann zweifelsfrei das Sein Gottes als Tatsache oder logische Konsequenz erzwingen. Die Konsequenz aus dieser Tatsache führt zu zwei Lebensentwürfen. Wer die Trennung deskriptiver Tatsachen von normativen Imperativen akzeptiert, stuft den absoluten Wahrheitsanspruch vieler Religionen herunter auf den Begriff „Geltung", dem subjektiv die Begriffe „Glauben" und „Überzeugung" entsprechen. Er wird für seine Überzeugungen werben, Argumente sprechen lassen, Gründe angeben. Das bedeutet aber, dass er auch andere Überzeugungen nicht als generell falsch abqualifiziert. Daraus folgt jedoch nicht die unkritische Akzeptanz anderer Entwürfe, sondern eine Auseinandersetzung mit ihren Wahrheitsansprüchen, so dass ein friedlicher Wettstreit von Ideen möglich wird.

Schwieriger liegen die Dinge, wenn von einem Gegenstand ausgegangen werden muss, der beide Seiten der Medaille, die präskriptive und deskriptive, unter den Primat der Deskription stellt: dem Koran. „Der Koran wird von allen

---

[56] Der Begriff „naturalistischer Fehlschluss" muss als Oberbegriff behandelt werden. Er meint nicht nur natürliche Vorgänge in der Natur, sondern auch Tatsachen anderer Bereiche, aus deren Sein man glaubt, ein Sollen herzuleiten, Tatsachen der Anthropologie, der Metaphysik und Theologie (Birnbacher 2003, 360f.).

Muslimen ausnahmslos als direktes und göttliches Wort und als absolut unfehlbar angesehen" (Schwer 1992, 7). Esposito (2003, 23) spricht vom „ewigen, wörtlich gültigem Gotteswort", Abdullah (2001, 27) nennt ihn „die letztgültige Autorität, das Wort Gottes", Barth (2003, 62) „Ausdruck des Willens Gottes", „einzige Wahrheit, die nicht diskutiert werden kann". Leiner (2006, 41) relativiert den Wahrheitsanspruch des Koran, indem er zwar zugesteht, er enthalte „keinen Irrtum", „keine Unrichtigkeit", „keine Lüge", erhebe jedoch keinen Ausschließlichkeitsanspruch, was ich vehement bestreite.

Für den Fundamentalisten Qutb gibt es „kein anderes Wissen außer jenes, das auf dem Koran aufbaut, welcher die vollständige und letztendliche Offenbarung" darstellt" (zit. nach Barth 2003, 119). Wir können also davon ausgehen, dass für Muslime der Koran die Summe allen deskriptiven und präskriptiven Wissens enthält: Kosmologie, juristische Texte, die das Zusammenleben regeln: Speise- und Bekleidungsvorschriften, moralische Belehrungen, Darstellung einer objektiv verstandenen Werteethik, Anthropologie, Theologie, Metaphysik. Damit gilt der Schluss: ‚Der Koran ist absolut wahr, und genau so verkündet er eine objektive Werteethik, also enthält der Koran wahres Wissen und überzeitlich gültige Werte'. Es gibt gemäß dem Koran keinen Unterschied zwischen Wert und Wahrheit, so dass beide dem Wahrheitskriterium „wahr/falsch" unterliegen.

Die Konsequenzen einer solchen Schlussfolgerung sind gewaltig, indem Werten historische Resistenz zugeschrieben wird, was durch die ‚Mumifizierung' der gesellschaftlichen Zustände zur Zeit des Propheten zum Teil auch geschehen ist. Jedoch wird das Kriterium „falsch" nicht in eigener Sache ins Kalkül aufgenommen, sondern nur gegnerischen Positionen eingebrannt. Indem der Koran nach Qutb das Wissen aller Zeiten besitzt, ebnet er wie im Animismus üblich, den fundamentalen Unterschied zwischen Wert und Wahrheit ein, so dass der Islam eine in sich geschlossene ontologische Konzeption der Einheit von Deskription und Normen (Scharia) mit allen Konsequenzen vertreten kann.

Alle Bereiche des menschlichen Lebens sind durch die Nachfahren Mohammeds in dem Zustand eingefroren worden, in dem sie im Koran kodifiziert wurden und bis jetzt dort konserviert, so dass tatsächlich der Eindruck der Geltung überhistorischer Werte entstehen kann. Doch der Fundamentalismus behauptet, die Werte des Islam hätten sich im Laufe der Geschichte immer mehr von seinen Grundaussagen entfernt, so dass erst der Regressus auf Mohammed die wahren Werte, die für alle Zeit verbindlich seien, reaktiviert habe (Wiederkehr des ‚wahren' Islam und sein Antritt der Weltherrschaft). Jedoch bleiben historische Flexibilität und soziale Evolution dem Islam fremd. Religion und Politik bilden ein sich gegenseitig tragendes System einer Herrschaft von oben nach unten. Eine Reformierung des Islam bleibt ein Traum, weil die gesamte Wahrheit im Koran verborgen ist, die nur eine „erneute Offenlegung des Wissensbestandes" (Nagel 1994, 244) zulässt; „denn der Islam ist zugleich das vollständige dem Menschen erreichbare Wissen vom vollendet gerechten Kosmos, dem Werk des Schöpfers" (245). Es gibt also nichts Neues in dieser Welt, das erforscht werden könnte; selbst das Wissen der europäischen Zivilisation ist nur Teilstück dieses ‚unveränderlichen Wissensschatzes'" (Prenner 2005, 125 f.).

Religiöse Reformen sind zugleich politische Reformen, diese zugleich religiöse, so dass keine Reformen den Islam im Ganzen in Frage stellen könnten. Denn auch die Philosophie des Goldenen Zeitalters (750-1200 n. Chr.) vermag nur kurz, diese Eiszeit abzuschmelzen. Bis zur Zeit Napoleons bleibt der Islam eine von Europa ignorierte, exotische Welt. Als dann Europa mit Aufklärung, philosophischem Kritizismus, wissenschaftlichen Entdeckungen und Erfindungen, technischen Errungenschaften und seinem Wirtschaftspotential in der Hinterhand seine koloniale Eroberungspolitik beginnt, verharrt der historisch einbalsamierte Islam, weil ihm weder materielle noch ideelle Ressourcen zur Verfügung stehen, diese schleichende Okkupation zu stoppen, in historischer Unbeweglichkeit, in Lethargie oder heimlicher Bewunderung des Westens. Heute glaubt er, die Europäer hätten Teile der Lehre des Koran, die mit der Übersetzung der Alten nach Westen gelangt sind, übernommen, ja gestohlen, so dass diese Entlehnungen im Grunde dem Islam zugeschrieben werden müssen: der Islam vertritt also so etwas wie ein weltweites Wissensmonopol, auch in den positiven Wissenschaften, das er als positives Wissen zugleich bekämpft.

Diese Gespaltenheit des Islam bezüglich einer Sache, die, wenn sie mit dem Koran auch auf wundersame Weise zur Deckung gebracht werden kann, hohe Verehrung genießt, aber wenn sie vom Westen erfolgreich praktiziert wird, als Teufelswerk gebrandmarkt wird, erzeugt im Gläubigen die Gefahr, dem Orwellschen „Zwiedenken" zu verfallen. „**Zwiedenken**" ist ein Denken des Zugleichseins von Gegensätzen, von denen je nach politischer Lage die eine oder die andere Alternative vertreten werden kann.

Der Koran fußt auf einem analytischen Wahrheitsanspruch, der das Erfragte schon als Wissen voraussetzt, so dass es nur expliziert werden muss. (An dem Begriff „Greis" lässt sich dieser Tatbestand des schon vorausgesetzten Wissens demonstrieren. Mit ihm ist unter vielem das Geschlecht eines Menschen definitiv und a priori gegeben.) Es wird also der Wahrheitsbegriff als Ganzes dem Koran zugesprochen und daraus quasi als neue Einsicht eine Einzelwahrheit deduziert. Ihre fundamentalistischen Denksysteme sind ja, so steht für Islamisten fest, absolut fehlerresistent. Doch die Akteure glauben, dass sie synthetische Urteile fällen; also durch logische Schlussfolgerungen den absoluten Wahrheitsanspruch auch noch weiter ausdehnen[57] können.

Aber der Anspruch auf den Besitz der alleinigen Wahrheit wird, wenn er unter den Begriff des naturalistischen Fehlschlusses subsumiert werden kann, logisch in Frage gestellt. Er besagt, kurz wiederholt: Aus dem Sein kann kein Sollen hergeleitet werden An dem historischen Beispiel des Sozialdarwinismus kann dieser Sachverhalt erläutert werden. Dieser fußt auf dem Darwinismus, dessen Theorie der Selektion dazu führt, dass nur die bestangepassten Lebewesen überleben, was zu einer Evolution des Lebens bis zum Menschen geführt hat. Durch Selbst-Domestikation habe sich der Mensch dieser natürlichen Auslese entzogen, so dass die menschliche Population in genetische Degeneration geführt worden sei. Wie ist diese rückgängig zu machen? Die ‚Natur' mit ihren Gesetzen ist hier unser Lehrmeister, indem sie ein Naturgesetz, das Gesetz der Selektion der Schwachen, zur Verfügung stellt, um einen biologischen Fortschritt zu ermöglichen. Das Gesetz der Selektion der Schwachen impliziert danach mit logischer Notwendigkeit seine Anwendung auf das Lebewesen Mensch, wenn er nicht weiter degenerieren, sondern sich weiterentwickeln soll.

Diese Höherentwicklung ist ein überall in der lebendigen Natur zu beobachtendes Faktum. Es ist also naturgewollt – hier wird die Natur personifiziert und mit einem Willen versehen -, wenn ‚wertlose Menschen' selektiert werden, die Natur macht es ja täglich mit allen Lebewesen vor. So etwa hat Hitler Menschen nach seinen biologischen Vorstellungen von „Rassemischungen"

---

[57] ‚Darf ein Muslim einen Christen zum Freund haben? Im Koran steht: "O, die ihr glaubt! Nehmt nicht die Christen und Juden zum Freund. [...]" Sure (5:51). Dein Freund Achmed ist ein Christ. Also darf Achmed nicht dein Freund sein'. Auf diese Weise lassen sich unendlich viele Aussagen ‚wahrmachen', so dass auch die Zukunft unter der koranischen Wahrheit steht.

und niederen Rassen im Gefühl, Vollstrecker einer naturgesetzlichen Moral zu sein, zu vielen Millionen umbringen lassen.

Birnbacher (2003), dessen Ethik diese Arbeit folgt, trifft folgende begriffliche Unterscheidung: „Ethischer Naturalismus" (362) bedeutet, dass „das Natürliche ein *Kriterium* für das moralisch Richtige [ist]" (362). Die Natur einer Sache kann also gute Gründe für eine moralische Entscheidung liefern, aber keine logisch zwingende Argumente. Der Sozialdarwinismus ist unter den Begriff „metaethischer Naturalismus" (361) zu subsumieren, was bedeutet, dass diese Form objektiver Ethik versucht, „moralische Konsequenzen aus deskriptiven Gesetzen [...] logisch zwingend abzuleiten" (361). Dabei braucht es sich nicht nur um Naturgesetze zu handeln, sondern um formallogisch gebotene moralische Konsequenzen aus einen bestimmten Sachverhalt der Anthropologie, Psychologie, Soziologie, Metaphysik, Theologie und so weiter.

Was geschieht, wenn Religionen den Anspruch erheben, sowohl deskriptiv die wissenschaftliche und normativ die moralische Wahrheit zu besitzen, also einen absoluten Wahrheitsanspruch erheben? Liegt ein metanaturalistischer Fehlschluss vor, wenn der Fundamentalismus „eine Einheit von Politik und Religion erstrebt, in der die religiösen Gesetze und Regeln unmittelbare Grundlage der politischen Verfassung und des öffentlichen Lebens sind" (Schmidt 1990, 31)? Lässt sich „der Koran als die Verfassung des [...] islamischen Staates bezeichnen?" (Wielandt 1990, 51). Ist der „Islam ein vollkommenes System, das sämtliche Belange des menschlichen Lebens erschöpfend und unwiederholbar gut regelt" (51)?

Die Islamisten beantworten alle drei Fragen zustimmend, weil der Koran auch umfassende politische Konsequenzen fordert, sozusagen die Verfassung logisch impliziert, jeden Einzelnen in die beste aller Gemeinschaften zu führen. All das gilt aber nur, wenn es faktische oder logische Beweise für die Existenz Gottes gibt, denn "die Überzeugungskraft metaphysischer Moralbegründungen steht und fällt mit der Glaubwürdigkeit ihrer Existenzannahmen [...]" (Birnbacher 2003, 373). Nach Kant sind solche Behauptungen - siehe Gottesbeweise - kontingent, also weder beweisbar noch nicht beweisbar. Aus einem solchen fragwürdigen Konstrukt – Birnbacher spricht hier von einem „ausgeprägt anthropomorphen Gottesbild" (373) – einen absoluten Wahrheitsanspruch mit moralisch gebietenden Urteilen und Handlungen zu deduzieren, ist logisch falsch und moralisch bedenklich. Selbst wenn Gott existent ist, folgt daraus noch nicht, dass man das, was er will, auch reflexhaft tun soll; denn dann macht der Wille Gottes den Menschen durch Prädestination zu seiner Marionette. Aber die menschliche Freiheit, mich auch gegen Gott entscheiden zu können, was der Koran ausdrücklich bejaht, weist auf den tiefen Widerspruch des Korans zwischen Prädestination (Vorherbestimmung) und menschlicher Handlungsfreiheit hin. Aber letztere Prämisse, Gottes Willen gemäß zu handeln, ist normativ, so dass es mir freisteht, sie zu befolgen. Und gerade das vernachlässigte Kriterium des metaethischen Fehlschlusses, nämlich das der individuellen Freiheit, hat im kollektivistisch denkenden Islam keine große Bedeutung.

Zwischen metaethischem und ethischem Naturalismus besteht ein sprachlich nur geringer Unterschied, so dass Verwechslungen naheliegen. Werden koranische Argumente nur als Gründe für eine Plausibilität verwendet, liegt ein ethischer Naturalismus vor, der nur einen hypothetischen Wahrheitsanspruch verfolgt, sich aber gerade deshalb dialogfähig zeigt; glaubt man jedoch an eine logische Implikation, steht man auf dem unsicheren Boden des metaethischen Naturalismus. Ersterer macht ein moralisches Argument plausibel, muss aber deshalb auf einen absoluten Wahrheitsanspruch verzichten, letzterer verkündet einen absoluten Wahrheitsanspruch wider die Logik, ein erkenntnistheoretisches Unding.

Besonders verheerend wirkt sich die unbedingte Wahrheitszuschreibung im Koran als Gottes authentisches Wort aus. Dieser wird damit dem profanen Denken entrückt und in eine heilige, unantastbare Transzendenz enthoben, die Verehrung, Unterwerfung, kritikloses Akzeptieren, Anbetung fordert. Schon eine inhaltliche Erläuterung würde den Sinn des Textes verändern, so dass der Muslim versucht, „sein heiliges Buch auf eine andere Weise zu verstehen, nämlich in laut vorgetragenen Rezitationen. Er macht sich auf diese Weise den Koran zu Eigen. Folglich benutzt er auch im profanen Leben koranische Formulierungen und eignet sich eine koranische Denkweise an, die sein Weltbild prägt" (Abdullah 2001, 28)[58], aber mit welchen Folgen? (Schon kritisches Befragen des Korans gleicht einer Gotteslästerung.)

---

[58] Der Koran geht rein intuitiv von der von Weisgerber, Sapir-Whorf und v. Humboldt formulierten Hypothese aus, „dass das Individuum nur Umwelt erkennen – und von daher: – nur denken kann in den Kategorien, die die Sprachgemeinschaft, in der es aufwächst, ihm anbietet" (Pelz 1996, 36) Wenn der Schüler den Koran auswendig lernen soll, dann auch deshalb, um gar nicht anders als in den Kategorien des Korans denken und sprechen zu können. Des-

Man stelle sich die Kinder in einer Koranschule vor, wie sie die Suren herunterleiern und damit in ihrem Sprachschatz so gelenkt werden, das sie gar nicht mehr anders als koranisch denken können und als „Koranschablonen" dann ins Leben entlassen werden. Auf diese Weise, so will man uns glauben machen, lernen die Schüler, was sie im Leben brauchen, weil ja der Koran auch die Summe jeder Wissenschaft ist. In Wirklichkeit sind die Absolventen dieser Schulen völlig unfähig, sich in einem urbanen Leben zu orientieren. Zu einem ähnlichen Resultat kommt ein Report von arabischen Intellektuellen im Auftrag der Vereinten Nationen 2003:

> Religion macht nicht dumm, ihre politische Instrumentalisierung aber wirkt sich langfristig negativ auf das Bildungssystem eines Landes aus. Wo der unbedingte Gehorsam ein Muss und die kreative Selbstbestätigung des Individuums nicht erwünscht ist, erlahmen Wissensdurst und Forscherdrang".[59]

In dieser Form des Rezitierens kann der Glauben an den absoluten Wahrheitsbesitz des Islam tradiert werden. Rationales Argumentieren würde die verordnete Rezeption des Korans nur stören. Anstelle der rudimentären Rationalität ist die Emotionalität, die kognitive Prozesse unterdrückt, überdimensional entwickelt. Alles, wovon die Religionsfunktionäre überzeugt sind, wird als Allahs Wille dem Volk zum Bejubeln übergeben, alles, was irgendwie mit dem Westen zu tun hat, wird als Wirken des Satans zur Kumulation des Hasses umfunktionalisiert, um Stabilität im Innern und Kampfbereitschaft nach außen zu demonstrieren.

In Orwells Buch *1984* wird literarisch gezeigt, wie die Erziehung zum Hass organisiert und wie die mediale, synthetische Erzeugung von Hassgefühlen kalkuliert wird. Metaethischer Naturalismus versteckt sich gern hinter Feind-

---

halb ist der Koran auch nur in der ‚Sprache Gottes', dem Arabischen, authentisch. Auch hier bietet sich Orwells *1984* an:
„Die Neusprache war die in Ozeanien eingeführte Amtssprache und zur Deckung der ideologischen Bedürfnisse des *Engsoz* erfunden worden. Sie hatte nicht nur den Zweck, ein Ausdrucksmittel für die Weltanschauung und geistige Haltung zu sein, die den Anhängern des *Engsoz* allein angemessen war, sondern darüber hinaus jede Art anderen Denkens auszuschalten. Wenn die Neusprache erst einmal ein für allemal angenommen und die Altsprache vergessen worden war [...], sollte sich ein unorthodoxer – d.h. ein von den Grundsätzen des *Engsoz* abweichender Gedanke – buchstäblich nicht mehr denken lassen, wenigstens insoweit Denken eine Funktion der Sprache ist" (Zürich 1976, 74).
[59] *Arabisch, arm, abgehängt*. In: SZ vom 27.10.2003, 11.

bildern. Das absolut Böse, das diese verkörpern, zwingt quasi logisch zur entsprechenden Liquidationsreaktion.

Nach diesem Ausflug möchte der Autor zum naturalistischen Fehlschluss zurückkommen und auf die Antinomie „Sein/Wert". Die Zusammenfassung beider in einer die Wahrheit beanspruchenden Ontologie ist - wie hier gezeigt - nicht zu begründen. Der Islam hat jetzt zwei Möglichkeiten; entweder er nimmt seinen absoluten Wahrheitsanspruch zugunsten eines auf Plausibilität gegründeten ethischen oder religiösen Naturalismus zurück, indem er den Koran historisch-kritisch sichtet, oder er nimmt jede Gelegenheit wahr, diesen absoluten Anspruch vor intellektuellen Angriffen zu schützen. Im ersten Fall muss er seine Strategie ändern: statt des Imperativs „Du, Mensch, musst als Gottes Geschöpf seinen Willen unbedingt erfüllen!" können nur Überzeugungen stehen, deren Erklärungskraft Zustimmung finden können. Es gibt also viele plausible Argumente, die den religiösen Islam stützen können, aber keine logische Implikation. Weder Wissenschaften noch Religionen können einen absoluten Wahrheitsanspruch rechtfertigen, weil sie beide auf ontologischen Setzungen beruhen, die selbst nicht mehr hinterfragt werden können. Zwischen metaethischem und ethischem Naturalismus findet eine Gratwanderung statt. Noch so viele normativ plausible Argumente machen aus einem Sollen kein notwendiges Sein; aus einem Sein kann logisch kein Sollen hergeleitet werden. Macht man aus einem Sollen projektiv ein Sein oder aus einem Faktum ein Sollen, liegt der ideologisch bedenkliche **naturalistische Fehlschluss** vor, der einen universalen Wahrheitsanspruch erhebt.

Weil im Alltag beide miteinander vermengt werden, haben es, wie die Geschichte beweist, fundamentalistische Ideologien leicht, Anhänger zu rekrutieren. Wir brauchen nur an den Anfang des Islam zu erinnern, als es große Widerstände gegenüber Mohammeds Prophezeiungen gab. Selbst das Auslöschen von Leben war damals um der Durchsetzung der Gottesherrschaft willen vor und von Gott gerechtfertigt; und genau so präsentiert sich der militante Islamismus auch heute, weil er sich den gegenwärtigen Problemlösungen entzogen hat.

Die Prämissen für einen metaethischen Fehlschluss liefert der fundamentalismusanfällige Islam. Sein konsequentes Eintreten für eine Untrennbarkeit von politischer Herrschaft und religiösen Überzeugungen, seine Ignorierung der Dichotomie „Wert/Wahrheit", sein Anspruch auf dreifache Universalität, sein Glaube, die einzig wahre Religion zu verkünden und sein als wahr geglaubtes Wissen von seinem welthistorischen Missionierungsauftrag sind der Nährboden, auf dem der moderne Islamismus seine politische Argumentation aufbaut. Statt den Menschen tröstend in Grenzsituationen beizustehen, ist der vom Islamismus befallene Islam durch Politisierung nicht nur gleichgültig gegenüber dem individuellen Leid, sondern bringt dieses durch Legitimierung von Gewalt bewusst hervor.

Gott schuf den ersten Menschen als Muslim, von dem alle anderen Menschen abstammen. Dem temporären Ungehorsam gegenüber Allahs Alleinherrschaft steht die Verheißung gegenüber, dass irgendwann in naher Zukunft die Menschheit zu ihrem muslimischen Urzustand zurückkehren wird. Bevor aber diese Utopie Wirklichkeit geworden ist, heiligt der hohe Zweck auch niedere Mittel.

Konkret: Diese Mittel, für sich als verbrecherisch und daher verwerflich gehalten, verlieren ihre Verabscheuungswürdigkeit dann, wenn sie um eines hehren Ideals willen eingesetzt werden. Ein Verbrechen wird so zu einer guten Tat umfunktioniert.

5. Ideologiekriterien, die den Islamismus als defizitäre Ideologie charakterisieren

Schon im vorigen Kapitel, in welchem ich versucht habe, die hohe potentielle Ideologiehaftigkeit des Islam zu begründen, die zugleich seine hohe Ideologieanfälligkeit bedeutet, ist die Diskussion anhand von Ideologiekriterien geführt worden; doch der Schwerpunkt lag auf inhaltlichen Implikationen. Jetzt erfolgt eine Erweiterung, indem die psychologischen Ideologiekriterien, die noch nicht besprochen worden sind, die Argumentationsführerschaft übernehmen. Die besprochenen Ideologiekriterien seien noch einmal genannt: Absolutheit des Wahrheitsanspruches, Totalitätsanspruch, Globalisierungsanspruch, dazu kommen noch ein eschatologischer Utopismus, die Einheit von Religion und Staat und Ignorierung des naturalistischen Fehlschlusses. Jetzt sollen die noch verbleibenden Kriterien „Erkenntnisdefizit", „Erkenntnismonopol", „dichotome Deutungsschemata", „dämonisierte Feindstereotypen", „Leerformeln", Ambivalenz, „Asymmetrie" und „selektive Wahrnehmung" als Merkmale einer defizitären Ideologie, worunter – so viel ist schon klar geworden - auch der Islamismus fällt, dargestellt werden.

Doch zuvor möchte ich noch den „**ideologischen Zirkel**" darstellen, der das ideologische Denken im Kreise herumführt. Er besteht aus dem Zusammenspiel von dem „umgekehrten naturalistischen Fehlschluss" (Bayertz 1987, 157-185) und dem „naturalistischen Fehlschluss". Beide sind logisch unhaltbar. Der erste schließt als Produktionsverfahren vom subjektiven Sollen auf ein objektives Sein, er ist ein Projektionsmechanismus, "Wille, Trieb und Bedürfnis treiben die Interpretationen der Wirklichkeit – insbesondere die der jeweils eigenen Wirklichkeit - immer wieder über die Grenzen der Wirklichkeit hinaus in den Bereich der Illusion, der Fiktion und des Selbstbetruges" (Birnbacher 1996, 46): sie objektivieren menschliche Wünsche und Sehnsüchte nach Sicherheit. Der zweite geht von einem ideologieinfizierten Begriff, der als Faktum postuliert wird, aus und schließt von diesem als objektiv existierend geglaubten Gegenstand auf ein normatives Sollen: das Sein impliziert also zugleich nicht nur ein Sein, sondern zusätzlich noch eine Glaubens- oder Verhaltensmaxime. Begriffe wie Gott, Natur, Geschichte, Gerechtigkeit, Welt, Volk, Freiheit werden nur selten deskriptiv gebraucht, in ihnen schwingen in verschiedener Intensität ideologische Konnotationen mit[60]. Viele der folgenden Ideologiekriterien können als psychologische Spiegelungen dieser falschen Schlüsse und leerformelhaften Worthülsen angesehen werden, als willensbestimmte Wahrnehmungsverzerrungen" (47).

5.1 Erkenntnisdefizit

Zunächst einmal ist zu fragen, ob die Wissenschaftskriterien, weil sie wertende von deskriptiven Aussagen trennen können, nicht zugleich geeignet sind, ideologisch durchformte Theorieteile auszugrenzen. Als Kriterienkatalog dient Vollmers „Bewertung von Theorien" (1998).[61] Geiger ist dieser Meinung, wenn er feststellt:

> Der Logiker und Erkenntnistheoretiker entscheidet zwischen richtigen und falschen Aussagen. Der Ideologiekritiker sucht die Gesetzlichkeiten, die hinter einigen falschen Aussagen walten. (1968, 181).

Er beruft sich auf den traditionellen Wahrheitsbegriff der Adäquation. Danach bestimmt sich Ideologie vom Standpunkt rationalen objektiven Denkens her als „falsches Denken" (1984, 185), erklärt aber dieses „falsche Denken" als beruhend „auf der Theoretisierung und Objektivierung eines primären Gefühlsverhältnisses" (186). Ebenso wie für Tepe reicht das Kriterium „falsch" für ihn nicht aus. Hinter der Konstatierung der Falschheit stehen Projektionen oder „Gesetzlichkeiten"; die Ursache eines Theoriedefizits bedeutet hier also zugleich Projektivität als Ursache der Fehlerquelle.

Gleich einem Kantischen Apriori ist unser Lebensvollzug nur gemäß bestimmter Prämissen denkbar, es sind „Werthaltungen als solche" (Tepe 1988, 9). Sie sind nicht wegdiskutierbar, aber „wir können unser ‚Wertsystem' verändern" (9).

---

[60] Der im politischen Bereich ansässige Begriff „Grenzverletzung" macht aus der abstrakten Vorstellung eines Staates, dessen Gesetze nur in einem abgegrenzten Bereich Gültigkeit beanspruchen können, ein Wesen mit einer sehr sensiblen Haut, das durch einen illegalen Grenzübertritt verletzt wird und deshalb das Recht hat, solche „Verletzungen" mit aller Härte zu verhindern.

[61] Dieser nennt dort als Wissenschaftskriterien „interne Konsistenz", „externe Konsistenz", "Prüfbarkeit", „Erklärungswert" (107-111).

Wie kommt der Mensch dazu, solchen Aprioris ausgeliefert zu sein? Es muss einen Grund ihrer Existenz geben, und den findet die Kulturanthropologie in der Natur des Menschen als instinktreduziertes Wesen im Sinne Gehlens und auch Lorenz', das diese Reduktion kulturell kompensieren muss (Internalisierung der eigenen Kultur). Diese kulturantizipierenden Hintergrundannahmen entspringen nicht dem Nichts, sie werden „illusionsgenealogisch" (7) dem Subjekt zugeschrieben (seinen Denkgewohnheiten, seinem soziokulturellen Wertsystem, seinem Charakter, seinen bewussten und unbewussten Willensbestrebungen und Gefühlen), die es nicht auf Null reduzieren kann. Der Frage nach der Beschaffenheit dieser Hintergrundprämissen kann dann noch weiterführen zu der Frage ihrer Herkunft, so dass noch biographische und psychologische Elemente zu Rate gezogen werden können.

Bleiben die subjektiven und quasi-objektiven Wertprämissen im Hintergrund, dann können sie keinen ‚Schaden' anrichten. Nicht selten aber werden sie – bewusst oder unbewusst – nach außen projiziert und verändern den Wirklichkeitsbezug des Produzenten und die Wahrnehmung des Gegenstandes durch ihn. Diese bestätigt dann in kognitiv unzulässiger Weise die eigene Willensentscheidung, das eigene Wunschdenken, die eigenen Wertprämissen. Die Werkstatt „Wünschen, Wollen, Werten" arbeitet jetzt auf Hochtouren und produziert rationalisierte Utopien, Illusionen, Theorien, also scheinbar deskriptive Produkte. Funktionen und Intentionen von **Ideologien(-)** ‚fressen' sozusagen den Gegenstand und scheiden ihn an beide assimiliert wieder aus.

Der schon dargestellte „Realitätsdruck" zwingt den Menschen, sich kompensierende Projektionen zu ersinnen, um der sinnabweisenden Realität, seiner Gebrechlichkeit und Sterblichkeit zu entrinnen. Sie sind so beschaffen, dass sie oft genau das Gegenteil von dem abbilden können, was ist, so dass die ideale Scheinwelt als wahrhaftige, die wirkliche Welt als Schein erscheint. In Mythen, Religionen und Philosophien haben sich solche zu Kollektivprojektionen neigenden Verhaltensmuster ein Denkmal gesetzt.

Es gibt jetzt vier Wege, sich mit dem Leidensdruck zu arrangieren. Als Nihilist kann man sich dem Zynismus zuwenden, der dem Motto ‚Es gibt nichts, was sich zu leben lohnte' oder ‚Sein ist immer schon Sein zum Tode' auch noch Spott hinzufügt. Als Normalbürger kann man Schutz und Hilfe in Konstruktionen suchen, die den Leidensdruck nicht nur mindern, sondern den Menschen in eine Wertewelt führen, die er mit allen Kräften verteidigen und in der er seinen Frieden finden kann. Den dritten Weg zeigen Topitsch und

Tepe in ihren Analysen *Erkenntnis und Illusion* bzw. *Theorie der Illusionen*. Sie sehen in ihren Kritiken eine approximative Methode, „die Selbstbetrugsanteile [...] gezielt zu verringern" (1988, 13) oder „der Härte der Realität ins Auge zu sehen, das Menschenmögliche zu leisten und das Unabwendbare mit Fassung zu tragen" (1979, 228), eine dem Existenzialismus nahestehende Geisteshaltung. Sie ist dem Normalmenschen jedoch nur schwer vermittelbar. Der vierte Weg wird von Mythen und Religionen gezeigt, die durch den Glauben an ein höheres, in Wahrheit die Geschicke und Geschichte des Menschen lenkendes Wesen bei Befolgung seiner Vorschriften ein sinnhaftes Leben versprechen.

Den beiden Ideologiebegriffen entsprechen zwei verschiedene Strategien der Ideologiekritik. Dem Begriff „**Ideologie(-)**" (Erkenntnisdefizit) ist als Grundtheorie eine erkenntniskritische Vorgehensweise zugeordnet; dem Begriff „Ideologie (Werthaltung), sofern er durch kognitive Ansprüche im Sinne eines normativ allein verbindlichen und absoluten Handlungsmodells umzukippen droht, entspricht eine gesellschafts- und sozialkritische Verfahrensweise. Ein „wahrer Gottesstaat", eine „einzig wahre Religion", die „beste aller Gemeinschaften", das „Siegel des Propheten", „Allah als einzig wahrer Gott", die „wahren Menschenrechte" sind Vokabeln, in denen sich der absolute gesellschaftspolitische Anspruch des Islam, heute vom Islamismus noch instrumentalisiert und plakativ vereinfacht, manifestiert.

Die sozialkritische Methode analysiert das Wertegefüge gesellschaftlicher Systeme auf seine inneren Widersprüche hin, um sie zu vermeiden. Die Projektionstheorie kann erklären, wann eine falsche theoretische und wann eine ideologisch defizitäre Argumentation vorliegt. Beide sind unwahr: Erstere unterliegt aber einem korrigierbaren Irrtum (siehe den Fallibilismus[62] Poppers), die zweite ist eine Projektion des Wollens auf das Sein, das jetzt von Wünschen voluntaristisch imprägniert ist, aber als Sein erscheinen wollen und diesen Anspruch durch einen absoluten Wahrheitsanspruch absichern. Kann

---

[62] Theorien sind keine geschlossene Gebilde, sie enthalten immer Teile, die falsifiziert werden können, so dass die Wahrheit schrittweise in Sinne eines wissenschaftlichen Fortschrittsprozesses erreicht wird. Das Falsifizierungsgebot gilt auch für Gesellschaftstheorien. Totalitäre Weltanschauungstheorien können wegen dem Bestehen auf absoluten Wahrheitsbesitz nicht falsifiziert werden; denn bricht man ein Stück aus dieser Theorie heraus, wird die gesamte Theorie in Frage gestellt. Nichtfalsifizierbarkeit als Imperativ ist damit ein Kriterium für totale Herrschaftssysteme; aber auch für metaphysische Theorien gilt das Gesagte.

dieser Wahrheitsanspruch erschüttert werden, sind große gesellschaftliche Umwälzungen zu erwarten. Metaphysische Wahrheiten sind jedoch nicht falsifizierbar, nicht zu erschüttern, denn sie erklären alle Vorgänge als Wirken einer übernatürlichen Kraft. Allerdings sind sie auch nicht empirisch verifizierbar. So dankt der Muslim Allah, wenn sein Leben in glücklichen Umständen verläuft; er nimmt aber auch gelassen hin, wenn ihn große Katastrophen heimsuchen, da Gott schon wissen wird, warum.

5.2 Erkenntnismonopole

Was ist ein „Erkenntnismonopol"? Lässt sich eine solche ‚Monopolisierung' auch im Islam nachweisen? Erkenntnismonopolisierung, die immer auch einen absoluten Wahrheitsanspruch impliziert, zeigt sich dort, wo der Zugriff auf Erkenntnis nicht mehr allgemein gewährleistet ist, wo Eliten ihren Herrschaftsanspruch dadurch zu legitimieren trachten, dass sie glauben machen, sie seien im Besitz einer höheren Wahrheit. Solche elitäre Institutionen können sein: Gott, Priester, welthistorische Persönlichkeiten, Klassen, Rassen, Religionen, Parteien, Wissenschaftler, Ärzte, Gurus und so weiter.

„Rechtfertigungsinstrument" nennt Salamun (1975, 30) diese Art von nicht kontrollierbarem charismatischem Wissen. Wissensmonopolisierung bedeutet Rechtfertigung und damit Herrschaftsmonopolisierung (Hirt – Herde), die die Ausgeschlossenen ‚naturgegeben' zur Unterwerfung unter den Willen der Elite zwingt[63], so dass jemand, der dieses Monopol bestreitet, gegen eine von der Natur gegebene Ordnung verstößt. Der sehr fragwürdige Herrschaftsanspruch

---

[63] Orwell hat in *1984* eindringlich ein gesellschaftliches Konstrukt geschildert, das durch Erkenntnismonopolisierung bestimmt wird. Da gibt es die „Proles", die von jeder Herrschaft ausgeschlossen sind und unter reduzierten Bedingungen leben, die Vertreter der „äußeren Partei", kleine Funktionäre, die nur mit Brosamen abgespeist werden, die Vertreter der „inneren Partei", etwa mit der Herrschaft der sowjetischen „*Nomenklatura*" zu vergleichen und den „GB", dessen Verlautbarungen sofort zu „ehernen Gesetzen", denen absolut zu folgen ist, gerinnen. Dieser ist aus einem realen Parteiführer hervorgegangen, inzwischen aber (siehe Lenin) zu einem fiktiven Wesen verklärt worden. Dieses verklärte „Nichts", dieser „Übermensch", dessen Unsterblichkeit von der „inneren Partei" gehütet wird, steht für die unumstößliche Wahrheit. Sie gilt, weil der „GB" es so gesagt hat. Er ist eine ‚Wahrheitsinstanz', die sich selbst legitimiert.

auf Grund einer noch fragwürdigeren Zuschreibung eines ‚höheren' Wissens kann sich so auf eine natürlich verbürgte Ordnung im weitesten Sinne berufen, gegen die es keine Berufung gibt. Wir kennen ja noch die „Vorsehung", durch die die Verlautbarungen des ‚Führers', wie unsinnig sie auch immer waren, für höhere Einsicht ausgegeben werden konnten. Der Wahrheitsanspruch wuchs mit der hierarchischen Stellung in der Partei. Lenin, Stalin und Mao sind ebenfalls Paradebeispiele eines elitären Wissensmonopols einer Person und einer Partei, dessen furchtbare Folgen noch bis heute nachwirken.

Der Islam sieht sich als natürliche Religion und Weltordnung, die ihre Erkenntnismonopolisierung – hier schon ausführlich beschrieben - hierarchisch aufgebaut hat. „Die gesamte Gestaltung der islamischen Religion ist ein Ausdruck des starken Theozentrismus, der uneingeschränkten Hingabe an Gott und die bedingungslose Unterwerfung unter seinen Willen", so beurteilt Khoury (2001, 49) die „Gottesvorstellung im Islam" (59). Alle anderen Religionen können nur einen temporären Wahrheitsbesitz anmelden, da Mohammed die historischen Irrtümer von Juden- und Christentum im Islam „aufgehoben" hat. Auch die Verlautbarungen des Propheten, die Hadithe, sind nach islamischer Vorstellung göttlichen Ursprungs und gelten ebenfalls als nicht bestreitbare Richtlinien des Glaubens und des Lebens. Unkritisiert bleibt auch das Lebenswerk Mohammeds, weil es als gottgefällig angesehen wird. Obwohl er nicht wie Jesus Göttlichkeit oder Gottähnlichkeit beansprucht, wird er als gottähnlich verehrt, was den Karikaturenstreit verschärft hat.

Zwischen Glaubensvolk und höchster ins Metaphysische angesiedelten Instanz (Gott) hat sich eine religiöse Funktionärsschicht etabliert, die im schiitischen Islam nicht nur hohes Ansehen, sondern auch in manchen Fällen das Privileg, „unter der Allmacht Gottes an zweiter Stelle im Universum [zu stehen]", genießt (Djassemi 2002, 71). Warum im schiitischen Islam die Imame eine gottähnliche Stellung einnehmen dürfen, erklärt der schon mehrfach zitierte Djassemi (2002) in seinem Buch *Macht und Staat im Islam*. Hier sollen nur ganz knapp Genese, Faktum und Folgen einer solchen nicht erst jetzt erfolgten Privilegierung vorgestellt werden.

Die ursprüngliche Vorstellung eines muslimischen Staates, wie ihn Mohammed gegründet hat, sieht einen „Theo-Absolutismus" (28) vor, der eine Identität von religiöser Durchdringung des Staatskörpers mit der Amtsmacht eines Kalifen vorsieht. Durch Vergrößerung des islamischen Herrschaftsgebietes entwickelt sich ein Partikularismus, durch den mehrere parallel herrschende Sultane die Macht verkörpern, so dass die personale Einheit Prophet-Umma, Kalif-Umma im Sinne eines Theo-Absolutismus nicht mehr durchgehalten werden kann. Es gilt jetzt die „Zwillingstheorie" (28) von Staat und Religion, die für den Schiismus konstitutiv wird. Als Statthalter Gottes bekleidet jeder Muslim das „allgemeine Kalifat" (44), auf bestimmten Gebieten Statthalter Allahs auf Erden zu sein; hingegen nur einige Auserwählte bekleiden das „besondere Kalifat der Imame" (44). Doch viele Menschen seien nicht fähig, selbst dem allgemeinen Kalifat zu genügen. Die „geistige Unmündigkeit der Masse" (57) wird, wie soll es anders sein, mit einem Koranvers begründet, der Sure (6:116):

> „Und wenn du der Mehrzahl derer auf Erden gehorchest, werden sie dich wegführen von Allahs Weg. Sie folgen nur einem Wahn, und sie vermuten bloß."

(Dieser Vers kann auch antidemokratisch gedeutet werden.) Dem gegenüber stehen die göttlich inspirierten Imame, deren elitärer Status, „der auf dem göttlichen Habitus der Vernunft basiert" (57), an folgendem Koranvers festgemacht wird:

> Wir boten das vollkommene Vertrauenspfand den Himmeln und der Erde und den Bergen, doch sie weigerten sich, es zu tragen und schreckten davor zurück. Aber der Mensch nahm es auf sich. Fürwahr, er ist sehr ungerecht, unwissend" (33:72).

Zusammen mit dem nächsten Vers ergibt sich nach Interpretation der Imame folgender Sinn: Den Menschen als schwach erschaffenes Lebewesen kann nur Hybris befallen haben, als er das schwere Amt, Vertrauter Gottes zu werden, annimmt, während alle anderen Seinsformen dieses Ansinnen ablehnen. Deshalb ist er zunächst einmal überheblich und dumm. Das gilt allgemein; doch gibt es auch Menschen, die würdig sind, Gottes Anliegen in der Welt spirituell zu vertreten, die Imame, so dass sie „im Besitz des anvertrauten Heilswissens" (58) sind. Sie besitzen die *Wilaya*, die göttliche Machtvollkommenheit. Zusammen mit der Unsündbarkeit, dem „temporalen Herrschaftsrecht" (59) und der Teilhabe an „der göttlichen Lichtsubstanz" (61) bilden sie die neue Klasse, „göttlich bestimmte, aristokratische Autoritäten" (61). Die Trennung der Gläubigen in die Kaste der Imame mit göttlicher Machtvollkommenheit und die des unmündigen Glaubensvolkes ist mit politischen Konsequenzen verbunden und zwar mit einem ‚natürlichen' Herrschafts- und einem ‚natürlichen' Abhängigkeitsverhältnis.

Wie ist unter diesen Bedingungen eine Demokratie zu befürworten, da man doch nicht dem unmündigen Gottesvolk die Gestaltung eines Gottesstaates überlassen kann? Politische und religiöse Herrschaft werden deshalb in Personalunion ausgeübt.

Besonders bei den iranischen Schiiten findet eine Monopolisierung des religiös-politischen Lebens statt. Auf der einen Seite steht das entmündigte sündige, intellektuell wenig vermögende Volk, auf der anderen Seite stehen die unsündbaren, göttlich inspirierten, Gottes Macht auf Erden ausübenden Mullahs und Imame. Djassemi sieht in dieser schon praktizierten Herrschaftsform das Ideal, einen Staat unter eine "totalen Herrschaft der göttlichen Ideologie" (92) zu bringen. Das der Elite vorbehaltene Monopol des Gotteswissens wird zu einem unangreifbaren Monopol totaler, ja totalitärer Herrschaft. Am tiefsten in dieser Wahrheitspyramide stehen wir, die möglichen *Djimmi,* die, weil sie gemäß Gottes Willen nur einen mit Mängeln behafteten Anteil am Wissen besitzen, im günstigsten Fall der muslimischen Lenkung und Leitung bedürfen.

5.3 Dichotomisches Deutungsschema

Was bedeuten „dichotome Deutungsschemata"? Bedient sich der Koran solcher Schemata? Der Begriff „Schematisieren" beschreibt keine extrasubjektive Realität, sondern ein psychisches Verfahren, nach dem ein sehr differenzierter Sachverhalt in eine übersichtliche, aber sachlich reduzierte Form gebracht wird (siehe Lenk-Kapitel). Beim Schematisieren wird also Realität geschluckt, die aber auf Grund pragmatischer Erwägungen vernachlässigbar ist. Dieses Kunstprodukt erfüllt die Aufgabe der raschen Orientierung, ohne jede Einzelheit zu berücksichtigen. Ein dichotomisches Deutungsschema oder –muster stellt also eine Perspektive zur Bewertung der Realität zum Zwecke einer besseren kognitiven Rezipierbarkeit dar. In den zitierten Beispielen geht es aber nicht so sehr um kognitive Rezipierbarkeit, sondern um appellative Beeinflussung.

Unsere Wirklichkeit ist derart differenziert, dass sie sich auf Anhieb, was oft im Alltag nötig ist, nicht adäquat beurteilen lässt, so dass Nuancierungen zugunsten bipolarer Urteilssysteme vernachlässigt werden. Schroffe Dichotomien, nämlich Schwarz-Weiß-Malerei, Freund - Feind, schön - hässlich, pro -

kontra vereinfachen das alltägliche Denken, reduzieren es aber auch bedenklich. Die Dichotomien essentialisieren sich, wo das eigene projektive Denken in das Geschehen eingreift. Obwohl sie nur subjektive Kategorien einer vorläufigen und vereinfachten Beurteilung eines Sachverhaltes sind, werden sie häufig objektiviert. Vorher wird die negative oder positive Tönung der Schemata entsprechend konnotiert. Die eigene Vorstellung bekommt dann die Prädikate gut und richtig, die des Gegners die von böse und falsch. Damit kann ein und derselbe Vorgang je nach Standpunkt völlig anders beurteilt werden. (Der 2. Golfkrieg wird von den USA als Befreiungskrieg von einer blutigen Diktatur, von den Fundamentalisten als „Kreuzzug gegen den Islam" bewertet.)

Dichotomien können entarten, d.h. durch immer stärkere Auflladung wird der eigene Standpunkt zum Standpunkt schlechthin, der andere wird als völlig inakzeptabel diffamiert. Dichotomes Denken ist, wie noch gezeigt wird, eine für den Koran typische Methode der Auseinandersetzung, die nach dem Motto „Wer nicht für mich ist, der ist gegen mich" sehr schnell in ein Freund-Feind-Bild umschlagen kann. Die vielen Abschattungen des Wirklichen gehen bei der Dichotomisierung verloren.

Die soziale Funktion von Dichotomien: Gleich und ähnlich Denkende bilden eine Gemeinschaft, finden ein Identifikationszentrum, schließen andere Deutungen anderer Gruppen aus, polarisieren die Beziehungen zwischen den Kontrahenten, gewinnen einen ‚festen' Standpunkt, geben der Welt eine apriorische Deutung. Im Koran tritt die Dichotomie „Himmel – Hölle" in vielen Variationen auf. In Sure (5:2) ist, wer den Glauben leugnet, im Jenseits ein Verlierer, wer glaubt, bekommt ewigen Lohn (5:10), die Ungläubigen sind „der Hölle Insassen" (5:11), „Allah liebt jene, die Gutes tun" (5:14,), „Allah hat Macht über alle Dinge" (5:20), „Das würde eine Schmach für sie sein, und im Jenseits wird ihnen schwere Strafe" (5:34), Wer Allah folgt, hat Erfolg (5:36). Den Ungläubigen „wird eine schmerzliche Strafe" (5:37), „Ihre Pein wird immerwährend sein" (5:38), „Er straft, wen er will, und er vergibt, wem er will" (5:41), „Wer nicht nach dem richtet, was Allah hinabgesandt hat – das sind die Ungerechten" (5:46), (...) – das sind die Empörer" (5:48), „Wahrlich Allah weist nicht dem Volk der Ungerechten [Juden und Christen – der Autor] den Weg" (5:52), „Übel ist wahrlich, was sie tun" (5:63), die Ungläubigen ereilt „eine schmerzliche Strafe" (5:108), die „nicht glauben [...], sind Insassen der

Hölle" (5:87), „Für die Wahrhaftigen sind Gärten, durch die Ströme fließen, darin sollen sie weilen ewig und immerdar" (5:120).

Der gläubige Teil der Anhänger soll dadurch Verstärkung und Befestigung seines Wertsystems erlangen, die Gegner sollen verunsichert oder davon abgeschreckt werden, die Anhänger dieser Glaubensrichtung zu schädigen, und die Unschlüssigen sollen von der Wahrheit der Botschaft überzeugt werden. Abgesichert wird die Verkündigung durch das Auftreten eines höheren Wesens und eines menschlichen Herolds, der die göttliche Botschaft ohne eigene Zusätze der religiösen Gemeinschaft überbringt. Dabei bedient sich der Prophet, um seine und die seiner Botschaft zu erhöhen, der rhetorischen Form des dichotomen Deutungsschemas; denn psychologisch differenziert, hat die Botschaft keine Sozialisationskraft. Ihm selbst, dem Propheten, ist nicht bewusst, dass er in erkenntnistheoretischer Hinsicht ein Propagandainstrument bedient, er ist von der Wahrheit seiner Botschaft zutiefst ergriffen, weshalb er auf sie und ihre Autorisierung durch Allah pocht. Eine Ordnungs- und Orientierungsfunktion verselbständigt sich, wird mittels wahrheitspathetischer Rhetorik objektiviert und essentialisiert und projektiv durch ein höheres Wesen abgesichert.

Folgende inhaltliche Dichotomien werden in den zitierten Beispielen im Koran durchgespielt:

Gläubige	Ungläubige
Himmel	Hölle
Gewinner	Verlierer
Belohnung	Bestrafung
Gerechte	Ungerechte
Muslime	Atheisten, Animisten, Juden, Christen
Lebensorientierung	Desorientierung
immerwährende Freude	immerwährende Pein
Gläubige tun Gutes	Ungläubige tun Böses
Gläubige sagen die Wahrheit	Ungläubige lügen

Die im Koran eingearbeiteten Dichotomien sind eigentlich nur Variationen der Dichotomie „Gut-Böse". Der Koran verkündet a priori eine manichäische

Welt, in der es keinen Platz für Zwischentöne gibt: es gilt nur das Entweder-Oder. Gott oder Satan – beide Prinzipien bilden die Welt eines unerbittlichen Streites, in dem aber das Gute am Schluss immer Sieger bleibt. Der Westen, wir befinden uns auf der abschüssigen Straße der Verlierer. Die Dichotomisierungen setzen, wird auf sie allein gesetzt, die Urteilskraft herab und machen dadurch denjenigen, der sie für wahr hält, zum Opfer von politischen und religiösen Strategien, zumal sich die Dichotomisierungen leicht als Liebe oder Hass emotionalisieren lassen. Eine Instrumentalisierung dieser Dichotomien bietet sich quasi von selbst an, die göttlichen Prophezeiungen so zu ontologisieren, dass im Namen Gottes Nachsicht mit den eigenen Glaubensbrüdern, aber unnachsichtige Verfolgung der Andersgläubigen geübt wird. Damit schlagen sie in eine „Freund-Feind-Stereotypisierung", in ein stark überzeichnetes Feindbild um. Dichotomien verneinen alle Zwischenwerte zwischen Gut und Böse, so dass die vielschichtige Wirklichkeit überhaupt nicht wahrgenommen werden kann, wovon wir täglich Zeuge werden. Die Welt wird schablonenhaft in Freund/Feind, in das „Haus des Islams" und das „Haus des Krieges", in Gläubige und „Kreuzfahrer", in Märtyrer und ‚Menschenmüll' (wenn man der Sprache der Islamisten folgt) eingeteilt und auch so wahrgenommen.

5.4 Dämonisierung des Feindbildes, Glorifizieren der eigenen Rolle

In Frischs *Andorra* und Orwells *1984* wird das Entstehen und Wirken solcher Feindbilder literarisch gezeigt. Sie sind Projektionen, die sich missverstehen, sie sind verfremdete und verzerrte Selbstbildnisse. Indem vor allem totalitäre Regime den Gegner zum Feind, den Feind zur dämonischen Fratze hochstilisieren, erfüllen sie die Ziele „Integration der [eigenen – der Autor] gesellschaftlichen Gruppen", Reduktion „interner Konflikte" (Salamun 1975, 25), totale Emotionalisierung der Massen bis zu ihrem kollektiven Selbstmord, Vernichtung des zum Unmenschen gemachten Gegners als moralisch gebotene Tat. Sie folgen einer inneren Logik, die besonders im kriegerischen Konfliktfall die Projektionsmaschine auf immer höhere Touren bringt.

In Wirklichkeit stehen sich Soldaten gegenüber, die leidliche Familienväter, gute Arbeitskollegen, hilfsbereite[64] Kameraden sind, also in ein reiches Leben eingebundene Männer. Wenn sie ihr Gegenüber erschießen, dann ist das genau so, als ob sie ihren eigenen Kameraden töten würden. Ein Zufallsgenerator könne hier Schicksal spielen. Aber in Wirklichkeit steht hinter jedem Soldaten der eigenen und der anderen Seite ein politisches, religiöses oder ethnisches oder mehrbasiges Wertsystem, das als Motivation zum Töten anstiftet; denn, wie gesagt, man würde einen freundlichen Nachbarn selbst auf Befehl nur schwerlich töten. Soldaten, die in ihrem Gegner den humanen Nachbarn sehen, sind für ihre Aufgabe äußerst ungeeignet. Also werden von Staates wegen Vorurteile hervorgekramt, historische Feindschaften wiedererweckt, an siegreiche Schlachten erinnert, Gräuelmärchen vom Gegner in die Welt gesetzt, eigene Heldengestalten mit einer transzendenten Aura umgeben, Gegner zu schauderhaften Unmenschen abgestempelt, kurz: eine Lichtgestalt kämpft jetzt gegen das absolut Böse.

Da die Gegenseite dann gezwungen ist, ebenfalls die Projektionsmaschine anzuwerfen, wird deren Gegner ebenfalls zum Hass und Tod verdienenden Unwesen, die eigene Position dagegen wird so zu einem gerechten, notwendigen, gerechtfertigten Kampf gegen das Böse idealisiert. Es kommt zu einem totalen Krieg, weil es keine Gegner zu neutralisieren, sondern Ungeheuer zu vernichten gilt. Das Schlimme ist, dass ein überfallenes Volk, will es nicht untergehen, gar nicht anders kann als mit **ideologie(-)**-getränkten Feindbildern seinen Widerstandswillen zu stärken.

Sehr eindringlich werden das Entstehen und der Gebrauch von Feindbildern in dem Roman *1984* von Orwell geschildert. Sie haben die schon genannte Funktion, alles Positive ihren Produzenten, alles Negative deren Gegnern zuzuweisen.[65] Die Lichtgestalt, der *Große Bruder,* „ist unfehlbar und allmächtig.

---

[64] Der 2. Weltkrieg hat gezeigt, dass die Anti-Hitler-Koalition, um die Massen zu mobilisieren (als noch keine Konzentrationslager befreit worden waren), gemäß dieser inneren Logik selbst diese Ideologisierung gefördert hat, so dass diese Koalition zu ähnlichen Kriegsgräuln wie der Nationalsozialismus gegriffen hat. Wer also einen Krieg anfängt, darf sich auf Grund dieses fast naturgesetzlich ablaufenden Prozesses der parallelen ideologischen Selbststimulation nicht wundern, dass diese Mechanismen auf ihn selbst zurückwirken.

[65] Im Klassenverband besuchten wir als Oberschüler in der damaligen DDR den Film „Ernst Thälmann". Thälmann und seine kämpfenden Arbeitskollegen, obwohl sie ja als Ausgebeutete hätten ausgemergelt und zerlumpt hätten erscheinen müssen, hatten wohlgenährte, sympa-

Jeder Erfolg, jede Leistung, jeder Sieg, jede wissenschaftliche Entdeckung, alle Weisheit, alles Glück, alle Tugenden werden unmittelbar seiner Führerschaft [...] zugeschrieben" (191). Sein verabscheuungswürdiges Gegenbild, Goldstein, „war der erste Verräter, der früheste Beschmutzer der Reinheit der Partei. Alle später gegen die Partei gerichteten Verbrechen, alle Verrätereien, Sabotageakte, Ketzereien [...] gingen unmittelbar auf seine Irrlehren zurück" (14). Gegenüber der strahlenden Aura des „GB" ist sein negatives Gegenbild hässlich, sein Aussehen „ähnelt einem Schafsgesicht" (14).
Beide Erscheinungsformen erfüllen quasirationale Funktionen:
- Dämonisierung eines Gegners zum ärgsten Feind und Glorifizierung der eigenen Rolle als das absolut Gute,
- Stabilisierung der eigenen Macht und Personifizierung des dämonisierten Feindbildes zum Zwecke der Realvernichtung mittels Scheinargumentation,
- Emotionalisierung, die zu dauerhafter Aktivierung des Engagements für den „GB" und gegen seinen Gegenspieler Goldstein, einer widerlich wirkenden Ungestalt, führt,
- Normierung und Kontrolle der gesamten menschlichen Lebensäußerungen in pro „GB" (gut) und kontra „GB" (schlecht und böse),
- Verbieten von rationalen Gegenargumenten, Verstärkung irrationaler Argumente wie Glauben und Vertrauen (Falsifizierungsverbot),
- Rechtfertigung von politischer Repression und Mord,
- Mobilisierung von Mittätern, denen sie ein Alibi verschafft,
- Solidarisierung der Unterprivilegierten mit den Privilegierten angesichts des fiktiv drohenden eigenen Untergangs oder der kommenden großen politischen und wirtschaftlichen Erfolge.

Die schiitischen Ajatollahs verkörpern mit ihrer „besonderen Amtsmacht" schon teilweise die Gestalt vom „GB". Feindbilder lassen sich wie Attrappen auf dem Reißbrett konstruieren; eine geschickte Propaganda muss ihnen nur noch ‚Lebensnähe' einflößen.
Orwell beschreibt eine Szene, wie sich ein Propagandist mitten in der Aufzählung der Gräueltaten von Eurasien befindet, dann, als er erfährt, dass Ost-

---

thisch-gesunde Gesichter, während die ‚Ausbeuter' durch hässliches, graues Aussehen abstoßend wirkten.

asien der Feind ist, Lobeshymnen auf den eben noch geschmähten Feind singt (Zwiedenken). Hinter der Produktion von Dämonisierungen steht der Vernichtungswille der Produzenten. Dämonisierte Feindbilder können die Realität völlig vernachlässigen und haben ihre eigene Logik der Unbelehrbarkeit. Eine negative Projektion liegt in einem Feindbild vor, aber auch eine Selbstverkennung, denn die eigenen negativen Eigenschaften werden dort bis ins Groteske übersteigert, so dass sie als fremde Eigenschaften des Feindes erscheinen. Wenn man seinem Feindbild in die Augen schaut, sieht man sich selbst, aber so weit vom eigenen Ich-Ideal entfernt, dass man sich nicht erkennt. Dazu kommen noch viele verstärkende Illusionsmechanismen, so dass Feindbilder eine lange Lebensdauer haben und gegenüber konkreten andersartigen Erfahrungen resistent sind. Orwells Roman hat ein klares politisches Ziel, nämlich solche Konstrukte als machtpolitische Instrumente zu entlarven. Er wählt hier das Medium „Film" und lässt Wilson, seinen Helden, in „Neusprech", einem sehr reduzierten Englisch, notieren:

> „Kleiner junge brüllte vor angst und verbarg seinen kopf zwischen den Brüsten als wollte er ganz in sie hineinkriechen und die frau legte die Arme um ihn und tröstete ihn. Obwohl sie selber außer sich vor angst war bedeckte sie ihn so gut wie möglich als glaubte sie ihre arme könnten die kugeln von ihm abhalten. Dann warf der Hubschrauber eine 20-kg-Bombe zwischen sie [...] dann gab es eine wundervolle aufnahme von einem kinderarm der hoch, hoch und immer höher hinaufliegt in die luft [...] es gab viel Beifall aus den Parteilogen" (11).

Die physische Vernichtung des verhassten Feindes soll mit wollüstigem Behagen und tiefer Befriedigung einhergehen, um das Hassgefühl emotional zu befriedigen und zu bestärken. Enthauptungen oder Schleifen des toten Gegners durch die Straßen werden uns medial frei Haus geliefert und liefern den Beweis für Orwells negative Utopie der Herrschaft einer defizitären Ideologie.

Der Koran kennt keine Dämonisierung von Feindbildern; der Satan ist mehr das böse Prinzip als eine konkrete Gestalt, so dass über einige Jahrhunderte ein verhältnismäßig friedliches Zusammenleben mit dem Islam möglich war. Aber die Dichotomie „Gut/Böse", „Gott/Satan" ist immer in Gefahr, in die Dämonisierung der Stereotype „wahre Gläubige/untermenschliche Ungläubige" verwandelt zu werden.

Im Augenblick erleben wir eine Dämonisierung des Christentums und der westlichen Welt, die zu einer ständig wachsenden Konfrontation mit der islamischen Welt führt.⁶⁶ Schlechthin unerträglich ist die Aussage, das Töten der Amerikaner sei ein göttlicher Befehl. Alles, was in dieser Welt negativ gesehen werden kann, wird dem Feindbild „Israel", „Amerika" oder dem „Westen allgemein" zugeschrieben. Die Instanz, die Feindbilder schafft, ist der Islamismus, der sich auf viele koranische Dichotomien berufen kann. Dass aber Allah einen Tötungsbefehl gegen die Amerikaner ausgesprochen haben soll, ist eine perfide Instrumentierung Gottes durch den Islamismus. Wenn jemand (bildlich gesprochen) mit dem Tode bestraft werden sollte, dann nur Propagandisten, die durch Synthetisieren und Dämonisierten von Feindbildern Religionen, Völker, Rassen und einzelne Menschen aufeinanderhetzen.

5.5 Leerformeln

Salamun teilt sie in drei Gruppen ein: „pseudo-empirische", „pseudo-normative" „und pseudo-essentielle" (1975, 32-36). Die pseudo-essentiellen nennt er nach Weldon „Illusionen der wahren Wesenheiten".⁶⁷ Ihnen ist gemeinsam, dass ihr Inhalt als sakrosankt und es als ein Sakrileg gilt, ihre Inhalte zu erfragen oder sogar zu kritisieren. Sie sind „heilige Worte" und repräsentieren verkürzte **Ideologien(-)**.

---

⁶⁶ Die Zeitung Al-Quds Al_Arabi schreibt am 23.2.1998 in London in einem „Manifest der Internationalen Islamischen Front für einen Djihad gegen die Juden und Kreuzfahrer:
„Im Namen Gottes rufen wir jeden Muslim, der an Gott glaubt und um Vergebung bittet, auf, dem Befehl Gottes zu gehorchen, die Amerikaner zu töten und zu bestehlen, wo immer er sie antrifft und ihm dies möglich ist. Darüber hinaus rufen wir die islamischen Gelehrten und Führer und Jugendlichen und Soldaten auf, Angriffe gegen die Armeen der amerikanischen Teufel und gegen ihre Verbündeten unter den Helfern des Teufels zu führen" (zit. nach Barth 2003, 152 f.). Der von englischen Muslimen geplante Massenmord – im August 2006 – zeigt, dass die ständigen Hasspredigten gegen den Westen erfolgreich gewesen sind, weil sie durch ideologisierte religiöse Rechtfertigung legitimiert, die Tötung von Menschen als Gottes Willen ausgeben. Auch hier habe ich auf ein klärendes Wort der muslimischen Geistlichkeit gehofft; doch sie zeigt mit dem Hinweis auf Englands Außenpolitik Verständnis für die potenziellen Attentäter. Für mich handelt es sich um geistige Mittäterschaft, weil ganz bewusst der Koran dazu missbraucht wird, Allah für Verbrechen gegen die Menschlichkeit zu vereinnahmen. Damit sind die wahren Gottlosen die Islamisten.
⁶⁷ Zitiert nach Salamun (1975, 34).

Pseudo-empirische Leerformeln sind Begriffe, die einen empirischen Gehalt nur vorgeben, aber in Wirklichkeit mit vielen Interpretationen vereinbar sind, so dass sie nicht falsifiziert werden können. Sie sind politisch vielseitig verwendbare Interpretationsprodukte. Als ein Beispiel kann der Begriff „Heilsgeschehen" dienen, der das tatsächliche Wirken einer supra-naturalistischen Kraft zu beschreiben glaubt, was nicht möglich ist. Pseudo-normative Leerformeln sind Begriffe, die zwar das Verhalten beeinflussen sollen, für die aber „keine operationalen Definitionen" (32) angegeben werden können: sie entziehen sich klaren Kriterien ihres Anwendungsbereiches. Sie haben die Eigenschaft,

> dass bestimmte sprachliche Formeln durch die Jahrhunderte als belangvolle Einsichten oder sogar als fundamentale Prinzipien des Seins, Erkennens und Wertens anerkannt wurden und es heute noch werden – nicht obwohl, sondern gerade weil und insofern sie keinen oder keinen näher angebbaren Sach- und Normgehalt besitzen (Topitsch 1960, 236).

Ihr Inhalt ist schwammig, diffus, so dass sie als Schlagwörter die Problemstellen einer Ideologie ausfüllen und zugleich als ‚Schlachtrufe' von Gruppen, Parteien und Staaten die eigene Position festigen und legitimieren, den Gegner diffamieren, zum ‚Endkampf' motivieren, den ‚Feind' liquidieren und das Nationalbewusstsein stärken können. In diesen Worthülsen verbergen sich zwei pragmatische Aspekte, nicht nur:

> jeder beliebigen Ideologie den Anschein höherer Berechtigung zu geben, sondern sie können auch durch ihren stets gleichbleibenden Wortlaut eine Konstanz der obersten moralisch-politischen Prinzipien vortäuschen, während sie mit jeder möglichen normativen Ordnung [...] vereinbar sind (264).

Jede **Ideologie(-)** ergreift sofort von solchen Worthülsen Besitz und deutet sie gemäß ihrer Theorie. Pseudo-essentielle Leerformeln treten mit dem Anspruch auf, belangvolles Wissen zu enthalten, d.h. schon eine Begriffsanalyse sollte ihre bedeutsamen Inhalte zu Tage fördern, die ‚wahre' Bedeutung, die dieser Begriff hat. Das ist eine Illusion, denn Begriffe müssen auf einen Inhalt rekurrieren. Wenn wir von einer wie auch immer gearteten Zuordnung von Begriffen gegenüber einer Außenwelt ausgehen, dann muss der Begriff eine Bedeutung haben, die empirisch oder logisch vorzeigbar ist.

Das ist bei pseudo-essentiellen Leerformeln nicht der Fall, so dass es für sie keine „wahre Bedeutung von Worten" (34) gibt. Sie sind, wie Lenk sagt, ähnlich wie Werte in besonderem Maße „Interpretationskonstrukte" (1994, 164). In ihnen schlagen sich „soziofiktiv" (164) Positionen „durch soziale Konvention und Absicherung, eben etwa durch Institutionalisierung oder ideelle Verpflichtung oder normative Erwartung [...]" (164) nieder. Was Lenk hier für den Begriff „Wert" definiert, gilt im besonderen Maße für ideologisch synthetisierte Worthülsen. Damit ist klar, dass es eine ‚wahre', für alle geltende Interpretation von pseudo-essentiellen Leerformeln nicht geben kann. Sie sind fähig, wegen ihrer Vagheit Projektionen von Idealen einer Gemeinschaft, aufzusaugen, die dann als Entitäten analytisch zu kognitiven Fakten umgedeutet werden.

Es sei hier an die Zeiten des Kalten Krieges erinnert, in der die Begriffe „Frieden", „Demokratie", „'wahre' Gerechtigkeit", „gerechter und ungerechter Krieg" je nach politischem System völlig gegensätzliche Bedeutung hatten.[68] Der Islamismus beginnt, sich dieser ‚vieldeutigen' Vokabeln anzunehmen. Diese Begriffe haben dann ihre Berechtigung, wenn Kriterien ihres Gebrauchs angegeben werden, denn dann sind sie kritisierbar.

Sie haben eine Genese. Im Zeitalter des „Animismus" im Sinne Monods wurden solche Begriffe und Vorstellungen für wahr gehalten, bis dann der „Rationalisierungsprozess, der von der Mythologie zur Philosophie führt" (1996, 236), ihren kognitiven Gehalt verdünnte, so dass sie eine neue Zuflucht suchen mussten, und zwar im Bereich der Weltanschauungen. Solange die Praxis des Islam im mythischen und religiösen Denken verhaftet war, also bis zur europäischen Aufklärung, kannte er keine Leerformeln, weil er eine mythisch-religiöse Ontologie vertrat. Mit der Säkularisation verschwand auch der eindeutige semantische Gehalt dieser Begriffe. Sie wurden im Rahmen der Islamisierung des Islam dann zu Schlagwörtern, Worthülsen, die auch dem säkularen westlichen Denken ähneln. Wenn jemand an Gott glaubt, wohlgemerkt persönlich von ihm und seinem Wirken überzeugt ist, dann enthält dieser Begriff einen angebbaren konstitutiven Inhalt. Wird jedoch Gott als absolute Größe gesetzt, wird von ihm behauptet, er sei im Besitze der absoluten Wahrheit, die er Auserwählten mitteilt, dann fehlen dafür alle Beweise, wissenschaftliche wie empirisch-praktische; denn es gibt mehrere Religionen, die diesen Anspruch erheben, aber nicht einlösen können, es sei denn, mit Gewalt-

---

[68] Nachzulesen in *Ost gut – West schlecht. Über Doppelmoral und gespaltenes Bewusstsein in der Politik.* (Dittmar 1977).

androhung gegenüber Zweifelnden. Gott ist im Islam leider zu einem politischen Schlagwort geworden (siehe Zitat Al-Quds Al Arabi), das je nach Intention der Aktivisten Toleranz, Djihad, Terrorismus, Verfolgung und Ermordung Andersgläubiger, Gegenstand höchster Verehrung, Herrschaftskalkül, unbeschränkte Machtfülle sein kann. Gott ist durch den Islamismus zu einer abgegriffenen Münze geworden, mit der Beliebiges, Unmenschliches, politischer Mord eingetauscht werden können. Ähnlich problematisch ist der Umgang mit dem vieldeutigen Begriff „Gerechtigkeit".

5.6 Ambivalenz

Die drei folgenden Ideologiekriterien: Ambivalenz, Asymmetrie und selektive Wahrnehmung, die die Projektionsmaschine in Richtung **Ideologie(-)** antreiben, sollen die Irritationen verständlich machen, die westliche Beobachter bei der Beurteilung von Muslimen verunsichern. Sie sind ein Zeichen für die erfolgte erfolgreiche Überlagerung des Islam durch den Islamismus. Alle drei Mechanismen lassen sich gut an den ‚politischen' Verlautbarungen des iranischen Präsidenten Ahmadinedschad ablesen, so dass westliche Politiker einem Fehlschluss unterliegen, wenn sie mit ihren politischen Kategorien, die sie für international konsensfähig halten, islamistischen Regimen begegnen. In Tepes Buch *"Fundamentalismus als Denkform"* wird zwingend bewiesen, dass alle fundamentalistischen Systeme von einer von **Ideologie(-)** beherrschten Sichtweise der Welt ausgehen. Dem westlich-profanen Denken mit seinem ständigen Revidieren und Falsifizieren „standortgebundenen Denkens" (Mannheim), um dem Ideal der Objektivität und Intersubjektivität näherzukommen, entspricht eine ganz andere Auffassung von Wirklichkeit des Denkens des Islamismus, so dass Missverständnisse zwischen beiden Lagern an der Tagesordnung sind.

Berechenbarkeit in Politik und Leben dient der eigenen, aber fast noch mehr der Orientierung von Partnern in diesen beiden Bereichen. Das eigene Handeln wird nach der Einschätzung der Berechenbarkeit des Anderen ausgerichtet, ebenso kann der Andere Vorentscheidungen treffen, weil er meine eigenen Handlungsprämissen einschätzen kann. Wir können hier von „reziproker Vertrauensbildung" sprechen. Lässt man sich aber mehrere Optionen offen, wird der Vertragspartner verunsichert. Muss man aber von einer Unberechenbarkeit seines Partners ausgehen, entsteht ein gegenseitiges Misstrauen, weil die Aktionen und Reaktionen nicht mehr vorhersehbar sind. Ein gutes Beispiel hierfür bietet der Atompoker des iranischen Präsidenten Ahmadinedschad. Die Unkalkulierbarkeit des Anderen äußert sich häufig in seiner Ablehnung, weil man ihm nicht nur Gutes zutraut.

Als Grundlage der Darstellung dieses Problems dienen hier die Autoren, die in *Christen und Muslime* (2006), einer Herausgeberschrift der Evangelischen Akademien in Deutschland, Beiträge veröffentlicht haben. Alboga (2006) spricht von einem „fundamentalen Gerechtigkeitssinn des Islam" (67). Daraus resultiere, dass „die muslimische Gemeinschaft und damit jeder einzelne Muslim dazu aufgerufen [ist], Gerechtigkeit auf der Erde zu schaffen [...]" (67). Das heißt nichts anderes, als dass der Islam von ‚Natur' aus den Begriff „Gerechtigkeit", eine sehr gängige Leerformel, gepachtet zu haben glaubt, aus der sich dann das Gerechtigkeitsmonopol für die Welt ergibt. Betonung der Souveränität und gleichzeitiger erlaubter und gebotener Eingriff in die Rechtsordnung anderer Staaten, also Widersprüche, erzeugen Ambivalenz und daher Ablehnung.

Dies ist ein unzumutbarer imperialer Anspruch, mit dem sich jede militärische oder politische Intervention und Invasion rechtfertigen lässt. Ein solcher Begriff kann nur Verwendung finden, wenn sehr präzise Kriterien seines Gebrauches angegeben werden können. Der Glaube an ein friedliches Zusammenleben mit Muslimen gerät ins Wanken, weil jederzeit jede Maßnahme der westlichen Welt vor den selbsternannten ‚hohen islamischen Räten' eine ‚Gerechtigkeitsprüfung' (nach was für Kriterien eigentlich?) ablegen muss, damit die religiösen Gefühle der Muslime nicht ‚beleidigt' werden.

Auf der einen Seite gibt sich in diesem Text der Islam, was seinen absoluten Wahrheitsanspruch angeht, moderat, indem der Autor einräumt, dass es zwei verschieden zu wertende Schichten im Koran gibt, die historische, also zeitlich stark eingegrenzte und die ahistorische unveränderliche. Doch das ist nicht die Lehrmeinung des Islam. Dazu möchte ich noch einmal Abdullah (2001, 27) anführen:

> "Für den Muslim ist der Koran [...] das Abbild einer ewigen, übergeschichtlichen Urschrift der Offenbarung, die bei Gott aufbewahrt wird. [...]. Der Muslim versucht also, sein heiliges Buch auf eine andere Weise zu verstehen, nämlich in laut vorgetragenen Rezitationen. Er macht sich auf diese Weise den Koran innerlich zu Eigen. Folglich

benutzt er auch im profanen Leben koranische Formulierungen und eignet sich eine koranische Denkweise an, die sein Weltbild prägt."

Was stimmt nun: Doppelschichtigkeit oder ewige Urschrift? Auf der anderen Seite schleicht sich der Begriff „Gerechtigkeit" unter dem Mäntelchen der überzeitlichen Weltgerechtigkeit wieder ein. Er tritt jetzt als globaler Anspruch des Islam auf, eine gerechte Welt zu installieren. Der Begriff „Gerechtigkeit" entpuppt sich als nützliche Leerformel und bedeutsam klingende Worthülse, die für alle möglichen Operationen eingesetzt werden kann.[69] Jeder Staat kann leicht durch die Anwendung dieser Formel in das Fadenkreuz des ‚gerechtigkeitsliebenden' Islamismus geraten. Doch dem Autor geht es in seiner ‚Gerechtigkeitsdebatte' um Islamisierung Europas. Dieses Fernziel rückt näher, wenn seine Forderung erfüllt wird:

> Der Beitritt der Türkei in die EU wäre der innovativste Beitrag eines laizistischen Staates mit einer muslimischen Bevölkerung für die Weiterentwicklung zeitgemäßer Modernität und moderner Gesellschaften (Alboga 2006, 68).

Die vielen islamischen Ghettos in Europa bestätigen leider nicht die „Weiterentwicklung als Beitrag zu zeitgemäßer Modernität hin zu einer modernen Gesellschaft".

Dass die Türkei im Gegensatz zu den Zielen ihres Gründers Kemal Atatürk inzwischen ein islamischer, ja islamistischer Staat geworden ist, also Prinzipien des Islam bzw. Islamismus folgt und laizistische Positionen immer mehr abbaut, behauptet Pflüger in der gehobenen Sprache der „Ja, aber"-Diplomatie (2004, 274-283).

---

[69] Was der gekonnte Einsatz dieser Wortschablone erreichen kann, hat sich im Bundestagswahlkampf 2005 gezeigt. Ohne irgendein Kriterium des Begriffsinhaltes, so dass man auch nicht zur Verantwortung gezogen werden konnte, reklamierte und zelebrierte eine Partei mit heiligem Ernste den Besitzanspruch auf diesen Begriff, indem sie noch den positiv konnotierten Begriff „sozial" davorsetzte. Diese Besetzung gelang, so dass im Sinne der Dichotomisierung des Gegners dieser schnell zum Unhold einer Politik der sozialen Kälte und Unmenschlichkeit dämonisiert war, was dem ‚Gegner' der ‚sozialen Gerechtigkeit' hohe Stimmenverluste brachte, der eigenen Klientel aber einen so hohen Zuwachs (gegenüber den Umfragen) bescherte, dass es beinahe zum Machterhalt gereicht hätte. Zum Zeitpunkt (2006) arbeiten beide Parteien, die sich zuvor des Sozialabbaues und Wählertäuschung geziehen hatten, in einer Koalition mehr oder weniger kooperativ zusammen.

Was ist von dem Islamisten Erdogan zu halten, der sagte: „**Unsere Bajonette sind unsere Minarette**" (zit. nach Pflüger 2004, 275)? Bedenklich stimmt auch die Forderung von Außenminister Gül 2003, „die islamistische Organisation Milli Görus in Deutschland müsse unterstützt werden" (275), natürlich vom deutschen Staat, von wem sonst? Man gewinnt immer mehr den Eindruck, dass Ankara die in Deutschland ansässigen Türken dazu gebraucht, innen- und außenpolitischen Druck auf Deutschland auszuüben, indem Ankara auf nationalistische und islamistische Effekte setzt, also sie als „**Fünfte Kolonne**" gebraucht.

Die mangelnde Wahrhaftigkeit vieler islamischer und besonders türkischer Institutionen, wohinter politische Interessen zu vermuten sind, kommt in einem Artikel der RP vom 19.10.06, A7 zum Ausdruck. Unter der Überschrift „Wie das Christentum in Nahost dargestellt wird" heißt es:

„Rostock/ Nürnberg (epd). In Schulbüchern des Nahen Ostens ist das Bild des Christentums einer Studie zufolge häufig unvollständig und einseitig. Forscher der Universität Rostock und Erlangen/Nürnberg hatten von 2000 bis 2005 nahezu alle Schulbücher Ägyptens, Palästinas, der Türkei und des Irans untersucht. Mit dem Projekt sollte Reiss zufolge herausgefunden werden, welches Bild vom Christentum Schülern der jeweiligen Länder vermittelt wird. Die meisten Schulbücher stellen nach der Untersuchung die islamische Kultur als höherwertig und tolerant dar, die christliche Kultur als minderwertig und aggressiv."

Man kann die Behauptung und Beteuerung von Gutmenschen und türkischer Öffentlichkeit nicht mehr hören, dieses Land gehöre zu Europa, weil es ein ähnliches Wertsystem vertrete. Die psychischen Mechanismen des islamischen Fundamentalismus zeigen sich hier in Reinkultur. Aber noch schlimmer ist, dass das Land Türkei, das einen Aufnahmeantrag zur EU-Mitgliedschaft gestellt hat, von Staates wegen gezielt seine Jugend zu Europagegnern erzieht; denn es geht nur um unsere ‚Geldwerte', nicht um unsere Werte. Es fügt sich hier ein Bild zusammen, das uns mit sehr viel Distanz zu einem EU-Eintritt der Türkei erfüllen sollte. Weder das Zypern-Problem noch das Aufarbeiten des Genozids an dem armenischen Volk (es waren ja nur ‚wertlose Christen'), noch Religionsfreiheit, noch Befreiung der Frau, noch Ende der Diffamierung des Westens sind als zivilisatorische Grundforderungen eingelöst worden. Die grundsätzliche Ablehnung unseres westlichen Wertesystems führt generell zu einer Ablehnung unseres Bildungssystems, unserer Sprache, unserer Kultur und unserer gesellschaftlichen Strukturen.

Das Problem liegt in der Verwendung des Begriffes „Kultur" als normative Leerformel. Als deskriptiver Begriff fordert er das Erfüllen von allgemein anerkannten Kriterien, die das Wesen einer jeden Kultur beschreiben können. Diese werden herabgestuft zu Plausibilitätsargumenten, wenn es um die Bewertung als normativen Begriff geht (hohe Kultur, wenig differenzierte Kultur). In diesem Falle spielen subjektive Prämissen in die Beurteilung mit hinein, so dass diese diskussionspflichtig wird. Wenn Schulbücher von der fraglosen und kritiklosen Höherwertigkeit der eigenen und der minderwertigen anderen Kulturen ausgehen, entziehen sie sich einer Diskussion über den deskriptiv beschreibenden und normativ wertenden Kulturbegriff und besetzen ihn mit Propaganda und Projektionen.

Ambivalenz bedeutet also auch das Klaffen einer großen Lücke zwischen Wort und Tat, die den Wahrnehmenden verunsichern. Die Glaubwürdigkeit des Islam wird durch diesen Beitrag nicht erhöht, weil hier politischer Globalismus, Islamismus, türkische Nationalinteressen und islamische Religiosität eine schwer zu durchschauende Interessengemeinschaft bilden.

Der Autor Affoldenbach (2006) analysiert die „Islamische Charta" (72); es geht hier um Kritik und Würdigung dieser Charta durch einen westlichen Kirchenbeamten. Grundsätzlich ist diese Charta, die kurz nach dem 11.09.2001 im Februar 2002 veröffentlicht wird, zu begrüßen, denn „auf der Sachebene" hat sie „eine Reihe von Klarstellungen vorgenommen" (72).

Aber es gibt auch eine Menge irritierender Formulierungen, die im Leser das schon genannte Gefühl der Ambivalenz auslösen, weil sie widersprüchlich sind.

These: Der Islam ist eine Religion des Friedens.
Antithese: Die religiös motivierten und legitimierten terroristischer Aktivitäten zeigen das Gegenteil.

These: Der Islam bejaht den „vom Koran anerkannten Pluralismus" (76).
Antithese: Andere Religionen haben im Islam den minderen Status von „Schutzbefohlenen", welcher Pluralismus ist gemeint?

These: Jeder hat das Recht, „die Religion zu wechseln, eine andere oder gar keine Religion zu haben" (76).
Antithese: Dieses Recht gilt für viele islamische Staaten ausdrücklich nicht, siehe Umgang mit Apostaten in Afghanistan.

These: Die Charta ist für die deutschen Muslime verbindlich.
Antithese: Der Zentralrat der Muslime besitzt keine Beglaubigung, über diese Frage mit einer Amtsautorität zu entscheiden, da er nur einen kleinen Teil der Muslime in Deutschland vertritt.

These: Die „lokale Rechtsordnung" (75) im Sinne des Grundgesetzes wird bejaht und ein klerikaler „Gottesstaat" (75) nicht angestrebt.
Antithese: Diese Rechtsposition gilt nur in der Diaspora als „vorübergehende Ausnahme, hinter der die **Regel** weiter wirksam bleibt" (75). Der Begriff „klerikal" lenkt vom Thema ab.

Was bedeutet die Qualifikation „lokale Gesetzgebung" für das Grundgesetz? Es gibt noch eine allgemeine Gesetzgebung, die islamische, die über dieser Gesetzgebung steht, welche, wenn es eine Möglichkeit zu ihrer Einführung gibt, als endgültige Welt- und Wertordnung durchgesetzt wird. Der Beurteilung dieser Charta als „ambivalent" (77) möchte ich mich anschließen, was dazu führt, dass „die Vertrauensbildung nicht wirklich gelingt" (77).

In dem Beitrag *Integration und Dialog* verteidigt Elyas die Islamische Charta gegen den Vorwurf der „Zweizüngigkeit" (83). Ich will hier nur auf These 15 eingehen, die „ein zeitgenössisches Verständnis der islamischen Quellen, welches dem Hintergrund der neuzeitlichen Lebensproblematik und der Heranbildung einer eigenen muslimischen Identität Rechnung trägt", fordert. Diese auf Europa zugeschnittene zeitgemäße Koraninterpretation bedeutet nach Elyas nicht „die Loslösung von den eindeutigen unumstrittenen Vorschriften des Islam, sondern die Anwendung der im Islam vorhandenen Möglichkeiten der zeit- und ortgemäßen Auslegung der authentischen Quellen" (85), was bedeutet, dass das historische ‚Jetzt' die Suren herausfiltert, die mit der Moderne irgendwie verträglich sind. Danach müsste es zwei Koranschichten geben, die historisch veraltete und die überhistorisch innovative. Doch welche es sind, darüber schweigt Elyas sehr laut. Welche Suren also sind mit der Moderne kompatibel? Oder welche sind umstrittenes Glaubensgut und nicht mehr „zeit- und ortsgemäß"? Welche sind immer zeitgemäß? Dieser Sophistik gemäß wird uns der Islam zuerst als eine zeitgemäße Religion offeriert, die das ‚Kleingedruckte' dann später präsentiert.

Es ist trivial, darauf hinzuweisen, dass der Islam seit seiner Gründung geschichtsresistent ist und deshalb keine Reformen durchgeführt hat. Wir kennen weder die modernisierungsfähigen noch die auf Ewigkeit angelegten Textstellen. Wie hält es Elyas mit dem Inhalt der Sure (3:7)?[70] Ihr Text ähnelt der These 15. Auch diese Sure scheint eine flexible Auslegung von Teilen des Korans zuzulassen. In ihr wird die vernünftige Auslegung der mehrdeutigen und möglicherweise historischen Formulierungen durch einen festen Glauben an Allah unterstützt. Der Freiraum, der durch verschiedene Deutungen entsteht, wird aber sofort wieder zugeschüttet, indem auf die Autorität Allahs und kundiger Korangelehrten verwiesen wird. Die durch eine zeitgemäße Auslegung des Korans erstrebte ‚Freihandelszone' wird durch ihre Undefiniertheit sofort religiös besetzt und damit zu einem unbrauchbaren Argument.

Gleiches ist dem Argument zu entnehmen, dass bei voller Akzeptanz der deutschen Rechtsordnung "im Familienleben Bereiche [bleiben], in denen eine unterschiedliche Behandlung von Mann und Frau für Muslime unveränderlich sind" (85). Leider wird dieser Unterschied nicht präzisiert. Der Schutz der Privatsphäre, der Persönlichkeit, der Familie, ist durch das Grundgesetz garantiert; warum diese Einschränkung? Auch hier wird man das Gefühl nicht los, dass durch diese Hintertür die allseits bekannten Repressionen gegenüber Frauen, jetzt aber gesetzlich sogar noch als deutsches Recht abgesichert, legitimiert werden sollen.

Zwei Stellen im Koran machen den Leser stutzig, Sure (4:101): „Und wenn ihr durch das Land zieht, dann soll es keine Sünde für euch sein, wenn ihr das Gebet verkürzt, so ihr fürchtet, die Ungläubigen würden euch bedrängen" und

---

[70] „Er ist es, der das Buch zu dir hinabgesandt hat; darin sind Verse von entscheidender Bedeutung – sie sind die Grundlage des Buches – und andere, die verschiedener Deutung fähig sind. Die aber, in deren Herzen Verderbnis wohnt, suchen gerade jene heraus, die verschiedener Deutung fähig sind, im Trachten nach Zwiespalt und im Trachten nach Deutelei. Doch keiner kennt ihre Deutung als Allah und diejenigen, die fest gegründet im Wissen sind, die sprechen: ‚Wir glauben daran; das Ganze ist von unserem Herrn' – und niemand beherzigt es, außer den mit Verständnis Begabten."

Sure (2:175): „Verwehrt hat Er euch nur das von selbst Verendete und Blut und Schweinefleisch und das, worüber ein anderer Name als Allah angerufen worden ist. Wer aber durch Not getrieben wird – nicht ungehorsam und das Maß überschreitend –, für ihn soll es keine Sünde sein. Allah ist allvergebend, barmherzig."

Wir erleben heute genau das Gegenteil, indem der Islam in Europa auf seinen Speise-, Bekleidungs- und Kulturvorschriften besteht. Diese Verse lassen sich als Schutzbestimmung für muslimische Händler, von denen Mohammed selbst einer war, verstehen, aber auch als Methode der Missionierung, die ja schon der Prophet betrieben hat. Erst wenn genügend Muslime unauffällig in ein Land eingewandert sind und als scheinbar angepasste Mitbürger einen gesicherten Status erlangt haben, beginnt plötzlich, der Islam, durch islamistische Aktivisten geführt, eine überall sichtbare dominante Rolle zu spielen. Ich interpretiere diese Form von Mimikry als wenig vertrauensbildende Ambivalenz.

Das signifikanteste Beispiel der Ambivalenz, das schon an Täuschung und Heuchelei erinnert, ist das Verhältnis von öffentlich religiös verordneter Sexualitätskultur und wirklichem sexuellen Wollen. Broder (2006, 154) zitiert hier eine Google-Auswertung, wie oft aus den einzelnen Ländern sexuelle Seiten angeklickt werden. Das Ergebnis[71] verblüfft. Der Islam projiziert seine sexuellen Frustrationen als Keuschheit in der Ehe, Unberührtheit vor der Ehe und sexuelle Enthaltsamkeit bei Ehelosigkeit als striktes Verhaltensmuster auf die Gesellschaft und will sie auch im Westen durchsetzen.

Doch die geheimen, sehr schwülen wirklichkeitsnahen Wünsche finden im Internet ihr Ventil. Und diese sind dergestalt, wie sie im Westen öffentlich in das Belieben des Einzelnen gestellt sind. Eine Anklage des ‚sittenlosen Westens' ist also in Wirklichkeit eine Selbstanklage. Das ambivalente Verhalten gehört zu einem Grundzug des missionarischen ausgerichteten Denken und Handelns in der islamischen politischen ‚Kultur'.

---

[71] „Unter den Top-Ten-Nationen waren gleich sieben moslemische Länder: Pakistan auf Platz eins, Ägypten auf Platz zwei, Iran auf Platz vier, Marokko auf Platz sechs, Indonesien auf Platz sieben, die Türkei auf Platz acht und Saudi-Arabien auf Platz 9. Vietnam belegte den dritten Rang, Indien den fünften und Polen den zehnten".

5.7 Asymmetrie

Asymmetrie tritt bei Gegenständen und im übertragenen Sinne bei Argumentationen auf. Asymmetrische Argumente sind „einseitig", übergewichten entweder das Pro oder Kontra; asymmetrische Gegenstände werden als nicht wohlgeformt empfunden, weil keine Symmetrieachse sie in gleiche Teile teilt, sie sind schwerpunktmäßig nach einer Richtung hin verschoben: der eine wird jetzt als zu schwach, der andere als zu stark wahrgenommen. Symmetrische Gegenstände oder Argumentationen sind also durch einen Zustand der Gleichgewichtigkeit, asymmetrische Gegenstände und Argumente durch einen Zustand der Ungleichgewichtigkeit gekennzeichnet. Der Volksmund hat für die Tatsache, dass unsere Wahrnehmung nicht selten harmlose Vorgänge dramatisiert, den Slogan „Aus einer Mücke einen Elefanten machen" geprägt. Als Ursache hierfür kann der Projektionsmechanismus angesehen werden, der mir genehme Vorstellungen des Wünschens und Wollens stärker berücksichtigt als gegenteilige. Engagement und Ambitioniertheit sind hier oft schwer zu trennen.

Hier soll der Autor Beyaz (2006) zu Wort kommen. Er befürwortet einen offenen Dialog von Muslimen und Christen; doch dürfe „unter dem Deckmantel des interreligiösen Dialogs" (31) keine Missionierung betrieben werden. Ganz erstaunt können wir hören:

> So sieht sich mein Land, die Türkei, seit einiger Zeit gegenüber einem Ansturm christlicher Missionare betroffen. Sowohl Zeugen Jehovas als auch protestantische Missionare und für Griechenland [dem alten Feind – der Autor] arbeitende orthodoxe Missionare versuchen, unter großem Aufwand den Glauben muslimischer Türken zu verderben und zu christianisieren. [...]. Indem sie die Türken, die ihr Interesse finden, dazu bringen wollen, sich gegenüber Staat, Flagge, Nation und allgemein gegen unsere staatlichen Werte feindlich zu verhalten, suggerieren sie ihnen Schädliches" (34).

Auf diese ideologisch fast bis zur Unkenntlichkeit verstümmelte nationalistische Argumentation einzugehen, wäre der Ehre zu viel. Hier wird sehr einprägsam gezeigt, wie man die Rolle des Täters mit der des Opfers vertauschen kann. Wenn man diese Aussage umkehrt, dann wird die wirkliche Rollenverteilung der beiden Religionen in beiden Ländern deutlich. Deshalb vermeidet es der Autor tunlichst, Beispiele und Zahlen für seine Behauptung heranzuziehen. Und wer kann einem Opfer verdenken, sich zu wehren? (Uns Deutschen ist dieser asymmetrisch so einfach zu bewerkstellende Rollentausch bekannt.

Der 2. Weltkrieg ‚begann', weil die Polen uns angriffen und wir zurückschießen mussten.) Seit Jahren dürfen die Christen keine Priester mehr ausbilden, ist Kircheneigentum beschlagnahmt, werden sie staatlich unterdrückt und als Spione diffamiert. Wie kann dieser Autor erklären, warum es in dem christlichen Deutschland Tausende von Moscheen, in der muslimischen Türkei fast keine christlichen Kirchen mehr gibt, dass es türkische Organisationen in Europa gibt, die den säkularen Rechtsstaat abschaffen wollen? Diese Asymmetrie der Argumentation wird noch verstärkt durch selektive Wahrnehmung. Die Islamisierung Europas nimmt dieser Autor überhaupt nicht wahr oder hält sie für naturgegeben, die immer größer werdende Entchristlichung der Türkei wird umgedeutet in eine Christianisierungswelle, der religiös bedingte Genozid an den Armeniern völlig ignoriert, seine Erwähnung steht schon unter Strafandrohung. Dieser Rollentausch rechtfertigt die Unterdrückung der Christen wegen angeblicher ständiger Spionage und Missionierung in der Türkei und die besondere Fürsorge des deutschen Staates für islamische Belange.[72] Die Goldene Regel, dass das, was man selbst will, auch dem Anderen zugebilligt muss, wird von unserem Staat zu Ungunsten der in muslimischen Ländern lebenden Christen sträflich vernachlässigt.

Ob eine Argumentation asymmetrisch ist, erkennt man durch Spiegelung. Wir nehmen dazu an, Hunderttausende von Europäern würden in die Türkei einwandern, auf ihre kulturelle Identität pochen, überall Kirchen bauen wollen und eine geschlossene Parallelgesellschaft bilden. Der türkische Staat müsste sich so den Europäern gegenüber verhalten wie diese gegenüber den Türken. Man sollte diese Frage auf diese Art einmal dem türkischen Staat stellen, dann würden sich mehr asymmetrische Abgründe als symmetrische Gründe für die eigene Position finden lassen.

Feine, aber umso wichtigere Unterschiede macht Elyas (2002) zwischen den Angehörigen der Buchreligionen und denjenigen, die andere Wertsysteme bevorzugen. Die Angehörigen des Christen- und Judentums sind „Andersgläubige" (33), mit denen der Islam versucht, „Frieden [...] zu praktizieren" (33).

---

[72] Ich möchte hier zu diesem Thema eine in Umlauf befindliche Anekdote referieren, deren Tatsächlichkeit nicht nachgeprüft ist. Der ehemalige Rektor der Heinrich-Heine-Universität, Prof. Kaiser, soll muslimischen Studenten, als sie um die Einrichtung eines Gebetsraumes baten, gesagt haben: ‚Wenn Sie dafür sorgen, dass eine solche Einrichtung auch für christliche Studenten an der Universität von Istanbul eingerichtet wird, bekommen Sie selbstverständlich hier einen Gebetsraum.' Bis heute gibt es meines Wissens beides nicht.

„Wir sprechen hier nicht von Ungläubigen, nicht von Heiden, sondern von Andersgläubigen", fährt er fort. Auch hier funktioniert die Spiegelung nicht, weil westliche Staaten sich weitgehend neutral zu Weltanschauungen verhalten, es sei, sie planten eine gewaltsame Veränderung der demokratischen Ordnung. Was bedeutet es, wenn „Ungläubige" und „Heiden" nicht unter dem Schutz der Friedenspflicht stehen? Atheisten, Materialisten, Vertreter des Positivismus, Wissenschaftler in ihrer wissenschaftlichen Arbeit werden ausdrücklich stigmatisiert und bekämpft. Der Begriff „Heide", wahrscheinlich die Anhänger der Religionen, denen nicht eine buchgerechte Offenbarung zu Grunde liegt, erweitert den Bereich der zu bekämpfenden Glaubensgemeinschaften.

In Deutschland könnte bei Entfernung der ‚Heiden' keine Universität mehr so wie jetzt arbeiten. Die „Doppelzüngigkeit" unter dem Deckmantel der Friedfertigkeit erzeugt ein in meinen Augen gerechtfertigtes Misstrauen in die Glaubwürdigkeit solcher 'Verlautbarungen'. Nicht der Mensch als Wert an sich, sondern die Religion aus Sichtweise politischer Vereinnahmung wird hier ganz selbstverständlich als menschlicher Wertmaßstab angelegt.

Am besten lässt sich diese Asymmetrie an dem religiösen Anspruch des Islam zeigen, gegenüber anderen Religionen (den „Schriftbesitzern") religiöse Toleranz zu üben, Religionsfreiheit zu gewähren.[73] „In der Religion gibt es keinen Zwang" laut Sure (2:257). Dazu kommt noch das historische Argument der Toleranz[74] des Islam, das von vielen Politikern, Wissenschaftlern und ‚Gutmenschen' des Westens inbrünstig nachgebetet wird, so dass es als Fak-

---

[73] Siehe nochmal die Sure (18:30) „Siehe, Wir haben für die Frevler ein Feuer bereitet …" und die Sure (109:6): „Ihr habt eure Religion, und ich habe meine Religion."

[74] Es ist einmal ganz nützlich, die ‚Friedensliebe' der Muslime in Deutschland daran zu messen, welchen Persönlichkeiten die Moscheen gewidmet sind. Erstaunt stellt man fest, dass die Philosophen des Goldenen Zeitalters leer ausgehen. Dafür werden Eroberer wie Mehmet II. oder Sultan Selim mit Moscheen geehrt (Tibi 2004, 100), besonders Mehmet II., der Eroberer von Konstantinopel, von wo aus dann die Feldzüge gegen das christliche Europa geführt werden. Ein solcher Name in einem noch christlich orientierten Land ist Programm eines politischen Islam. Ich fordere die Verantwortlichen auf, diesen Skandal des schon in seiner Symbolauswahl so ‚friedliebenden' Islam zu beenden. Auch hier gilt die volkstümliche Weisheit „Nur die dümmsten Kälber wählen ihren Schlachter selber". Nach der historischen Überlieferung begab sich Mehmet II. nach der dreitägigen Plünderung von Konstantinopel zur Sophienkirche, die er durch ein Gebet in eine Moschee umwandelte (Serauky 1991, 358). Wir lassen es in Deutschland zu, Moscheen zu bauen, deren Namensgeber den Sieg über das Christentum (Ostrom) verkünden.

tum und Urprämisse der Beurteilung des Islam allgemein heilige Verehrung genießt. (Das Aufzeigen solcher toleranter historischer Epochen des Islam kann aber aus logischen und faktischen Gründen nicht als Beweis für die heutige Toleranz oder Intoleranz herangezogen werden.) Zwar dürfen die „Schriftbesitzer", Juden und Christen, nicht zur Konversion gezwungen werden; doch sind Konvertiten in den islamischen Gemeinden gern gesehen. Aus Gründen der Symmetrie und Ausgewogenheit müsste dieser Vorgang der erfolgreichen Missionierung auch umkehrbar sein: Muslime müssten etwa zum Christentum konvertieren können. Doch hier versagt das Prinzip der Reversibilität: Es ist den Muslimen vieler islamischer Länder bei Todesstrafe verboten, eine andere Religion anzunehmen.[75] Die Begründung der Apostasie lässt aufhorchen:

> „Dies darf nicht mit dem Problem der Bestrafung des Apostaten verwechselt werden, also der Bestrafung des Muslims, der seine Religion verlässt. Denn dies ist eine und das, was wir über die Religionsfreiheit gesagt haben, ist eine andere Sache. Der Muslim hat sich durch seine Unterwerfung unter Gott zur Einhaltung der Regeln des Islam und seines Bekenntnisses verpflichtet. Und wenn er abtrünnig wird, verstößt er gegen seine Verpflichtung, schädigt den Staat und rebelliert gegen ihn. Das erfordert eine Bestrafung [...]" (zit. nach Müller 1996, 144f).

Der Autor möchte diese Begründung als ideologiegetränktes Muster einer asymmetrischen orientalistischen Dialektik bezeichnen, so dass ein Bekenntnis des Islam zur Religionsfreiheit in der westlichen Welt mit großer Heiterkeit quittiert werden müsste.[76] Begründet wird die Todesstrafe mit dem *Hadith*: „Wenn jemand seine Religion fallen lässt, so tötet ihn" (zit. bei Müller 1996, 145). Es ist als angebliche Äußerung Mohammeds in die *Scharia* übernommen worden, die ja keinen Unterschied zwischen Staat und Religion kennt, so dass ein Vergehen gegenüber dem Islam ein Vergehen gegenüber dem Staat gleich-

---

[75] Sehr eingehend wird dieser Sachverhalt mit seinen Hintergründen in Müller (1996, 142-146) vorgetragen.

[76] Unter anderem Aspekt ist diese Begriffsproblematik schon einmal aufgetreten, nämlich bei den pseudoessentiellen Leerformen, wie sie in der Diktion des Kommunismus häufig im Gebrauch waren. Dittmar (1977) bearbeitet das Problem, dass solche Leerformeln bei sprachlicher Gleichheit etwas völlig anderes bedeuten können, z.B. Frieden, so dass bei scheinbarem Gleichklang völlig andere Interpretationen, ob Ost oder West, die politische und ökonomische Sprache beherrschten. Topitsch (1979) hat in *Erkenntnis und Illusion* solche Leerformeln analysiert und sie in das Reich der Ideologie verwiesen.

kommt. Man fühlt sich an die Inquisition erinnert. Mit dieser Auffassung wird die Vorstellung der Existenz von universalen Menschenrechten relativiert, deren Geltung nur so weit reicht, wie sie islamischem Recht nicht widerspricht. Viele westliche ‚Intellektuelle' betten den Begriff „Menschenrechte" nicht in diesen soziokulturellen Kontext ein, sondern übersetzen ihn einfach in die westliche Version und sind sehr angetan von der Fortschrittlichkeit der Menschenrechtsdebatte im Islam.[77]

Aber die noch viel stärkere These „Die Würde und damit auch die Menschenrechte hat jedoch der Islam dem Menschen gegeben", mit ihm sind die Menschenrechte „bereits vor 14 Jahrhunderten erklärt, in der „vollständigsten Weise und mit den weitesten Grenzen", „umfassend und tiefgründend festgelegt" (zit. nach Müller 1996, 125f.) unterstreicht den universalen Anspruch des Islam auf alleinige interpretatorische Welthoheit. Während vom Westen die Menschenrechte durch den Akt der Selbstbestimmung als Allgemeingut betrachtet werden, als humanistischer Überbau, dem er sich selbst untergeordnet, konstruiert der Islam mit der Dichotomie „westliche Menschenrechte/islamische Menschenrechte" ein Konkurrenzverhältnis auf ungleicher Ebene, das nur einer gewinnen kann, die ‚höherwertigen' islamisch begründeten Menschenrechte, die jetzt universale Ansprüche erheben. Was liegt näher, als dass in einem zu schaffenden islamisch geprägten Weltstaat auch die islamischen Menschenrechte oberste Priorität genießen.

Im Sprachgebrauch des Islamismus haben sich also schon totalitäre Machtstrukturen essentialisiert, die die Menschenrechte auf ihre Weise auslegen. Zunehmend macht sich in der westlichen Welt Misstrauen gegenüber den verbalen Bekenntnissen des Islam breit, zumal auch hier durch die selektive Wahrnehmung die Realität verzerrt wahrgenommen wird. Immer mehr besetzt der Islamismus die Schlüsselbegriffe der sozialen Ebene, die als Leerformeln beliebige Interpretationen zulassen, mit seinen Inhalten, die jetzt durch Kompatibilität ihrer sprachlichen Form mit westlichen Begriffen nur Inhaltsgleich-

---

[77] Der Islam kennt zwei sich befehdende Teilwelten, das „Haus des Islams" und das „Haus des Krieges". Wenn der Moslem „Salam" (verwandt mit dem Begriff „Islam") wünscht, dann gilt dieser Friedensgruß nur im „Haus des Islam", dieses soll ja einmal die ganze Welt umfassen. Mit denjenigen, die im „Haus des Krieges", wir, leben, kann es einen solchen Frieden aus den genannten totalitären Ansprüchen nicht geben, Friede ist für diesen Teil der Menschheit eine nützliche, beschwichtigende Vokabel, weil dieser im Grunde gar nicht friedensfähig ist.

heit vortäuschen. Der Test auf Symmetrie ist in der Lage, ideologisch defizitäre Implikationen zu entdecken und zu kritisieren.

Noch ein eklatantes Beispiel für Asymmetrie soll hier herangezogen werden. Die Al-Qaida reagiert auf ein Papst-Zitat, das sich auf einen Vorgang vor 600 Jahren bezieht, mit den ungeheuerlichen Worten „Wir sagen dem Diener des Kreuzes: Warte auf die Niederlage [...]. Wir werden das Kreuz zertrümmern" (RP vom 19.09.2006, A5). Das islamkritische Zitat des Papstes soll dazu auffordern, alle Gewaltausübung durch Religionen zu ächten. Al-Qaidas Antwort ist die Ausrufung eines totalen Krieges zur Vernichtung des Christentums. Hatte nicht der byzantinische Kaiser in diesem Zitat die Wahrheit gesagt, als er einen Islamgelehrten aufforderte: "Zeige mir doch, was Mohammed Neues gebracht hat, und da wirst du nur Schlechtes und Inhumanes finden wie dies, dass er vorgeschrieben hat, den Glauben, den er predigte, durch das Schwert zu verbreiten" (RP vom 16.09.2006, A2)? Die Reaktionen der Al-Qaida entlarvt sie, weil sie genau das, was Mohammed vorgeworfen wird, bestreiten und gleichzeitig predigen, und zwar im Sinne eines irregulären totalen Krieges. Hier verliert jedes Vernunftargument seine Kraft.

5.8 Selektive Wahrnehmung

Die Philosophie der Wahrnehmung ist ein unendliches Feld. Ein großer Teil davon sind psychologisch-empirische Befunde, worauf hier nicht eingegangen werden kann. Mit Hilfe von Beispielen soll trotzdem eine hinreichende Erklärung des Phänomens versucht werden, weil hier nur die ideologisch erklärbaren Aspekte des Sachverhaltes erläutert werden sollen.

Doch erst einige kurze Vorbemerkungen. Obwohl der Begriff „wahrnehmen" glauben machen will, dass unser Erkenntnisapparat die Außenwelt objektiv erfassen kann, kann davon keine Rede sein. Sinnesdaten werden aufgenommen und durch den Verstand in Begriffe gebündelt, so dass sich ein Abbild der Wirklichkeit ergibt – diese einfache Formel geht nicht auf, schon bei der angeblich passiven und daher besonders objektiven Datenaufnahme nicht, wie optische Täuschungen beweisen. „Wir sind", so Lenk", konstruierende Wesen auch schon auf der unterbewussten Schicht unserer Wahrnehmungserlebnisse (...)" (1994, 93). Auch von der Sinnesphysiologie werden gewichtige Einwände gegen das „Kameramodell" (Lenk) erhoben. Denn von einem Gegenstand gehen physikalische Kräfte aus, die die von den Sinnesorganen aufgenommen und als elektrische Potentiale ins Gehirn geleitet werden. Dort entsteht auf noch nicht geklärte Weise im Gehirn aus einer physikalischen Information ein psychisches Bild. Es findet also ein „ontologischer Sprung" statt, so dass zwischen wahrgenommenem Reiz und seiner bildlichen Rekonstruktion keine Adäquation bestehen kann. Lenk nennt die bildliche Rekonstruktion – besser vielleicht Konstruktion - „Interpretationsprodukt" (1995, 95), die einem hierarchisch aufgebauten subjektiv erworbenen Schematismus zugeordnet ist.

Ich möchte auf das „Lenk-Kapitel" hinweisen, wo die Interpretationsstufen in aufsteigender Abstraktheit genannt werden, um zu zeigen, welchen Bearbeitungsschritten eine „Urinterpretation" (103) unterliegt. Die Wahrnehmung besteht also aus zwei interaktiven Prozessen, dem Gegenstandsanteil und dem Subjektanteil, durch welche der Gegenstand ein ‚Interpretationsprodukt' im Sinne einer ‚Imprägnation' [ist] (96). Wir exportieren unseren Schematismus, ohne den wir ohne Kognition bleiben würden, so auf den ‚Gegenstand', dass dieser dadurch verändert wahrgenommen wird. Die Wissenschaften fordern ein bestimmtes „wissenschaftliches Ethos" für alle Fakultäten, so dass ihr Interpretationsschema intersubjektiv verbindlich ist, folglich sich ihre Wahrnehmungen auf gleiche Grundannahmen zurückführen lassen müssen, was auch Instrumente übernehmen können.

Doch im Alltagsleben hat jeder ‚so seine Erfahrungen gemacht', dass ganz verschiedene Schemata auf den gleichen Gegenstand gerichtet sind, so dass er gemäß den Voreinstellungen verschieden wahrgenommen wird.[78] Und diese Imprägnation wirkt so auf die Schematismen ein, dass sie den gleichen ‚Gegenstand' beim nächsten Wahrnehmungsakt interpretativ verstärken oder abschwächen, je nach Erwartungsgrad. Dieser wirkt selektiv, indem er die störenden Nebengeräusche ausblendet.

Wir sehen und lesen fast täglich in den Medien von Terroranschlägen islamistischer Machart. Unser Schematisierungsapparat generalisiert nur zu gern im Sinne einer Ökonomisierung einer Wahrnehmung diese Beispiele und fügt diese Einzelbilder zu einer Regel zusammen, die durch jeden neuen Fall strikter wird. Gezeigt und beschrieben werden nicht tiefliegende Ursachen wie

---

[78] Der Tod eines Menschen wird von seinen Angehörigen mit innerer Anteilnahme wahrgenommen, während der Tod eines Unbekannten sie ziemlich kalt lässt.

soziale Spannungen, Sinnleerheit westlicher Wertsysteme, historische Fehler der Verwestlichung, hintergründige Manipulation der amerikafeindliche Parolen brüllenden Iraner, Fehler bei der Integration, das friedliche Leben der allermeisten Muslime, sondern eine sensationsgeladene Oberfläche von unbeschreiblicher Brutalität, zynischen Mordaufrufen, Ablehnung westlicher Werte im Westen durch demonstratives Tragen von Kopftüchern, randalierende islamische Jugendliche in Europas Vorstädten, Geiseln in Todesangst. Diese Wahrnehmungen bestätigen und verstärken die Regel: Der Westen fühlt sich einem überall wirksamen Islamismus und Terrorismus ausgesetzt, die sich seine Vernichtung zum Ziel gesetzt haben und jede Humanität mit Füßen treten. Positive Zeichen eines friedlichen Zusammenlebens und unspektakuläre Normalität werden überhaupt nicht registriert. Der Islam wird von uns nur noch durch die Brille des Islamismus verzerrt wahrgenommen.

Der täglich friedliche[79] Umgang mit Muslimen in Schulen, Arbeitsstätten und im Alltag, der Alltag der Moslems in ihren Ländern wird wahrnehmungsökonomisch geschluckt, so dass wir die Muslime immer öfter nur als waffenschwingenden Terroristen und Mörder ‚sehen'.[80] Ähnliches empfinden die Moslems, wenn sie die bombende israelische Luftwaffe und die Gewalt der Amerikaner gegenüber irakischen Zivilisten im Fernsehen verfolgen. Wer allerdings die Ausrottung Israels auf seine Fahnen geschrieben hat, darf sich nicht wundern, wenn statt Tafeln aus Schokolade scharfe Bomben fallen. Hier

---

[79] Die Vorgänge z. B. in Berliner Hauptschulen, (von Sarrazin beschrieben) und nicht nur dort, wo überwiegend Mädchen und Jungen mit einem „Immigrationshintergrund" deutsche Schüler und Lehrer terrorisieren, müssen Anlass zu einem Überdenken der deutschen Ausländerpolitik sein. Es kann nicht angehen, dass aus welchen Gründen auch immer, eine Minderheit unsere Gesellschaftsordnung ungestraft ignorieren kann. Auch hier ist eine Spiegelung nützlich. Was würde geschehen, wenn an deutschen Schulen mit etwa 20% Ausländeranteil die ausländischen Schüler von den Deutschen so behandelt würden, wie diese im umgekehrten Fall die Deutschen behandeln? Was denken sich islamische Schüler, wenn sie westliche Frauen, als ‚Schlampen', ‚Nutten', ‚Huren', ‚Schweinefleischfresser' bezeichnen? Statt hier klare Grenzen mit scharfen Sanktionen zu ziehen, soll ein Heer von Sozialarbeitern und Sozialpsychologen den „Migrationshintergrund" mit den Schülern aufarbeiten, durch den die aggressiven Reaktionen gegen das Migrationsland angeblich verständlich sind. Täter werden so zu allzu bereitwilligen Opfern. Man versuche einmal, ähnlich bei rechtsradikalen Jugendlichen zu argumentieren.

[80] Die Balkankriege im letzten Jahrhundert haben gezeigt, wie schnell ein Jahrhunderte alter Konsens zwischen den Religionen durch religiös motivierte politische Ansprüche zerbricht.

zeigt sich ein allgemeines islamistisches Syndrom, das Sich-Verstecken der Täter hinter einer Opferrolle.

Wie nicht anders zu erwarten, erwartet uns also in der muslimischen Welt eine groteske Wahrnehmungsverzerrung. Sie gipfelt in der Reanimation des „heiligen Krieges" während der Zeit der „Kreuzzüge". Der heute zu führende Krieg gegen den Westen ist eine Antwort auf den „heiligen Krieg" der Kreuzritter, der damals wie heute zu deren Vernichtung führen wird. Diese Schablone wird gefüllt mit aktuellen Bildern des Irakkrieges, der Intifada gegen Israel, der Racheschwüre der Aktivisten, die getötete ‚Märtyrer' zur Beisetzung tragen, des in den Augen des Islam sittenlosen und schamlosen Verhaltens der ‚Christen' in der Öffentlichkeit und so weiter. Ihre Verschwendungssucht, ihr Sexismus, ihre Egomanie des „nach mir die Sintflut", ihr hemmungsloser Konsumrausch würde aus ‚Gottes Geschöpfen' maßlose Kreaturen machen, um deren Verschwinden aus der Welt es nicht schade sei. Weil es hier um Menschen im eigentlichen Sinne nicht geht, ist eigentlich jedes Mittel zu ihrer Vernichtung erlaubt.[81] Die Erinnerung an die Kreuzzüge dient als Verstärker; denn so wie die brutalen und mörderischen Christen schließlich von den Arabern besiegt wurden, wird es ihnen bald wieder ergehen. Die westliche Technik, die westlichen Sozialsysteme, das hohe Niveau der Bildung können dieses Bild nicht differenzieren. Sie fallen als unbedeutende Konnotationen ins kulturelle Gedächtnisloch der islamischen Welt.

Die genannten ideologischen Strategien verändern die Sachverhalte und Tatsachen projektiv so, dass sie als Wünschen, Wollen und Werten den Gegenstand imprägnieren, infolgedessen diese Patina als objektiv gegebene Eigenschaft des Gegenstandes erscheint und kognitiv mit einem Wahrheitsanspruch ausgestattet werden kann. Dieser durch die genannten psychischen Mechanismen veränderte Gegenstand ist jetzt Gegenstand an sich. Es erfolgt eine „Umdeutung oder Verkleidung eines Gefühlsverhältnisses des Denkenden zu Realfaktoren. – [...]. Sein Gefühlsverhältnis zu einem Objekt geht als angeblich

---

[81] Als besonders verurteilenswert muss das Verhalten der Hisbollah (‚Krieger Gottes') bezeichnet werden. Um Israel und die USA als widerwärtiges Feindbild international anzuprangern, benutzen die ‚Gotteskrieger' für ihre Raketenabschüsse auf Israel die Bevölkerung als ‚menschliches Schutzschild', so dass diese die Leiden des Krieges, obwohl sie ihn nicht will, tragen muss, was den ‚gerechten Zorn' eines jeden Muslims hervorrufen muss. Was ist das für ein Gott, der zulässt, dass ihm ‚gottgefällige' Krieger dienen, indem sie die Zivilbevölkerung zur Schlachtbank treiben?

Objektives in die Aussage ein" (Geiger 84, 187). Solche selbstbestätigende und in und mit sich kohärente Theorien können dann zur Rechtfertigung und Begründung von politischen Aktionen, aber auch zur argumentativen Bekämpfung von kritischen Einwänden gebraucht werden. Wenn sich erst einmal eine solche **Ideologie(-)** etabliert hat, vermittelt sie ihren Anhängern Geschlossenheit, den Zweifelnden intellektuelle Sicherheit und den Gegnern ihre Unbesiegbarkeit.

Zweimal hat sich in der jüngeren Geschichte eine Großideologie mit einer attraktiven Axiologie gebildet, die gemäß dem Kriterium „Feindbild" rein ‚wissenschaftlich' einen Teil der Menschheit zu rassisch Minderwertigen oder zu Klassenfeinden abgestempelt hat. Die dritte hat gerade angesetzt, Ungläubige als Parias in ihrem Sinne mit der ‚Lizenz zum Getötet werden' auszustatten. Letzteres kann noch verhindert werden, wenn man den dahinter wirksamen Ideologisierungsmechanismus durchschauen lernt. Dabei entsteht ein Problem, da die ideologischen Akteure im Grunde meist selbst den Konstruktcharakter ihrer Produktion kennen, weil sie ihn selbst entworfen haben, um sich auf ein geschlossenes politisches Konzept stützen zu können. Durch Gewaltandrohung oder Ausübung von Gewalt wird diese Glaubwürdigkeitslücke geschlossen und naturalisiert – im Namen Gottes. Deshalb ist nicht der Westen, sondern der Islamismus der größte Feind des authentischen Islam.

Wenn wir einmal unterstellen, dass es einen intersubjektiv einheitlich wahrnehmbaren Gegenstand gibt, dann lässt sich die verändernde Wirkung der **Ideologie(-)** dadurch zeigen, dass sich zwischen seinem kognitiven Sein und seiner projektiven Modifikation eine defizitäre Erkenntnislücke aufgetan hat. Wird vom projektiven Anteil abstrahiert, dann verschwindet diese Lücke oder Differenz wieder. Dann wird der kognitive Gegenstand wieder sichtbar.

Ideologiekritik ist eine Form der Erkenntniskritik, durch die der falsche Schein einer ideologisierten Theorie entlarvt werden kann, so dass der Gegenstand mit den bekannten Einschränkungen in seiner Objektivität erfasst werden kann.

Menschen, die den durch Ideologie defizitär veränderten Tatsachenbestand nicht bemerken, gleichen Sonnenbrillenträgern, die das, was sie durch dieses dunkel getönte Glas wahrnehmen, für eine objektiv verdunkelte Welt halten.

6. Islamischer Fundamentalismus

Der Islamismus, das belegt die vorangegangene Untersuchung, hat sich als religiös ausgelöster Fundamentalismus zu der „Denkform Fundamentalismus" entwickelt, einer **Ideologie(-)**, die gemäß den besprochenen Ideologiekriterien die Wirklichkeit auf ihre spezifische Weise erkenntnistheoretisch defizitär antizipiert. Doch sie ist leider keine andere als die zu Mohammeds Zeiten, zu der man sie als **Ideologie(+)** bezeichnen kann, weil sie eine neue Welt geschaffen hat; heute aber erscheint sie als ‚alter Wein in neuen Schläuchen'. Sie schickt sich an, die Pluralität von konkurrierenden Erkenntnistheorien der Alten Welt gemäß dem beanspruchten Wahrheitsmonopol einzuebnen. Die „Denkform islamischer Fundamentalismus" ist bei der Vorstellung der Ideologiekriterien hinreichend mit den vorgestellten Kriterien konfrontiert worden; zu viele Kriterien sprechen für seine durch und durch ideologieinfizierte Konstitution.

Eine mit der Theorie, dass der Islamismus auf die schon immanenten ideologischen Implikationen des Korans aufbaut und diese zur eigenen Legitimierung gebraucht, verträgliche Variante ist von Broder (2006) essayistisch vorgestellt worden. Sie behauptet, [...] „dass der Islamismus den Islam nicht missbrauchen, sondern ihn wörtlich nehmen könnte" (54). Schon in der Goldenen Zeit der islamischen Philosophie hat die philosophische Selbstbesinnung die symbolische Auslegung des Korans gefordert, weil eine wörtliche Auslegung zu unüberblickbar vielen Inkohärenzen geführt hat. Das dogmatische Beharren auf absoluter Authentizität des Korans heute hat den Islam so verändert, dass er sich moderner theoretisierender Konstruktionen bedienen muss, um seinen Rückfall in die überlebten Denkmuster seiner Gründerzeit, weil er sie reanimieren will, als fortschrittlich und modern zu deklarieren. Damit arbeiten Islam und Islamismus bei der Bedienung der Ideologisierungsmaschinerie so eng zusammen, dass man nicht mehr den ‚bösen' Islamismus vom ‚gutem' Islam unterscheiden kann, ihre Grenzen verschwimmen immer mehr, sichtbar an den emotionellen Ausbrüchen von Hass gegenüber dem Westen, obwohl die Ursache des Ausbruchs den meisten Muslimen unbekannt ist.

Die von Broder angeführte These Sloterdijks, „Was auf der Langzeitagenda steht, ist die Europäisierung des Islam, nicht die Islamisierung Europas" (29) entspringt dem philosophischen Wunschdenken eines vorauseilenden Gehorsams, wodurch die Wahrnehmungsfähigkeit deutlich getrübt zu sein scheint, nicht aber den Fakten. Der Euro-Islam wird selbst im Ausland, also bei uns immer stiller, während die Islamisierung Europas voranschreitet. Diese ‚Wahrnehmungstrübungen' sind von dem Essayisten Broder in *Hurra, wir kapitulieren!* gesammelt und kommentiert worden.

Tepe führt den religiösen Fundamentalismus, der auch einen politischen Gestaltungswillen impliziert, auf die Grundmuster zurück: „absolute Wahrheit, unbezweifelbare Dogmen, kompromisslose Durchsetzung" (Internet 2000, 5). Dieses wird mit konkreten Inhalten gefüllt, so dass wir in der Realität mit mehreren Fundamentalismusformen zu rechnen haben.

In den vorigen Kapiteln wird schon darauf hingewiesen, dass der islamische Fundamentalismus den Kommunismus als Großideologie abgelöst hat. Das allgemein prognostizierte Ende der Großideologien mit ihrem globalen Konfliktpotential ist nicht eingetreten, weil der islamische Fundamentalismus die vom Kommunismus hinterlassene Lücke sofort ausgefüllt und einem neuen Manichäismus entwickelt hat.

In dem Beitrag *Ist mit dem Verfall der Großideologien auch die Ideologiekritik zu Ende?* untersucht Salamun (1992) die eigentlich jetzt überflüssige Disziplin „Ideologiekritik", sollte die Verfallstheorie zutreffen. Doch rät Salamun zur Vorsicht, obwohl sich, als er den Aufsatz schreibt, der islamische Fundamentalismus noch nicht im westlichen Bewusstsein formiert hat. Er resümiert:

> dass ein solches im Rahmen der bisherigen Ideologiekritik erarbeitetes Instrumentarium zur Ideologiekritik auch noch nützlich sein kann, wenn man das Ende der klassischen Großideologien gekommen zu sehen meint. Dann ist es eben fruchtbar zur Gewinnung von Einsichten in bedenkliche strukturelle Eigenheiten von Denkgebilden [...]. Ich denke dabei vor allem an religiöse Fundamentalisten mit politischen Sendungsansprüchen, nationalistischen Ideologien, Öko-Ideologien, Modernisierungs- und Fortschrittsideologien [...]. Ideologien entstehen immer neu, und deshalb ist es auch notwendig, die Erkenntnisse der bisherigen Ideologiekritik präsent zu halten [...] (31).

Dazu expliziert er die hier schon bekannten Ideologiekriterien, nennt aber noch zusätzlich „Immunisierungsstrategien", „Messianismus" und Vermischung von „politisch-weltanschaulichen Wertvorstellungen mit gut bestätigten Hypothesen und Tatsachenerkenntnissen" (40-48), was der Islamismus im letzten Falle der Religion überlässt, weil sie das Wahrheitsmonopol beansprucht und die Wissenschaften ambivalent rezipiert werden. Aber – wie beruhigend – der Ideologieforschung geht der Stoff nicht aus, weil Ideologie im weitesten Sinne des Wortes ein mit dem Menschen entstandenes und ihn tragendes kulturelles Sinnsystem darstellt (als Instinktersatz), so dass jederzeit der Umschlag von kulturell konstruktiven Wertprämissen und den darin eingeschlossenen Denkformen zu **Ideologie(-)** erfolgen kann, die sich jetzt als Sammelpunkt der Ideologiekriterien im Sinne einer defizitären Erkenntnistheorie oder gesellschaftlichen Utopie mit Ausschließlichkeitsanspruch darstellt und somit wissenschaftlich eindeutig qualifiziert werden kann.

Des Islamismus manichäische Auffassung von Gott und Satan, Himmel und Hölle, von Gut und Böse findet sofort in der westlichen Welt den Feind; doch dieser zahlt mit gleicher Münze heim, jedenfalls in den Vereinigten Staaten durch die Verstärkung eines latent schon vorhandenen christlichen Fundamentalismus.[82] Es stehen sich zwei in sich sehr heterogene Welten gegenüber: der ideologisierte Islam, der die Unterschiede in den einzelnen Regionen nach innen und außen zumindest äußerlich geschickt verkleistert und der Westen, dessen bunter und pluraler Werthintergrund kaum zu beschreiben ist: Christentum, Atheismus, Positivismus, Technikgläubigkeit, Individualismus, neurotische Egomanie, allgemeine Säkularisation, Ablehnung der Transzendenz, Demokratie, Pluralität, Materialismus [...] bilden eine widersprüchliche Gemengelage, die auch in vereinfachter Form die tägliche Lebenspraxis bestimmt. Was den Westen allgemein bestimmt, ist wirtschaftlicher Expansionsdrang, Sicherung der Rohstoffe zur Sicherung seines Wohlstandes und Universalisierung seiner materialistischen Wertsysteme. Seine überlegene Wirtschaftsform lässt sich aus seiner analytischen Methodik ableiten, indem ein ganzheitlicher Produktionsprozess in sehr effizient zu beherrschende Teilschritte zerlegt wird, aus denen sich dann das Ganze problemlos synthetisieren lässt. Grundlage dieser rationellen Produktionsweise bieten die Wissenschaften.

Vom Islam und Islamismus wird das Wertkonglomerat der westlichen Zivilisation stark vereinfacht, dichotomisiert und dann dämonisiert, was sich mit den Begriffen „dekadenter Westen" und „christliche Kreuzritter" beschreiben

---

[82] Theorie und Praxis des christlichen Fundamentalismus in den USA ist von Barr (1981) umfassend bearbeitet worden.

lässt. Momentan aber steht der Westen der immer militanter werdenden **Ideologie(-)** „Islamismus" noch sehr hilflos gegenüber, weil er den Islam nur verschwommen wahrgenommen hat: als exotische, ansonsten nicht sehr bedeutsame, etwas verstaubte Weltanschauung und Religion. Durch das unglückliche Agieren der amerikanischen Administration[83], die hoffte, dass nach der Domino-Theorie die Demokratie vom Irak auf die anderen islamischen Länder überspringen würde, wurde die entstehende Entfremdung zwischen islamischen und christlich-liberalen Ländern nur noch verstärkt, so dass sich heute beide als gegenseitige Bedrohung empfinden.

Dieses Blockdenken mit seinem immer mehr anwachsenden militärischen Potential, um den eigenen Anspruch auf Vorherrschaft zu befestigen, hatten wir doch schon einmal. Wir müssen mit dem Schlimmsten rechnen, da in der Weltgeschichte zu religiösen Konflikten umgedeutete Auseinandersetzungen bisher mit äußerster Brutalität ausgetragen worden sind. Die Weltanschauung, die stolz ist, das „Schwert Allahs" zu sein, „unsere Bajonette", um zum Sturm auf die westliche Welt anzutreten, hat eine Geschichte.

6.1 Geschichte des Islamismus

An drei Namen soll die Geschichte des Islamismus festgemacht werden: Maududi (1903-1979), Hassan al Banna (1906-1949) und Qutb (1906-1966). Ich möchte hier ebenfalls von einem Konglomerat von politischen Vorstellungen des Islam, der sich ja immer auch als politische Kraft versteht, in dieser Zeit ausgehen: Anti-Kolonialismus, Unterlegenheitsgefühl dem technisierten Westen gegenüber, geringes Prestige der als veraltet empfundenen Religion des Islam, unkritisches Übernehmen westlicher Ideen und Kultur, steigendes Selbstwertgefühl durch steigende Macht wegen des Besitzes von Erdöl, Ab-

---

[83] Diese ist naiver Weise wegen der blutigen Diktatur Saddam Husseins von der Vorstellung einer Sehnsucht nach Demokratie des irakischen Völkergemisches ausgegangen. Doch niemand hat dort die Philosophie befragt, die über die diametral entgegengesetzten Wertsysteme „Islam" und „Demokratie" hätte Auskunft geben können. Als islamisches Land, das von einer Gottesherrschaft träumt, kann es nicht ein Wertsystem der autonomen Subjektivität akzeptieren. Die Iraker empfinden eine eigene blutige Tyrannei von Despoten geradezu als Befreiung, wenn sie zwischen ihr und einem amerikanischem Protektorat wählen könnten.

lehnung und Befürwortung des Kommunismus, Panarabismus. Dazu kommt noch die als Schmach empfundene Niederlage im Sechstagekrieg 1967, mit der der Panarabismus vorläufig zu Grabe getragen wird, weil die militärische Solidarität der arabischen Welt ausbleibt. Eine Analyse dieser Niederlage von Seiten der Islamisten förderte zwei für richtig gehaltene Ursachen zu Tage: den festen religiösen Glauben der Juden, der sie stark mache im Gegensatz zum Islam, dessen Glaubenskraft geschwunden sei (zit. nach Tibi 2001, 51). Das stimmt zwar nicht, weil der Holocaust den entscheidenden Grund für den Kampfeswillen der Israelis abgibt, ist jedoch eine geschickte ideologische Erklärung des eigenen Scheiterns, aber auch der Umdeutung des Islamismus in einen kommenden Siegeszug durch eine Renaissance des Islam. Deshalb könne die Parole nur sein: Zurück zu einem ‚wahren' Islam. Der jetzt von rückwärts reformierte Islam könne ähnliche Ressourcen wecken wie die jüdische Religion, durch deren moralischen Rückhalt der Sechs-Tage-Krieg neu entschieden worden sei. Die Reformierung des Islam erfolgt tatsächlich, aber nicht durch Selbstanalyse, sondern ‚von oben', vom Islamismus her, so dass fortan der Primat der Politik über die Religion, die ideologisch(-) ausgebeutet wird, gilt. Der Islam wird mehr und mehr zum willfährigen Handlanger des Islamismus und verliert damit seine eigenständige religiöse Sinngebung und seine moralische Autorität. Er wird zur Rechtfertigungsfunktion des Kampfes gegen den ‚degenerierten Westen'.

Der Pakistani Maududi sortiert aus dem eben genannten Konglomerat von Weltanschauungen diejenigen aus, die die latent antiwestliche Stimmung argumentativ stärken. Die Demokratie ist für ihn ein „Satanswerk" (nach Barth, 104). Der Sündenfall des ersten Menschen, autonom wie Gott zu sein, würde sich in den westlichen Demokratien wiederholen:

> Er [der Westen – der Autor] sagt den Menschen: Es ist nicht nötig, dass ihr dem göttlichen Gesetz gehorcht, ihr könnt eure eigenen Menschengesetze machen, indem ihr abzählt, wie viele mit euren Plänen einverstanden sind. Dies ist eine tödliche Gefahr, die der Islam bekämpfen muss, nicht nur auf seinem eigenen Gebiet, sondern auf der ganzen Welt" (104 f.).[84]

---

[84] Doch Ayyub Axel Köhler, Vorsitzender des Islamrates in Deutschland, rechnet weiter mit der Dummheit der Deutschen, indem er behauptet. „Wenn Sie die Geschichte ansehen, ist der Islam nie mit Gewalt verbreitet worden" (RP vom 23.09.2006, A5). Zum Hauptproblem, dem Terrorismus, räumt er zwar ein: „Der islamistische Terror beschmutzt unsere Religion" (A5);

Hiermit sind die westlichen Demokratien zu einem Objekt der Dämonisierung geworden, eben „Satanswerk", der Islam bekommt die politische Weisung, die Gottlosigkeit auf der ganzen Welt mit Gewalt[85] zu bekämpfen, d.h. er verschleiert seine weltweite Mission erst gar nicht mehr. Allah soll als der souveräne Gesetzgeber in einem globalen Gottesstaat herrschen. Die Islamisten maßen sich an, diesen Staat, wenn sie sich auch als Gottes Handlanger ausgeben, errichten zu können. Aus Maududis Sicht bedeutet, dass sich dem Willen Gottes Unterwerfen kein Sklavendienst ist, sondern eine Rettung und Befreiung des fehlenden Menschen. Dazu kommentiert Armstrong (2000, 278):

> Weil Gott allein der oberste Herrscher sei, könne niemand gezwungen werden, den Befehlen anderer Menschen zu gehorchen. Ein Herrscher, der sich weigere, nach dem Willen Gottes zu regieren, habe den Gehorsam seiner Untertanen nicht verdient. In diesem Falle bestünde nicht nur ein Recht zur Revolution, sondern geradezu die Pflicht.

Wer aber weiß, was der Wille Gottes ist, wenn der Koran so viele unterschiedliche Varianten anbietet? Hier feiert der Gedanke der Wiederauferstehung der Weltrevolution, jetzt aber unter islamistisch-djihadistischem Vorzeichen, fröhliche Urstände. Der Islamismus gibt sich als die Kraft aus, die nach der gewaltsamen Beseitigung aller säkularen Herrschaftssysteme den Traum der Menschheit auf einen ewigen Frieden und ewige Gerechtigkeit ver-

---

doch mir ist nicht bekannt, wo eine Demonstration der Muslime gegen diese ‚Beschmutzer' stattgefunden hat, im Gegensatz zu den Hasstiraden gegenüber dem Papst. Natürlich hat der Islam auch keine echten Probleme mit der Gleichberechtigung der Frau, da sie ja seit Mohammed ohne den Mann geschäftsfähig ist. Doch gibt es den „Rückfall in vorislamische Sitten, die wir natürlich auch bekämpfen" (A5). Damit ist klar, dass es keine Probleme des Islam mit den Lebensgewohnheiten des säkularen Westens gibt; es gibt nur Probleme mit der kritischen und einseitigen Sicht des Islam durch die Deutschen.

[85] In *Mohammed und die Gewalt – Die Sprache des Schwertes* (Kocsis, München 2001) führt die Verfasserin elf Verse auf, in denen von Gewalt die Rede ist, die nachzulesen ich diejenigen bitte, die immer von der prinzipiellen Friedfertigkeit des Islam reden. Vor allem die Sure (9:29) macht „deutlich, dass der Islam, wenn er an die Macht gekommen ist, keine höfliche und vernünftige Diskussion mit Andersdenkenden für nötig erachtet - die Sprache des zukünftigen Gespräches war die des Schwertes" (Ali Dashti in Kocsis (München 2001, 48)). Alle diejenigen, die von der ausschließlich friedlichen Botschaft des Islam ausgehen, haben entweder den Koran nicht gelesen, sind Fundamentalisten und Propagandisten mit sehr partieller Wahrnehmungsfähigkeit oder Nachbeter von systemstabilisierendem vorauseilendem Gehorsam der absoluten Gutheit von ‚Multi-Kulti', so dass die Idylle der Vorurteile durch kritische Äußerungen nur gestört werden kann.

wirklichen kann, die von Gott garantiert werden und Teilhabe aller an den Gütern der Erde versprechen.

Zur Rechenschaft können diese Utopisten nicht gezogen werden, weil, wenn dieser ideale Zustand auf sich warten lässt, immer der ‚böse Westen', da er noch nicht besiegt ist, für die noch herrschenden Missstände verantwortlich gemacht werden darf, da er gar nicht anders kann, als das Gute in Gestalt einer absoluten Gottesherrschaft zu bekämpfen.

Damit sich niemand über die Absichten dieses politisierten Islam Illusionen hingibt, soll ein letztes Maududi-Zitat, dessen Schriften ein Ansehen wie *Das Kapital* im Westen genießen, angeführt werden:

> Ich sage es euch Muslimen in aller Offenheit, dass die säkulare Demokratie in jeder Hinsicht im Widerspruch zu eurer Religion und zu eurem Glauben steht. [...]. Der Islam, an den ihr glaubt und wonach ihr euch Muslime nennt, unterscheidet sich von diesem hässlichen System total. [...]. Selbst in Bagatellangelegenheiten kann es keine Übereinstimmung zwischen Islam und Demokratie geben, weil sie sich diametral widersprechen. Dort, wo das politische System der Demokratie und des säkularen Nationalstaates dominiert, gibt es keinen Islam. Dort, wo der Islam vorherrscht, darf es jenes System nicht geben" (Maududi o. Jahrgang, 41 f.).

Der Islamismus im Sinne Maududis spricht hier offen seine antidemokratische Gesinnung aus. Wenn Islamisten von Demokratie sprechen, dann nur in dem Sinne, dass das Wesen des Menschen sich nur dort ungehindert entfalten kann, wo Gott regiert, indem sich die „allgemeine und besondere Amtsmacht" an Gottes Gesetzen orientiert.

Qutbs Schriften genießen bei den Fundamentalisten einen ähnlichen Stellenwert wie früher bei den Chinesen die ‚Mao-Bibel'. Sein Bild vom Westen formt sich durch einen Studienaufenthalt in den USA. Der Materialismus, das Denken in barer Münze, der Sexismus, der das tägliche Leben beherrscht, die Scheinreligiosität, die nur die Profitsucht verschleiern soll, der praktische Atheismus, der jede Ehrfurcht vor Gott verloren hat, treiben die Menschheit in ihren Untergang, aus dem nur ein Weg Rettung verheißt: der Glaube an Gott. Gott besitzt die Fülle allen Seins, an der er den gläubigen Menschen gemäß seiner Machtvollkommenheit teilnehmen lassen kann. „Der Islam harmonisiert deshalb mit unserer Natur, er ist für Qutb ein Abbild der universalen Ordnung" (2001, 110), hält Barth fest. Auch hier fehlt also der Hinweis auf einen globalen Gottesstaat nicht. Dieser sei der menschlichen Natur allein angemessen; der Gottesstaat ist also eine Naturnotwendigkeit, ein von sich aus existierendes

Gebilde, von dem sich die Menschen westlicher Prägung durch ihren Säkularismus abgewandt haben.

Der westliche Mensch führt also in den Augen der Islamisten ein widernatürliches und gottloses Leben, von dem die Welt erlöst werden muss. Mehr oder weniger alle Staaten, auch die islamischen, würden diese universale Naturordnung verletzen. Hier steht Qutb am Scheideweg: entweder die religiöse Erneuerung des Islam (von unten) oder seine Politisierung anzustreben, um ihn (von oben) zu erneuern. Er wählt den Weg der Politisierung dieser Religion, wie sie sich auch heute darstellt. Der Islam zusammen mit der Scharia verkörpert für Qutb die natürliche Ordnung der Welt, die vom Westen missachtet wird. Er vertritt also eine Form des metaethischen Naturalismus, der vom Sozialdarwinismus nicht weit entfern ist. Eine ähnliche, in Unordnung gerate Welt außerhalb des Islam sieht er in derjenigen, die zur Zeit Mohammeds geherrscht hat. Deshalb predigt er wie Mohammed den *Djihad*, den Kampf gegen die Ungläubigen in den eigenen Reihen, und noch mehr den Kampf gegen den ungläubigen Westen. Er will also nicht den Islam als Religion reformieren, sondern gebraucht ihn nur für seinen politischen Kampf. Der Islam wird hypostasiert zu einer umfassenden Ordnung, die angeblich mit den Regeln der Natur, den Gesetzen des Daseins und Gott korrespondiert. Es tun sich hier Parallelen zum Nationalsozialismus auf, der ja aus ‚natürlichen Gründen' die Selektion der Nichtarier forderte, während ersterer die ‚wahre' Natur des Menschen kennt und daraus das Recht ableitet, das Widernatürliche in Gestalt des Westens liquidieren zu müssen.

Hassan al Banna kompensiert den ausschließlich intellektualistischen und naturalistischen Zug dieses Denkens, indem er als Mitglied der Moslem-Bruderschaft dem Volk durch soziale Einrichtungen konkret den Islamismus schmackhaft macht, also ihn im Volk verankert. Es bilden sich theoretisch immer klarer die Konturen einer islamistischen Weltordnung heraus, die die an sich selbst sterbende westliche Welt, auch unter Anwendung von Gewalt, als geschichtlich und heilsgeschichtlich überholt, verdrängen darf. Der Islamismus sieht sich mehr und mehr als einzige fortschrittliche welthistorische Kraft, die auch die materiellen Nöte der Glaubensbrüder durch ihr sozialismusnahes Sozialkonzept zu lindern verspricht. Statt des anthropozentrischen propagiert er ein theozentrisches Weltbild; Allah soll herrschen, nicht das Individuum; damit ist impliziert, dass auch Menschen nicht über Menschen herrschen dürfen, wohl aber Menschen gegenüber ‚Untermenschen'. Er fordert den gnadenlosen Djihad, „um seine ‚islamische Weltrevolution' und die Gewaltanwendung in Form des irregulären Krieges mit religiöser Legitimität auszustatten" (Tibi 2001, 140). Hier bringt Tibi auf einen Nenner, was sich in einem Teil der islamischen Welt abspielt.

Hassan al Banna verkörpert also den sozialen Aspekt des Islamismus (von unten). Seine Muslimbruderschaft, heute in vielen islamischen Ländern legal tätig, hat das Ziel, das Volk für den Islamismus zu begeistern. Da die autoritären Regime für die politischen und sozialen Bedürfnisse ihrer häufig im Elend lebenden Untertanen blind sind, hat die Bruderschaft die Unterstützung der Bedürftigen, den Bau von Krankenhäusern und Schulen, die Versorgung von Entwurzelten, also Aufgaben des Staates übernommen, das aber nicht aus Liebe zum Menschen als Wert an sich, sondern als politisches Instrument der eigenen Machtergreifung. Flankierend dazu forciert diese Bruderschaft noch eine religiöse Erneuerung, so dass sich der Islamismus als dreifache Alternative dem Volke anbieten kann: pragmatisch als soziale Fürsorge, intellektuell als die Vision eines mit Sicherheit kommenden islamischen Weltstaates und religiös als Befreier des Islam aus seiner Lethargie.

Barth (2003, 118 f.) nennt vier Gemeinsamkeiten des Islamismus:

1. Kritik am Kolonialismus, der aber als Kreuzzug gegen den Islam umgedeutet wird.
2. Wiederbelebung des Theozentrismus, damit „Entwestlichung des Wissens", Inthronisierung des Korans als einzige Wissensquelle.
3. Prognostizierung des Zerfalls der westlichen Welt durch permanente Krisen.
4. Diffamierung der Demokratie als „Prostitution", baldige Realisierung der „Weltführung durch den Islam".

6.2 Fundamentalismus – ein Phänomen der Moderne?

Zwei Alternativen müssen hier diskutiert werden: Ist der Fundamentalismus ein ideologisches Kind der Moderne oder eine historische Erscheinung, die man in allen Zeitaltern als eine anthropologische Grundgegebenheit menschlicher Existenz antreffen kann? Der ersten neigt Barth zu. Für ihn ist der amerikanische Fundamentalismus nicht mit dem islamischen zu vergleichen, letzterer ist also eine singuläre Bewegung unserer Zeit, obwohl sich dieser Begriff zu einer diffamierenden Leerformel für alle möglichen Ismen aufgebläht hat. Barth nennt ihn „einen modernen Antimodernismus" (99), der folgende Kriterien erfüllt:

1. Rückzug auf „vor-neuzeitliche Traditionen".
2. Besitz einer geschlossenen Ontologie, mit der alle auftretenden Probleme geklärt werden können.
3. Kampf gegen das Böse, das angetreten ist, das Gute zu zersetzen. Das Gute, das sind die religiösen Wurzeln einer wahren Gottesbeziehung, die nach Missionierung verlangen, da die meisten Menschen gottesfürchtige Wesen sind. Mit dieser kann der Absolutheitsanspruch der eigenen Glaubensgemeinschaft gegenüber den Ungläubigen durchgesetzt werden.
4. Einordnung der Geschichte in einen eschatologischen Zusammenhang, der drei Phasen umfasst: einen religiösen Anfang, dann Abkehr vom wahren Glauben durch einen Sündenfall, im 19. und 20. Jahrhundert als Verwestlichung zu registrieren, schließlich Überwindung dieser Verfehlung und Erwartung einer verklärten Heilswelt.

Als „Antimodernismus" erfüllt der islamische Fundamentalismus, weil er die Moderne zu seiner Konstituierung braucht, teilweise die Bedingung, ein modernes Phänomen zu sein. Auch ist er keinesfalls technikfeindlich gesinnt, lehnt aber strikt das dahinterstehende westliche Wertsystem ab. Wenn es nicht anders geht, werden die Implikationen der Moderne sophistisch als Implikationen des Islam vereinnahmt. Deshalb widersprechen u. a. die Autoren Losurdo (siehe Literaturkritik), Tibi, Salamun und Tepe dieser historischen Zuordnung zur Moderne, der ich mich anschließen möchte. Bei Tepe ergibt sich der historisch resistente Fundamentalismus aus der anthropologischen Tatsache der

Ideologieverfallenheit des Menschen. Auch Schmidt (Düsseldorf 1990, 11) erklärt: "Offenbar ist Fundamentalismus eine ideologische Struktur, deren Wesenszüge sich weitgehend dem historischen Wandel entziehen." Der Autor möchte hier Tepes Fundamentalismustheorie (2000) zu Grunde legen, die er in *Fundamentalismus als Denkform* veröffentlicht hat. Danach gibt es drei Ebenen des Fundamentalismus:

1. den überhistorischen Fundamentalismus in seiner allgemeinen Struktur,
2. die schon konkreteren religiösen und profanen Formen,
3. den historisch konkreten religiösen und profanen Fundamentalismus, die jeweils in moderater oder militanter Form auftreten können.

Den Islamismus zählt er zu einem religiösen Fundamentalismus mit ausgeprägtem „umfassenden politischen Gestaltungswillen" (20), also zur militanten Form. Der von Tepe geprägte Terminus „Denkform" erhält seine Beglaubigung von der Kulturanthropologie. Ausgangspunkt dieser Theorie ist die Kulturgebundenheit der menschlichen Existenz, was besagt, dass des Menschen Denken und Handeln „weltanschauungsgebunden" (72) sind. Das reine Denken als Hervorbringen von Wahrheit an sich gibt es nicht. Die Weltanschauungsgebundenheit menschlichen Denkens kann in einzelnen Weltanschauungen analytisch aufgezeigt werden; doch durch solche Analysen würde eine unübersehbare Fülle an Weltanschauungen zu bearbeiten sein. Tepe will diese Fülle auf „allgemeine Weltauffassungstypen" oder „allgemeine Denkformen" (2) reduzieren, so dass die konkreten Weltauffassungen auf wenige Grundtypen zurückgeführt werden können. Diese Reduktionsmethode führt zu zwei Weltauffassungstypen: eben den religiösen und profanen, ontologisch und erkenntnistheoretisch von ganz verschiedener Qualität. Den religiösen liegt eine metaphysische, den profanen eine naturalistische Ontologie zu Grunde. Mischformen sind die Regel. Beiden Typen ist die „allgemeine fundamentalistische Denkform vorgelagert" (2), die wie eine Brille die Sicht des Seienden verändert, so dass man Fundamentalismus mit einem das Seiende sichtenden Filter vergleichen kann; verschiedene Filter bedingen verschiedene Sichtweisen und Erkenntnisformen des in den Blick genommenen Gegenstandes.

Die vorgestellten Ideologiekriterien zeigen, wenn es um die Frage der objektiven Erkenntnis geht, bei der militanten Form des Fundamentalismus, unter welcher gewaltsamen Veränderung der Gegenstand zu leiden hat, so dass er deshalb nur verzerrt wahrgenommen werden kann und soll.

Da die **Ideologie(-)** bei allen Anhängern intersubjektiv gleiche Denk- und Handlungsmaximen befiehlt und durchsetzt, entsteht eine Scheinobjektivität von ontologisch ‚einem Guss'. Der militante islamische Fundamentalismus lässt sich mittels vier Kriterien beschreiben:

1. Die religiösen Grundannahmen aus der ‚heiligen Überlieferung' erheben Anspruch auf letzte oder absolute Wahrheit.
2. Diese Annahmen haben den Status von unbezweifelbaren Dogmen.
3. Der großen Wahrheit muss kompromisslos gefolgt werden.
4. Hinzutreten eines umfassenden politischen Gestaltungswillens (3). Punkt 4 kann auch fehlen (Tepe 2001, 3).

Lässt man in Punkt eins das Wort „religiös" weg und lässt als ‚heilige Überlieferung' auch Parteiprogramme und Verlautbarungen deren Führer gelten, erhält man die allgemeinen Fundamentalismuskriterien. Man sieht leicht, dass sich die Fundamentalismen trotz historisch einmaliger Wirklichkeit in den Grundprinzipien gleichen. Sie treten in zwei Formen auf, in geschlossenen (militanten) und offenen Modifikationen. Ein offener (liberaler) religiöser Fundamentalismus geht wie ein offener (liberaler) profaner Fundamentalismus von „fundamentalen Annahmen" (104) aus, die nicht weiter hinterfragbar sind. Damit aber ist impliziert, dass es durchaus andere treffendere Annahmen geben kann, so dass kein absoluter Wahrheitsanspruch erhoben wird.

Durch dieses methodische Vorgehen wird der Fundamentalismusbegriff in einen überhistorischen Kontext eingebettet; er ist eine konstruktivistische Schablone, die jeweils mit konkreten historischen Tatsachen aktualisiert werden kann. Diesem wertneutralen Fundamentalismusbegriff steht der ambivalente konkrete gegenüber, dessen historische, politische und religiöse Tatsachen einmal als solche beschrieben, zum anderen aber auch kritisiert werden können. Gemäß dieser Konzeption der Arbeit wird eine gemischte Arbeitsweise vorgeschlagen, die in einem Arbeitsgang sowohl tatsachengerecht beschreibend, als auch kritisierend und wertend vorgeht**.** Die Begriffe „Fundamentalismus", „religiöser Fundamentalismus", „islamischer Fundamentalismus", „Islamismus" werden semantisch als weitgehend synonyme Sprachformen eingesetzt.

Wie die ontologische Betrachtung des Islam ergeben wird, resultiert, wenn er zum Islamismus mutiert ist, eine veränderte Denk-, Wahrnehmungs- und Handlungsform, deren Ursachen die Ideologiekriterien beschreiben und deren Folgen bei der Aufnahme von Erkenntnis ein häufiges Theoriedefizit erwarten lassen. Dieses hat projektive, nicht intellektuelle Ursachen, weil sich in die intellektuellen Funktionen eine voluntative Prämisse eingeschleust hat, das Objekt so wahrzunehmen, wie man es wahrhaben will. Und, oh Wunder: Jetzt erscheinen die internen subjektiven Projektionen als externe objektive Eigenschaften des Gegenstandes.

Ein lehrreiches Beispiel dafür bietet die Regensburger Vorlesung von Papst Benedikt.[86] Dort verwendet der Papst einen Dialogausschnitt vom christlichen Kaiser Manuel II. mit einem persischen Korangelehrten als Zitat, um die verschiedenen Gottesvorstellungen beider Religionen zu demonstrieren. Während im Christentum von Gott nur vernünftiges Handeln vorausgesetzt werden könne, sei die muslimische Gottesvorstellung von einem transzendenten Verständnis geprägt, das die Vernunft Gottes an keine menschlichen Kategorien, auch nicht an die der Vernunft bindet. Der Religionsgelehrte Khoury verstärkt diese Ansicht, indem er von einem „seebreiten Strom islamischer Schriften" (A2) spricht, in denen die Transzendenz des göttlichen Willens diese nicht auf Vernunft zurückbinde. Gerichtet ist das vom Papst verwendete Zitat an die Gefahr, mit einem absoluten Wahrheitsanspruch zu operieren. Diese zugegebenermaßen schwierige theologische Interpretation wurde von islamischen Gelehrten nicht nachvollzogen und ‚basarisiert', d.h. ‚volksverständlich' gemacht, um die bekannten Proteste auslösen zu können.

Wir kennen nun schon zur Genüge die Reaktionen durch von islamischen Geistlichen noch hochgeputschten Massen: Beleidigung des Islam, Beleidigung des Propheten, Beleidigung der heiligen Gefühle jedes rechtschaffenen Moslems. Alle Register der Emotionalität werden gezogen. Jedem vernünftigen Argument bar, bestätigen diese Reaktionen genau das Bild von irrational nicht mehr kontrollierbaren Aktionen und Reaktionen des aufgewiegelten Islam. Also wird der Papst mit Hitler und Mussolini verglichen (RP vom 16.09.2006, A1). In der RP vom 19.09.2006 spricht ein Ajatollah von „letzten

---

[86] Die Vorlesung von Papst Benedikt vom 12.09.2006 wurde abgedruckt in der Rheinischen Post (RP) vom 16.09.2006.

Glied eines Komplotts für einen Kreuzzug" (A5), die AL- Quaida wird noch deutlicher, indem sie nach dem sicher kommenden Sieg des Djihad den Überlebenden den Tod durch das Schwert ankündigen, falls sie nicht zum Islam überträten (A5), die Türken wollen den Papstbesuch im November absagen (A5), ein türkischer Anwaltsverein will den Papst sogar verklagen und bei seiner eventuellen Einreise in die Türkei verhaften lassen (A5).

Zu erklären ist die hysterische Wahrnehmung von einem bis zur Unkenntlichkeit dämonisierten Westen mit seinen überlegenen wirtschaftlichen und sozialen Leistungen, dessen Dominanz dadurch kompensiert werden soll, dass man dem eigenen Minderwertigkeitsgefühl, dass jede Gelegenheit durch Umdeutung der Fakten nutzt, durch Anfachen von Hassgefühlen ein Ventil gibt, um sich dadurch die Illusion einer eigenen welthistorischen Überlegenheit vorzugaukeln. (Man glaubt, beim Verbrennen von Nationalfahnen die Nation selbst zu demütigen.)

Es gibt jetzt zwei Welten: einmal eine, die rationalen Argumenten offen, aber auch weltbildimprägniert ist, was sie weiß, so dass sie nach Objektivität streben kann und den Wahrheitskriterien unterliegt und eine islamistische, die ihre Projektionen für objektiv hält. Und da diese Weltauffassung vorgibt, die wahre zu sein und nur schwer von außen zu erschüttern ist, weil für sie das Wahrheitskriterium „falsch" nicht gilt, resultiert ein Missionsanspruch, auch die Nichtmuslime von ihren schweren moralischen und intellektuellen Irrtümern zu befreien, wobei das erstrebte hehre Ziel fast jedes Mittel rechtfertigt; auf der Strecke bleiben die wissenschaftlichen Wahrheitswerte.[87]

Die Kennzeichen eines religiös militanten Fundamentalismus sollen hier noch einmal in einer differenzierten Übersicht zusammengefasst werden:

1. Überzeugt sein von einer absoluten religiösen Wahrheit, niedergelegt in einem „heiligen Text",
2. absoluter Wahrheitsanspruch der eigenen Glaubensgemeinschaft, fehlerhafte, falsche und gefährliche Ansichten anderer Religionen,

---

[87] Hierzu resümiert der Islamwissenschaftler Lewis, dass die Moslems seit 1663 (Belagerung von Wien) nicht nur hinter Europa beziehungsweise die USA zurückgefallen sind, „sondern fast hinter den ganzen Rest der Welt" (zit. Nach Broder 2006, 151). „[8 …]. Es war schlimm, dass sie die Spezialisten aus Europa oder den USA holen mussten, nun kommen die Experten aus Korea, einem Land, das vor 50 Jahren weit hinter der islamischen Welt lag." (151 f.).

3. unbezweifelbare Dogmatik, die nicht kritisiert werden darf,
4. Mythisierung von wichtigen Personen, denen elitäres Wissen zugesprochen wird, oder Orten, um sie dem Profanen zu entziehen,
5. ablehnende Haltung gegenüber säkularen Bildungssystemen,
6. kompromisslose politische Umsetzung der eigenen Überzeugungen in einem Staat, der eschatologische Funktion bekommt,
7. religiöse Renaissance als Antwort auf einen wertabstinenten säkularen Staat.

Der religiöse Fundamentalismus in Form des Islamismus ist eine Antwort auf fundamentale Sinnkrisen und enthält die politisch-religiöse Heilsbotschaft, die Menschheit von diesem Übel zu befreien. Mit Hilfe einer durchschlagenden **Ideologie(-)** lassen sich aus Sinnkrisen Utopien der eigenen Überlegenheit synthetisieren. Als letzter Schritt erfolgt eine Drehung, indem die Niederlage zum kommenden Sieg umgedeutet wird, wenn man die Negativfaktoren eliminiert und alte Siegesgeschichten mit historischer Patina entstaubt und blankpoliert hat. Aus der Tatsache einer totalen Niederlage kann eine geschickte Ideologisierung(-) einen Sieg herauslesen, der die gebrachten Opfer als sinnvoll darstellen und den kommenden Umschwung als greifbar nahe ausgeben kann, so dass sich die Menschen mit dem Schicksal aussöhnen können und Motivation für die neuen (rückwärts gerichteten) Ziele gewinnen können (Ablenken vom Realitäts- und Leidensdruck). Ähnlich konstruiert der Marxismus eine welthistorische Siegesideologie, die das verelendete Proletariat zum Motor einer neuen geschichtlichen Epoche erklärt. Gemäß solchen Vorbildern vertritt der Islamismus ebenfalls eine Siegesutopie, geschickt getarnt mit der Opferrolle.

6.3 Fundamentalistische Prämissen in Ontologie und Erkenntnistheorie

Francis Bacon wird von der Frage umgetrieben, ob man nicht lieber dem Aristotelischen Syllogismus mit seinen deduktiven, wahrheitsbewahrenden Schlüssen über die Natur trauen soll als den eigenen unsicheren Naturbeobachtungen. Er entscheidet sich, die Wahrheit über die Natur durch ihre direkte Befragung zu erlangen, nicht über irgendwelche Theorien von ihr. Der Islam hat mit der Niederschrift des Korans zugleich die dort festgehaltene Meinung über die Natur kanonisiert, also im Gegensatz zu Bacon einer vermittelnden Instanz, dem Koran, mehr vertraut als der Natur selbst: mit dem bekannten Ergebnis.

Was bedeutet „Natur" im Koran? Dazu ziehen wir die koranische Schöpfungsgeschichte zu Rate. In den Suren (6:96 – 6:100) schildert Mohammed, wie Allah diese Welt schuf, um sie den Bedürfnissen aller Lebewesen anzugleichen. Er malt eine nahezu vollkommene Welt, in der Mittel und Zwecke so zueinander passen, dass der Mensch eine irdisch wohlgeordnete Welt vorfindet, aus der ihm alles ohne viel Mühe zuwächst. Dieser Lobpreis auf Allah und seine Schöpfung hat nur einen Fehler: er stimmt nicht.

Der Koran nimmt also das wichtigste Problem der Menschheit, eine nicht wirklich beherrschbare Natur, in der seine Existenz permanent gefährdet ist, nicht wahr. Wenn auch schlimmste Katastrophen eintreten – da sie von Gott gewollt sind, sind sie hinzunehmen, ja, sie sind in Wirklichkeit gar keine, sondern unerforschlicher Ausdruck des Willens Gottes. Sich gegen den Willen Gottes zu stemmen, ist sinnlos, weil er die absolute Macht über Himmel und Erde, Menschen und Natur hat. Damit hat, wie man auch immer konträr argumentiert, Allah immer recht: Tritt ein Unglück nicht ein, ist es Allahs Wille, tritt es ein, ebenfalls. Passivität ist also ein Merkmal des muslimischen Denkens und Handelns in Richtung Gott: eben, weil Gott, der sich vom Menschen nicht in die Karten gucken lässt, es so gewollt hat. In Richtung der Ausschaltung der ‚Ungläubigen' dagegen entwickelt der Islam große Aktivitäten. Bis auf das Goldene Zeitalter, in dem die orthodoxen Fesseln gelockert werden können und das Nachbeten von Suren dem Selbstdenken weicht, wird Naturforschung höchstens als Koranstudium mit Schwerpunkt „Natur" möglich. In der geringen Naturbeherrschung sieht Tibi den Grund für die politische

Schwäche des Islam.[88] Der Fragehorizont, was eigentlich Natur ist, ist durch den Kreationismus verstellt, ja tabuisiert. Der Islamismus unterscheidet, um dem Spagat zwischen koranischer Offenbarung und westlicher Naturontologie zu entgehen, zwischen westlicher wertfreier Technologie und koranischer Ontologie, durch die, weil von den Europäern im Mittelalter adaptiert, auch der Koran und die Befolgung seiner Vorschriften wirkliche Wissenschaft ist. So hofft man, der säkularen westlichen Naturontologie mit ihren areligiösen Implikationen zu entgehen. Viele islamischen Forscher teilen deshalb ihr Leben in zwei Bereiche ein, den wissenschaftlichen; der sich von dem westlichen Wissenschaftsverständnis nicht unterscheidet, und den lebenspraktischen, der von der religiösen Tradition bestimmt ist. Dieser fragwürdige Kompromiss zwischen Moderne und Tradition ist aber eine Methode des Selbstschutzes. Nicht die Muslime sind unfähig zum naturwissenschaftlichen Denken und Handeln, sondern ihre kreationistische Ontologie verbietet – jedenfalls orthodox interpretiert – eine Infragestellung der göttlichen Natur durch menschliche Hypothesen.

Aus dem heiligen Grundsatz, den Korantext nicht anders als wörtlich und wirklichkeitsadäquat zu begreifen, weil die Welt demgemäß beschaffen ist, folgt ein Dilemma, mit dem auch das Christentum mit Aufkommen der Naturwissenschaften große Probleme hatte: die Evolutionstheorie, die vom Sich-selbst-Schaffen und Entwickeln der Lebewesen ausgeht und den Kreationismus strikt ablehnt. Ein ähnlicher Fall liegt auch im Koran vor. Dort heißt es:

> Wahrlich, auch am Vieh habt ihr eine Lehre. Wir geben euch zu trinken von dem, was in ihren Leibern ist, zwischen Kot und Blut in der Mitte, Milch, lauter (und) angenehm denen, die trinken (16:67).

Nun hat schon Darwin das Phänomen der Domestikation vor allem an Wiederkäuern zum Anlass genommen, zu zeigen, dass der Mensch seit der Steinzeit Tiere zum eigenen Nutzen zähmte. Dabei steigerte er durch künstliche Auslese die Milchproduktion immer mehr, so dass im übertragenen Sinn der Mensch sich selbst mit diesen Züchtungen ein Geschenk gemacht hat. Bei wörtlicher Koranauslegung entsteht die paradoxe Situation, dass der Mensch Allah für etwas danken soll, was er selbst geschaffen hat. Man kann diese Pa-

---

[88] In der RP vom 18.09.2006 wird auf den Bildungsnotstand der arabischen Welt verwiesen: „Mangel an Bildung, Freiheit und Emanzipation" (A3). Von 1980-2000 „meldete die gesamte arabische Welt 370 Patente in den USA an, der Zwergstaat Israel 7652" (A3).

radoxie universalisieren, da hier zwei Wahrheitsansprüche zusammenprallen: das wissenschaftliche Bewusstsein mit dem mythisch-religiösen des Korans, wobei letzteres ‚*par Ordre de Mufti*' für das Ganze konstitutiv sein soll. Vom Westen aus gesehen, der durch rationales, profanes Denken das Gebiet des Mythos und der Religion immer mehr einschränkt, wird diese Entwicklung als antimodern, als Rückschritt im Sinne der Re-mythisierung von Religion abgelehnt.

Die essentiell notwendige Säkularisation der Wissenschaften, die von Laplace gegenüber Napoleon in die Anekdote gekleidet gewesen sein soll: ‚Sire, ich habe Gott als eine Hypothese für meine Kosmologie nicht nötig', wird vom Islamismus als Unglauben bekämpft. Er argumentiert mit dem Schlagwort „*sola scriptura*", in welcher der Islam zur universalen, die Welt, auch die westliche, vom Atheismus heilenden Kraft wird, weil er nach Khalil (1979, 108) nur allein eine „ganzheitliche, alle spirituellen und materiellen Aspekte des Daseins umfassende Sicht" (zit. in Tibi 1991, 273) vertritt, die er aus dem „heiligen Text" herauslesen kann. Gottes Wort enthält also die mythische Substanz, aus der der Befehl erwächst: 'So und nicht anders ist es und soll es sein!' Das koranische Wort ist also zugleich die Darstellung der Essenz eines realistischen und teleologischen Weltenplanes. Hinter einer realistischen Lebensauffassung von einer erschaffenen Welt, die aber aus sich nicht existieren kann, steht die Transzendenz Gottes, durch die die Welt das ist, was sie ist.

Mit bestimmten Einschränkungen kann man das islamische Weltbild als deduktiv, das westlich-neuzeitliche als induktiv bezeichnen. Gesetzt ist der Punkt, von dem aus alle Perspektiven ausgehen. Gott ist der „Ungeschaffene", zu dem es keinen Zugang gibt, er ist aber gleichzeitig der Schöpfer von allem. Seine direkte Schöpfung ist der Koran, sein in arabischer Sprache verfasster Weltenplan, nach dem sich das zeitliche Sein ausrichtet. Das Wort wird Welt. Der Weg der menschlichen Erkenntnis geht vom Koran aus, dessen Worte sich in tägliche Wirklichkeit verwandelt haben. Die Welt ist Abbild des göttlichen Wirkens; Gottes Wahrheit ist also dort präsent und absolut real. Es gibt auch den umgekehrten Weg der Erkenntnis, den Ibn-Tufail aufgezeigt hat. Siehe dazu Kapitel 8.2 Ausblick. Auch ohne jede Kenntnis des Korans muss sich jeder Mensch mit der Natur auseinandersetzen. Da diese Gottes Schöpfung ist, lernt er damit über die Welt Gottes Weltenplan, die Summe seines Wollens, den Koran kennen. Der induktive Weg ist dorniger, so dass Gott mit der

Schaffung des Korans dem Menschen eine Hilfe bietet, direkt aus ihm das Weltwissen zu übernehmen und nicht selbst Naturforschung zu betreiben.

Das „*sola scriptura*"[89] fordert eine theozentrische Weltsicht, die sowohl höchste Instanz dessen ist, was Menschen wissen können als auch dessen, welche normativen Prinzipien ewig gelten werden. Mit Monod nennen wir eine solche Ordnung animistisch; sie ist eine ontologische Welt-Konzeption, die von mythisch-religiösem Denken beherrscht wird. In dieser gilt nicht die Subjekt-Objekt-Relation, weil es keine autonomen und sich selbst bestimmenden Subjekte gibt. Gott wird als der Allbeherrscher, Creator, Allwissende, aber auch als allgütiges Wesen aufgefasst, das dem „schwach erschaffenen Menschen", wenn er Gottes Gebote hält, seinen sicheren Schutz verleiht, so dass das hilflose Staubkorn „Mensch" einen Herrn bekommt, der ihn diese Kleinheit nicht mehr spüren lässt. Verbündet er sich mit dieser Allmacht durch genaues Einhalten der Satzungen und Gebote, ist er, modern ausgedrückt, rundherum versichert: ihm kann nichts mehr passieren. Nach seinem Tode erwartet ihn das ewige Leben bei Gott. Wer möchte nicht unter dem Schutz einer solchen Macht stehen? Diese Sicherheit in Allah hat die Muslime stark gemacht und zu ihrer kulturellen Identität verholfen Selbst wenn schlimme Naturkatastrophen Leib und Leben fordern, werden sie an Gott nicht irre, weil dieser in seiner Allgüte schon wissen wird, warum er diesen Entschluss gefasst hat. Für uns befremdlich ist die Art und Weise des Islams im Umgang mit großen Katastrophen. Sehr zurückhaltend beteiligt er sich an internationalen Hilfeleistungen.

Ein Infragestellen des Islam bedeutet das Infragestellen seiner Kultur, seiner Identität. In dem Moment, wo der Gläubige die Offenbarung bezweifelt, zweifelt er an Gott, an den Segnungen, die ihm von ihm zuteil werden, und muss

---

[89] Mit der Setzung des Arabischen als „Gottessprache" sind viele Probleme verbunden. Grundsätzlich ist Arabisch eine Sprache unter vielen, ein menschliches Artefakt. Struktur, Bedeutung, diachronische Bedeutungsveränderungen, Grammatik, Satzformen sind einige Kriterien, die auf alle Sprachen zutreffen. Wie ist es möglich, dass göttliche Gedanken in einem menschlichen Artefakt ausdrückbar sind? Doch nur dadurch, dass Gott seine Gedanken in die vom Menschen geschaffene Sprache überträgt. Er muss sozusagen Mensch werden, um zu Menschen sprechen zu können. Gerade diese Menschwerdung Gottes wird im Islam strikt abgelehnt, so dass ein unlösbarer Widerspruch zwischen dem Anspruch der göttlichen Botschaft auf überzeitliche Wahrheit und der historisch einmaligen, vom Menschen geschaffenen und sich ständig ändernden Sprache besteht.

mit ihren Entzug rechnen. Dieser Einsatz ist viel zu hoch, so dass Gottes Wort unter den Schutz der Gläubigen gestellt wird. Der Koran wird mit einer heiligen Aura umgeben, die ihn der profanen Sphäre entrückt, so dass jede Zweckentfremdung zugleich seine Entheiligung bedeutet, die große Emotionen, wie wir sehen, bei den Gläubigen auslöst. Von Schändung des Islam, gegen die alle Muslime auch mit militanten Mitteln vorgehen dürfen, wird sogar gesprochen. Ich spreche hier von Geschmacklosigkeit und Provokation, die die Verursacher selbst diskreditieren, aber von einer Beleidigung, Schändung und Verletzung heiliger Gefühle wird gern von denen gesprochen, die solche unnötigen Provokationen für ihre politischen Ziele einspannen können, indem sie damit jede Kritik am Islam und Islamismus tabuisieren. Der Islam ist wie das Christentum ein geistiges Gebilde, das durch materielle Einwirkungen nicht zerstört werden kann. Wenn es um "Verletzung heiliger Gefühle", „Ehre", „Entweihung", „Schändung" u. ä. geht, ist für die genannten Leerformeln eine Hochkonjunktur angebrochen, da sie, weil ihre Bedeutung diffus ist, mit scheinbar belangvollen Inhalten gefüllt werden können, die eine ideologisch hochbrisante Mischung erzeugen können, deren Zerstörungskraft von islamistischen Demagogen irrational verstärkt wird und damit in die gewünschte Richtung gelenkt werden kann.

Die Methode, wie man quasi eine Inflation von Schändungen erzeugen kann, ist die hier schon dargestellte ‚Heiligsprechung' von Symbolen. Dazu kommt noch, dass wie bei den „Ehrenmorden"[90] und den Tötungen von Christen und Zerstörungen von Kirchen es um schwere Verbrechen geht, die in keinem Verhältnis zu den behaupteten symbolischen Provokationen stehen. Diese asymmetrische Wahrnehmung, die eigene Verbrechen legalisiert, wenn nur ein Herabwürdigen von Symbolen[91] vorliegt, würde, wenn der Westen ähnlich

---

[90] In den skandalösen „Ehrenmorden", angeblich vom Islam nicht befürwortet, wird die „Familienehre" höher gehandelt als das Leben. In der Türkei wurden Täter bis vor kurzem gar nicht oder nur halbherzig vom Staat verfolgt.
[91] Solschenizyn (*Archipel Gulag*) berichtet von einem Mann, der einen gekauften Hering in die „Prawda" einwickelt, die mit einem großen Stalin-Porträt bedruckt ist. Die Verkäuferin meldet den Vorfall, und der Mann wird wegen antisowjetischer Agitation dem Gulag zugeführt.
Ähnlich wie im Nationalsozialismus glauben die Muslime, dass der Zeichencharakter der Symbole nicht im Verweis auf das Bezeichnete liegt, sondern das Bezeichnete ist selbst anwesend als Substanz. Deshalb schützten die Nationalsozialisten ihre Embleme mit einem „Anti-Kitsch-Gesetz" vor einer möglichen Uminterpretation. Denn z. B. das Hakenkreuz auf einem

asymmetrisch reagieren würde, zum täglichen Abfackeln von Moscheen führen.

Tibi nennt die ganzheitliche Theorie und Praxis des Islam „kosmologische Ethik" (1991, 223). An der Spitze der Welt steht Gott, der zwei Reiche konstituiert: die Himmel, die Engel, den Satan und die später in diesen paradiesischen Himmeln wohnenden Gerechten. Dieser transzendenten Welt steht die von Gott permanent zu schaffende Alltagswelt gegenüber, in der jedes Lebewesen und auch die Gesteine ihr Dasein Allah verdanken: "Und es gibt kein Geschöpf, das auf der Erde kriecht, dessen Versorgung nicht Allah obläge. Und Er kennt seinen Aufenthaltsort und seine Heimstatt. All das ist in einem deutlichen Buch" (11:6).

An anderer Stelle in Sure (6:59) sagt Mohammed:

> Bei Ihm sind die Schlüssel des Verborgenen; keiner kennt sie als Er allein. Und Er weiß, was auf dem Lande ist und was im Meer. Und nicht ein Blatt fällt nieder, ohne dass Er es weiß; und kein Körnchen ist in der Erde Dunkel und nichts Grünes und nichts Dürres, das nicht in einem deutlichen Buch wäre.

Die Welt ist genau so, wie sie nach dem Plane Allahs ist: was ist, soll auch sein. Damit fällt in der Welt des Islam der Unterschied zwischen Sein und Sollen weg; denn es gibt nur Allahs Willen. Gottes Gesetze sind objektive moralische Prinzipien, die einzuhalten für einen Muslim bindend sind. Gottes moralische Gesetze sind aber auch gleichzeitig kognitive Aussagen über die Welt. Sein und Sollen, Metaphysisches und Profanes, Theologisches und Lebenspraktisches, Kognitives und Transzendentes bilden eine von Gott durchwirkte Einheit. Dieses System hat eine große gemeinschaftsbildende Kraft, weil jeder

---

Marmeladenglas oder einer Käseverpackung hätte staatsferne Assoziationen anregen können. Es herrscht die Meinung vor, dass das Bild als Vorbild das seelische Abbild präge. Hieraus erklärt sich auch der Symbolfetischismus des 3. Reiches, der seinen Symbolen den Charakter von Devotionalien verliehen hat, und des Islamismus, der seine Symbole mit einer heiligen Aura umgibt.

Broder (2006, 35) beschreibt folgendes Ereignis, hier gekürzt wiedergegeben. Danach hatte die Sparkasse Mainfranken 30000 Luftballons mit den Fahnen der Teilnehmer der Fußballweltmeisterschaft verteilt. Doch da auf der saudi-arabischen Fahne das muslimische Glaubensbekenntnis steht, beschweren sich Muslime darüber; dass mit ihrem Glaubensbekenntnis „herumgekickt" werde; und die Sparkasse entschuldigte sich.

die von Gott objektiv geforderte Moral kennt, die durch keinerlei kritische Subjektivität in Frage gestellt werden darf.

Ob es um Alltagsprobleme, religiöse Fragen oder wissenschaftliche und wirtschaftliche Aussagen geht: der Koran ist für sie alle die verpflichtende Autorität und bietet Rat und Hilfe. Bei Auftreten von Streitfragen suchen die Parteien nicht nach rationalen Lösungen, sondern nach Stellen im Koran, die diese oder jene Lösung mit der Unfehlbarkeit und dem absoluten Wahrheitsanspruch legitimiert. Es ist also Methode des Islam und noch mehr des Islamismus, in Streitfragen sehr schnell den kleinen Bereich des Profanen durch einen Sprung in die metaphysische Ontologie zu verlassen und seine Aussagen dadurch vor Kritik zu immunisieren; denn „Allah hat ja gesagt, [...]". Damit kann der Islam zur Entlastungsfunktion von Politik und persönlichem Ehrgeiz missbraucht werden und steht Sophistereien weit offen.

Diese religiös bestimmte metaphysische Ontologie präsupponiert auch eine bestimmte Form des Denkens und Handelns. Es ist hier an Mannheims Konzeption der Wissenssoziologie zu erinnern. Dieser zieht aus der Prämisse, dass zwischen Wissen, Wissenschaft und Gesellschaft ein funktionaler Zusammenhang besteht, den Schluss, dass es kein Denken, keine Wissenschaft, keine Philosophie an sich gibt (siehe Russell), von allen sozialen Bedingungen frei, also objektiv für alle Subjekte, sondern von einem „sozial standortgebundenem Bewusstsein" (zit. nach Lieber 1985, 24) abhängend. Nach dieser Theorie wie auch der Kulturanthropologie muss von einem in vielen Bereichen anderen Bewusstsein der Muslime ausgegangen werden.

Doch auch der Verfasser ist in ein sozio-kulturelles System eingebunden, das sein Denken präformiert, so dass es eigentlich nur „standortgebundenes Denken" gibt, das Reserviertheit gegenüber dem eigenen Denken und Zurückhaltung bei der Beurteilung anderer geistiger Gebilde verlangt, ausgenommen eine Ideologiekritik in deutlicher Sprache. Objektivität als losgelöstes ideelles Sein ist nicht möglich, alle geistigen Gebilde lassen sich weitgehend auf soziokulturelle Konstanten zurückführen. Dazu kommt noch das von dem Konstruktivismus verkündete Theorem der Begriffe als „Interpretationskonstrukte", deren Inhalt sich durch immer höhere Ebenen der Schematismusinterpretationen verändert. Und dazu kommt auch noch die „Theorieimprägniertheit" (Lenk 1995, 44) von Wahrnehmungen, wodurch, wenn wir die Ideologiekriterien an den Islamismus anlegen, diese wie Schemata der Vorstrukturierung von Erfahrung wirken. Er ist eine religiös-fundamentalistisch genuine Denkform mit militanter Basis, in der die Differenzen mit unserem Objektivität anstrebenden Denken überwiegen, weil das Verhältnis zur Wissenschaft, Kunst, Natur, Gesellschaft, Religion durch Unwissenheit, blinde Emotionalität und Hörigkeiten gegenüber religiösen Führern prädisponiert ist. Ein wackerer und biederer Fundamentalist kann den Westen, wenn er ihn wahrnimmt, gar nicht anders wahrnehmen als satanisch, egozentrisch, imperialistisch, materialistisch.

Das Dilemma zwischen „seinsgebundenem Denken" und Objektivität ist von Tepe in dem Buch *Theorie der Illusionen* (1988) meiner Meinung nach rational schlüssig aufgelöst worden. Sein Ausgangspunkt setzt an dem „quasitranszendentalen Status" (203) von Werthaltungen, hier an dem ideologisch motivierten Islamismus und dem westlichen Säkularismus an. Beide sind inkommensurable Ideologien(-), wenn sie ihren historischen Präferenzen leugnen und sich als Wahrheit schlechthin anbieten. Beide sind brauchbare Entwürfe, wenn sie ihre eigenen sozio-kulturellen Bedingtheiten bei sich selbst wahrnehmen und sie reduzieren, soweit sie können; denn durch ihre eigene Standortreflexion sind sie zur Irrtumsbeseitigung fähig, obwohl immer ein Rest „Standortgebundenheit" übrigbleibt, weil ja selbst das kritische Subjekt auch wieder nur „seinsgebunden" operieren kann.

Tepe nennt dieses Wissen im Gegensatz zum relativen Wissen, das absolutes Wissen voraussetzt, „relationales" (210) Wissen. Es ist ein Wissen, das im Widerspruch zum absoluten Wissen, das der Islam, der Islamismus und auch der Djihadismus beansprucht, bescheiden auftritt, weil es um die eigene „Seinsverbundenheit" weiß. Daraus ergibt sich die praktische Konsequenz, dass auch dichotome Denksysteme, insofern sie ihre quasitranszendentalen Prämissen durchschauen wollen, durchaus zu einem *modus vivendi* kommen können.

Die Ideologiekriterien benennen die als Verstärker fungierenden Elemente, die damit als Verstärker quasitranszendentaler Prämissen wirken können, so dass sie in Richtung „Ideologieproduktion" als deren Produktionsfaktoren gelesen werden müssen, davon ausgenommen das Kriterium „Theoriedefizit", das die hintergründigen Motive ideologischen Denkens analytisch identifiziert, also als Ursache dieses Defizits „absolute Wahrheitsbehauptung", „Leerformeln", „dichotome Deutungsschemata", „Dämonisierung des Feindbildes", „Erkenntnismonopol", „Ambivalenz", „Asymmetrie", „selektive Wahrnehmung" ausmacht. Im weiten Sinne ist auch der naturalistische Fehlschluss, falls er den Akteuren bekannt ist, zu den Ideologiekriterien zu rechnen, weil hier trotz logischem Verbot deskriptive Prämissen zu deskriptiv moralischen Konklusionen gemacht werden, obwohl sie allerhöchstens nur als gute Gründe fungieren dürfen. So folgen aus der ‚authentischen' Auslegung des Korans sowohl kognitive wie auch moralische Konklusionen, die unterschiedslos den gleichen verbindlichen Wahrheitsstatus beanspruchen.

Die erkenntnistheoretischen Konsequenzen aus der koranischen Ontologie sind unserer von Wissenschaft bestimmten genau entgegengesetzt. Es herrscht kein Gleichgewicht zwischen einem erkennenden Wesen und dem von ihm Erkannten, sondern die ‚rechte' Seite, das Objekt, der Koran, beschreibt die Wirklichkeit an sich, sie ist für einen Muslim präexistent, sie ist potentielle Wirklichkeit, die je und je in aktuelle Wirklichkeit übergeht, geschaffen von Gott. Der menschliche Verstand ist insofern ein Geschenk Allahs, dass er hinreicht, seine Welt begrenzt zu begreifen. Er kann sich nur an Gottes objektiver Welt anmessen. Vom „Baum der Erkenntnis" zu essen, dem menschlichen Streben, so zu sein wie Gott, ist im Koran keine Rede, obwohl die Mystik eines Al-Ghazali Teilhabe am göttlichen Wissen für möglich hält. Im Goldenen Zeitalter änderte sich dieses Selbstverständnis, indem die Denker das, was sie an Glaubensinhalten überliefert bekommen, mit menschlicher Einsicht, mit eigener Vernunft konfrontieren. Dadurch entsteht eine natürliche Opposition zu der traditionellen Auslegung der Glaubenswahrheiten, der eine beginnende Trennung von Glauben und Wissen entspricht. Die islamische Orthodoxie erkennt die Gefahr der Stärkung der Rolle des Menschen gegenüber Gott und tut, was sie immer tut. Der Objektivismus, die Angleichung des Verstandes an die göttliche Ordnung und damit seine und ihre Zementierung, siegt über eine subjektive Vernunft, die sich gerade auf die Entdeckungsreise nach den eigenen Grenzen und denen der Offenbarung gemacht hat.

Der koranische Objektivismus hat vier Folgen:
1. er bildet, wie schon gesagt, keine Subjekt–Objekt-Differenzierung aus,
2. bewirkt dadurch keine Innovationen in Richtung Entwicklung von Wissenschaft im naturwissenschaftlichen Sinne,
3. kennt keine Menschenrechte durch Selbstgesetzgebung und nur eine geringe Wertigkeit der irdischen menschlichen Existenz,
4. verneint Evolution und Historismus.

Punkt 2 ist ein hier nicht weiter auszuführendes Faktum, weil es auch vom Islam her als unstrittig angesehen wird und den Grund abgibt, warum die islamische Welt, als sie mit der wissenschaftlich-industriellen westlichen Welt zusammenstößt, zuerst in Lähmung und Depression versinkt. Punkt 1 wird im nächsten Kapitel „Islamismus und Wissenschaft" näher ausgeführt, so dass hier nur die Fragen nach den Menschenrechten und dem Wert eines Menschenlebens sowie das Fehlen von Historismus und biologischem Evolutionismus im Islam zur Beantwortung anstehen.

Aus der koranischen Objektivität folgt ein nur geringer Individuationsdruck auf das menschliche Dasein. Es zählt eigentlich nur das Kollektiv, die *Umma,* die Gemeinschaft der Gläubigen, die auch den Weltstaat mit dem Ziel der universellen Herrschaft der religiösen Ideologie des Islamismus anstrebt. Der Einzelne gewinnt das wahre Leben erst im Paradies; auf Erden ist sein Leben eher beiläufig, weil Allah sein Schicksal bestimmt und nicht so sehr die eigene Leistung. Der Mensch ist von sich aus ein unmündiges Wesen, das nur durch Allah eine sehr eingeschränkte Selbstheit gewinnt. Der wichtigste ‚Tag' im Leben eines Muslims ist das Jüngste Gericht, das durch zwei Symbole, Buch und Waage, bestimmt ist. Das Buch hat alle guten und bösen Taten verzeichnet, die Waage tariert sie aus und spricht das Urteil gemäß des Übergewichtes einer Seite. Deshalb wird der Islam abwertend schon einmal „Buchhalterreligion" (Heine 2003, 41) genannt.

Es kann deshalb im Islam auch keine Rechtsordnung geben, in der souveräne Menschen sich selbst Gesetze geben; denn die Rechtsordnung ist von Gott und ein Geschenk an die Menschen. Dass die islamische Welt dennoch ihre Vorstellung der Menschenrechte aus dem Koran ableitet, kann nur begrüßt werden; doch der nie fehlende Hinweis, dass die Gesetze eigentlich von Gott kommen müssen, mindert ihre Aussagekraft, weil nur immer der Koran als authentisches Wort Gottes ihre Geltung verbürgt und ständig mit seinen moralischen Prämissen den Kontext bestimmt, nicht der strebende und fehlende, sich selbst mit der Welt auseinandersetzende Mensch. „Religion ohne subjektives Risiko" – so könnte man den Islam nennen. Wenn in strittigen Fragen entschieden werden muss, dann wird aber in Wirklichkeit das Modell eines universalen Gottesstaates sehr fragwürdig; denn die Gesetzesauslegung obliegt einem unübersehbaren Heer von Mullahs und Ajatollahs, die nur dann mit einer Stimme sprechen, wenn es um Diskriminierung des Westens geht, so dass die Menschheit nicht gut beraten ist, die für universal gehaltenen, aber islamisch gemeinten Menschenrechte kritiklos zu übernehmen.

Mit der philosophisch wenig entwickelten Vorstellung der menschlichen Subjektivität und ihrem autonomen Wesen hängt auch ihre geringe menschliche Wertschätzung zusammen. Dem positiv konnotierten Leitwort „Der Mensch ist das Maß aller Dinge" (Protagoras), das aber zugleich auch seine Hybris kritisiert, entspricht eine hohe Wertschätzung des Subjektes. Dafür hat der Islam die Leitvorstellung von Gott als absolutem Souverän, der seine Herrschaft kraft eigener Vollkommenheit ausübt. Während der Mensch als Wert an sich bei Kant und heute im allgemeinen Verständnis das Ziel seiner Selbstgestaltung darstellt, so dass er niemals nur als Mittel (wie ein Naturding), sondern auch als Wesen der Freiheit betrachtet werden muss, das Respekt von Gott fordert, ist er im Islam Untertan einer ihn absolut beherrschenden Macht und deshalb von geringem Selbstwert. Der Respekt gegenüber Gott wird auch als Unterwerfung unter autoritäre weltliche Herrschaftsformen, weil diese ihre Herrschaftsform aus dem Koran herleiten, auf diktatorische Regime projiziert. Sie sind Allahs Geschenk, für das der Muslim dankbar sein muss. Sich selbst verdankt er nichts. Dem geringen Selbstwert entspricht ein geringes Selbstwertgefühl, dass erst durch antiwestliche Massenveranstaltungen kompensiert werden kann; erst die *Umma,* das Kollektiv, gewährt dem Gläubigen Sicherheit, so dass sie und nicht der Einzelne Träger des Eigenwertes ist. Dort, wo der Einzelne nichts, die Gemeinschaft aber alles ist, wird ersterer zum gleichgültigen Fall dadurch, dass er nur ein kantenloses Beispiel der objektivierten Normen und Traditionen darstellt.

Jetzt wird auch erklärlich, dass die geringe Wertschätzung der Persönlichkeit noch deutlichere Formen annehmen kann, wenn es nur um Angehörige der Schriftreligionen, von animistischen Religionen und Atheisten geht. Der Abtrünnige, der Apostat schließlich ist vogelfrei und kann mit allgemeiner Billigung der *Scharia* und der *Umma* getötet werden!

Der Islamismus nutzt die geringe Eigenwertigkeit der Glaubensbrüder und die Nullwertigkeit des Restes der Menschheit schonungslos aus, indem er alle Bewohner westlicher Länder zu Ungläubigen macht, deren Schädigung und Tötung ein gottgefälliges Werk ist. Er schwingt sich zum Hüter des Islam und der Welt auf, denen vom Westen her eine furchtbare Gefahr droht, die nur er abwenden kann. Der Koran dient als Steinbruch für brauchbare Argumentationen, die dazu dienen müssen, die imperialistischen Implikationen einer

Weltherrschaft des Islamismus zu legitimieren und legalisieren. Vielerorts mit öffentlicher Unterstützung der islamischen Religionsrepräsentanten, noch mehr aber mit ihrer heimlichen Solidarisierung, wird demonstriert, was ein menschliches Leben wert ist. Kidnapping, Enthauptungen, Bombenanschläge, Selbstmordattentate, hinterhältiger Mord sind im Sinne des Islamismus, der sich wiederum auf seine Auslegung des Korans und der *Sunna* stützt, legitime Mittel, sich der Kräfte, die sich dem Universalismus ihres Herrschaftsanspruches entgegensetzen, zu entledigen.

Dabei fällt auf, dass mit Glaubensbrüdern ähnlich ‚kurzer Prozess' gemacht wie mit ‚Ungläubigen'. Was als Opfer für Allah und den Islam metaphysische Glorifizierung erhält, ist der nackte Machtanspruch des Islamismus, der glaubt, die weltgeschichtliche Entwicklung (als quantitative Entfaltung) zu verkörpern, die durch die genannten ‚Mittel' beschleunigt werden kann. Die gnadenlose Bekämpfung des Westens wird zum ‚Gottesdienst', die Machtgier vieler Religionsfunktionäre oder autokratischer Herrscher als Gottes Wille getarnt und vom Volk, das ja nur den Koran, und zwar aus ihrem Munde, kennt, als naturgegeben hingenommen. Es kommt noch eine weitere Variante der Globalisierung des Islamismus hinzu, „die Europäer sollen nun mit den Waffen der Demographie besiegt werden" (zit. nach Broder, 2006, 151).

Der vierte Punkt, das Fehlen von Historismus in Biologie und Geschichte, erklärt sich aus der Kosmologie des Islam, der permanenten Schöpfung von Welt und Leben durch Allah. Es bleibt kein Platz für Zufall, Veränderung, Eigengesetzlichkeit der Natur, historisch einmalige Vorgänge, Freiheit als Indeterminismus, durch deren Zusammenspiel eine schöpferische Eigenständigkeit, Offenheit der Ergebnisse und eine selbstgesteuerte Entwicklung der belebten und unbelebten Natur möglich wäre. Historisch eigenständige Entwicklungen und das Wirken welthistorischer Persönlichkeiten gemäß ihren Präferenzen widersprechen der Allmacht Gottes Die Ablehnung des westlichen Evolutionismus in Natur und Kultur beruht auf der Interpretation des Korans als „unveränderlicher Wissensschatz" (nach Prenner 2005, 125 f.). Und jetzt folgt die schon sattsam bekannte These, der Westen hätte durch die Philosophie des Goldenen Zeitalters sich Versatzstücke des Korans angeeignet, in dem ja das Wissen für alle Zeit präexistent gespeichert sei; und dieses auch zukünftige Wissen, vor allem in den Wissenschaften, sei vom Westen eher als vom Islam aktualisiert worden. Entwicklung bedeutet also im Islam

Herausarbeitung des schon vorliegenden „Wissensschatzes", so dass Entwicklung allerhöchstens als Entfaltung göttlicher Potenz aufzufassen ist.

Wie ist die politische Geschichtsutopie des Islamismus beschaffen? Dazu möchte ich mich auf die Analyse *Fundamentalismus im Islam* (Tibi 2002, 83-85) stützen. Als zentral für die Auseinandersetzung ist der Begriff „*Djahiliyya*"[92] zu sehen. Zuerst soll die islamische Geschichtsutopie als lineare Entfaltung vorgestellt werden, die der hier schon mit Abraham beginnenden sehr ähnlich ist.
1. Zeit des Vorislam (*Djahiliyya*).
2. Auftreten des Islam und Kampf mit anderen Weltanschauungen (Manichäismus).
3. Sieg des Islam, Installierung der Weltherrschaft des ‚wahren Imam', der aber bis heute noch nicht gefunden ist.

Der Islamismus deutet diese Utopie für seine Zwecke um:
1. Die Neo-*Djahiliyya* bezeichnet jetzt die weltweite Infizierung des Islam durch die dekadente westliche Zivilisation.
2. Der Islam bekämpft mit immer größerem Erfolg den atheistisch denkenden Westen.
3. Die *Hakimiyyat Allah*, die Herrschaft Allahs auf Erden[93], beendet endgültig die Infiltration des Islam mit der verderbten westlichen Moderne und verkündet ihren umfassenden Sieg.

Phase 2, die Selbstbesinnung des Islam auf seine Traditionen und Werte, ist schon angebrochen; und unter der Führung des Islamismus wird ein totaler Befreiungskrieg geführt, in dem alle Mittel rechtens sind, weil sie einer guten Sache, der des weltweiten Sieges des Islams, dienen. Es wird somit die Wiederholung des Geschehens um Mohammed auf höherer Ebene angestrebt. Wo gehobelt wird, fallen eben Späne. Für letztere sind dann die Djihad-Aktivisten zuständig.

---

[92] Er hat zwei Bedeutungen: einmal meint er die vorislamische Zeit, zum anderen „neue Form des Unglaubens", „kulturelle Moderne" (84).
[93] Die Schiiten sahen in Khomeini den „Verborgenen Imam" (Armstrong 2004, 431), durch den ein „neues Zeitalter der Gerechtigkeit" (431) anzubrechen schien. Gott habe die Geschichte in seinem Sinne zum Segen des Weltislam beeinflusst. Im Iran gebärden sich die Imame als Statthalter Gottes.

6.4 Islamismus und Wissenschaft

Eine Episode möge die zwiespältige Haltung des Islamismus zum wissenschaftlichen Denken verdeutlichen: Das Osmanische Reich galt schon im 19. Jahrhundert als „der kranke Mann am Bosporus"; es konnte also keine Rede mehr von einer islamischen Weltmacht sein. ‚Was denn das Geheimnis der neuen westlichen Weltmacht ist', wollte der Kalif wissen. „Wissenschaft und moderne Technologie" antworteten die Gesandten (nach Tibi 2001, 35). Der Autor nennt die Übernahme beider Kulturtechniken eine „Illusion" (35), „den islamischen Traum von der halben Moderne" (35). Denn es lassen sich nicht Wissenschaft und Technik von ihren Grundannahmen trennen, so dass mit dieser Übernahme, soll sie zu eigenen Produktionen führen, auch ihre Implikationen als „Trojanische Pferde" oder „Retroviren", bezogen auf das islamische religiöse Leben, in Kauf genommen werden müssen; es sei, der Islam würde sich durch eine historisch-kritische Besinnung der Aufklärung stellen, seine politischen Ambitionen demokratisch legitimieren lassen und sich als Seelsorge der existentiellen Nöte der Gläubigen annehmen.

Wenn der Islamismus eine weltbeherrschende Stellung einnehmen will, muss er einerseits die Übernahme von westlicher Technologie fördern, andererseits ihre Weltbildannahmen, z.B. die Säkularisation, aufs schärfste bekämpfen. „Koran und Kalaschnikow" (als Symbol nichtmuslimischer Technologie) müssen miteinander verträglich sein. Seit der Islam mit der überlegenen Technologie des Westens in Kontakt gekommen ist, existiert für ihn ein ambivalentes, oft feindseliges Verhältnis zwischen westlicher Wissenschaft und ihren unbestreitbaren Erfolgen sowie ihren philosophischen Prämissen. Als Ausweg hat er sich in wissenschaftlichen Existenzfragen (Atomphysik) das Prinzip „Der Zweck heiligt die Mittel" zur Maxime gemacht, so dass alles, was den Islam befördert, erlaubt ist. Denn im Koran selbst steht, dass es Pflicht jedes Muslims sei, Wissenschaft zu betreiben und Bildung zu erwerben. Es bleibt die Frage erlaubt, warum, wenn Mohammed von jedem Muslim das Mühen um Wissenschaft befohlen hat, von einem blühenden islamischen Wissenschaftsbetrieb nichts überliefert ist. Schon der Reformer Tahtawi (gest. 1883) lobt die Christen wegen ihres Wissenschaftsbetriebes, schränkt aber seine Zustimmung auf das ein, was dem Koran nicht widerspricht. Abduh (1849-1905), ein Modernist, begründet seine positive Haltung zu den Wissenschaften mit dem Argument, der Islam sei „vernunftfreundlich" (nach Tibi 2001, 46), während das Christentum „vernunftfeindlich" (46) gewesen sei, so dass es die Epoche der islamischen Aufklärung nur gegeben habe, um das dogmatische Christentum in die Schranken zu verweisen – eine erstaunliche intellektuelle Variante aus Absurdistan. Der Reformer Al-Reziq fordert die Trennung von Religion und Politik, wodurch auch für die Wissenschaften ein Freiraum entstanden wäre, was ihm die Zerstörung seiner Existenz eingebracht hat.

Die Professoren Garischa und Zibaq kritisieren die Industrialisierung des Westens, weil sie die Werte von Maschinen höher halte als die des Menschen. Der Islam dagegen setze den Menschen an erste Stelle, er ist ein sich in seinen Produkten wiederfindender „Produzent" (nach Tibi 1991, 45). Es leben die angenehmen Selbsttäuschungen! Die tatsächliche industrielle Rückständigkeit der islamischen Welt führen sie auf die Entfremdung vom wahren Glauben zurück. Da drängt sich die unsinnige These auf, dass fleißiges Lesen im Koran bei den Muslimen einen wahren industriellen Innovationsrausch auslösen müsste. Noch abenteuerlicher und ideologisch halsbrecherischer muten die Thesen von Al-Gundi an. Seine schon häufig gehörte Prämisse, der Koran sei die ausschließliche Quelle menschlichen Wissens, verleitet ihn zu der Behauptung, Bacon, der Vater der induktiven Naturwissenschaften, habe in seinem *Novum Organum* eigentlich nur das rezipiert, was im Koran niedergelegt sei. Die induktive Methodik sei schon vor ihm von islamischen Gelehrten praktiziert worden. Der Westen habe also wie ein Dieb dem Islam die Wissenschaft gestohlen, der sie durch „Wiederaneignung" (230) dem Westen wieder abnehmen müsse.

Hier zeigt sich besonders krass die ideologische Wirkung der Ambivalenz. Einerseits ist der Westen dem Islam technologisch überlegen. Andererseits glauben die Muslime an ihre Überlegenheit, so dass „Akzeptanzschwellen" (233) entstehen. Diese werden dadurch abgebaut, dass der Illusion geglaubt wird, dass westliches Wissen in Wirklichkeit den Köpfen des Islam entsprungen sei. Doch dann wäre der orthodoxe Islam eigentlich sein eigener Totengräber, denn er hätte die Aufklärung einführen müssen. Ähnlich fordert der Islamist Al-Ghazali die Re-moralisierung des Islam, denn nur dadurch könne er wissenschaftliche Erfolge erzielen. Der Gelehrte Afghani will den Islam im Sinne Luthers reformieren und dann als Glaubenssystem beibehalten und „von Europa die Wissenschaftskultur übernehmen" (129). Er hat damit die Formel entdeckt, wie eine universale Wissenschaftskultur im Islam entstehen kann. Der islamische Modernist bleibt aber Dogmatiker, indem er die Leistungen der modernen Naturwissenschaften schmälert und in „Aufopferung" und „Anstrengung" (nach Tibi 2001, 187) gemäß dem Koran die Bemeisterung der Wissenschaften sieht, so dass sie mit dem Koran vereinbar sind. Hier ist kurz einzuwerfen, dass der Wissenschaftsbetrieb Freiheit der Forschenden, Autonomie bezüglich seiner Prämissen und Konklusionen und demokratische Umgangsformen fordert.

Besonders in den Wissenschaften gilt der Dualismus Ich/Welt in der Form der Dichotomie Subjekt/Objekt. Wie sie sich psychisch im Menschen bildet, hat Konrad Lorenz[94] sehr eindrucksvoll beschrieben. Diese rationale Alltagsfunktion menschlichen Denkens wird, wie schon gesagt, durch seine Disziplinierung so verändert, dass sie mittels wissenschaftlicher Methoden die Außenwelt begreifen lernt. Diese Relation lässt keinen Platz für ein Erkennen oder Einwirken Gottes zu: die Welt, wie sie die positiven Wissenschaften voraussetzen, ist ‚gottlos', weshalb der Islamismus zwar die Früchte dieser überaus erfolgreichen Relation ernten, aber ihre ontologischen Implikationen nicht nachvollziehen will. Eine solche Haltung ist hier mit „Ambivalenz" bezeichnet worden, die das Selbstverständnis eines Muslims spalten muss, so dass als Ausweg mit emotionalen Überreaktionen zu rechnen ist.

Die Disziplinierung des wissenschaftlichen Subjekts hat zu einer eigenen wissenschaftlichen Ethik geführt, die von Monod „Objektivitätspostulat" (1971, 149), von Mohr „wissenschaftliches Ethos" (1983) genannt wird. Letz-

---

[94] In *Die Rückseite des Spiegels* geht er von der Beobachtung aus, dass sich „in unserem Erleben Innenbedingtes und Außenbedingtes überlagern" (1997, 13) und dass innere Zustände einen Einfluss auf das Wahrnehmen äußerer Gegebenheiten ausüben (13). Unser Selbstbewusstsein schwebt quasi über Innenbedingtem und Außenbedingtem und versucht zu beurteilen, was an der Vorstellung dem Subjekt, was der Außenwelt zugeschrieben werden kann. Alles, was ständig anders wahrgenommen wird, ist dem Subjekt, alles, was immer wieder konstant wahrgenommen wird, ist der Gegenstand außer uns, dem Objekt zuzuordnen. Durch Subtraktion des subjektiven Anteils vom Gesamteindruck gewinnt die Vorstellung einer objektiven Außenwelt immer schärfere Konturen, egal, welche subjektiv veränderten Zustände vorliegen. Lorenz nennt den Vorgang der Genese der Subjekt-Objekt-Beziehung „Objektivation" (13). Diese Relation bestimmt schon unseren Alltag; durch Disziplinierung des Alltagssubjekts zu einem reinen, methodisch denken Subjekt wird aus der undifferenzierten Wahrnehmung ein konstant und konkret zu beschreibendes Objekt, aus dem praxisbezogenen Denken Wissenschaft.

terer vergleicht Monods Charakterisierung der Arbeit des Wissenschaftlers mit „einem in sich geschlossenen Orden" (304) und kritisiert die wissenschaftliche Askese, die ein Wissenschaftler üben müsse. Hier liegt ein Missverständnis vor; denn Monods Forderung gilt nur für die eigentlich wissenschaftliche Arbeit, bei der sich das empirische Subjekt zum reinen denkenden Subjekt läutern muss, um möglichst sachfremde Einflüsse auf das Ergebnis auszuschließen; ansonsten ist es ein Mensch, der „auf das Wohlwollen und auf die materielle Unterstützung der Öffentlichkeit ständig angewiesen [ist]" (304 f.). Dieses Problem zielt direkt auf das Thema „wertfreie Wissenschaft", siehe Max Weber im „Werturteilsstreit"[95]. Hier gilt die Einbettungshypothese, dass Wissenschaft in die allgemeinen Aktivitäten der Gesellschaft und in den empirischen Status des Wissenschaftlers eingebunden ist, aber davon nicht in der Ergebnisfindung beeinflusst werden darf, davon ausgenommen sind die Sprache, der technologische Status und die Problemstellung, die die Reichweite wissenschaftlicher Forschungsergebnisse eingrenzen. Ist also reine Erkenntnis durch eine autonome Wissenschaft zu verwirklichen oder als interessegeleitet[96] mit subjektiven Meinungen untrennbar verknüpft? Ergänzend sei noch gesagt, dass der Ausschluss soziokulturellen Einflüsse auf die wissenschaftliche Arbeit nur einer Forderung im Sinne einer regulativen Idee nachkommt, danach zu streben.

Das Ergebnis wissenschaftlicher Arbeit darf, wie das Beispiel „Lyssenko" (ein Neolamarckist unter Stalin) lehrt, nicht durch politisch-ideologische Korrektheit oder persönlichen Ehrgeiz verändert werden, denn dann ist es unbrauchbar. Also liegt es in jedermanns Interesse, dem internen Wissenschaftsbetrieb Autonomie zuzugestehen. Hier begegnen sich zwei personalisierte Theorien, die des autonomen Menschen und des autonomen Wissenschaftlers. Beide verknüpft, bedeutet das für die Wissenschaft und den Wissenschaftler: demokratische Verhältnisse. Wissenschaft kann nur unter demokratischen Verhältnissen kreativ gedeihen.[97] Dazu bedarf es eines selbstgegebenen Re-

---

[95] Siehe Meja/Stehr (Hg. 1982): *Zum Streit um die Wissenssoziologie*.
[96] Das bekannteste Beispiel von interessegeleiteter Forschung liefert der Sowjetkommunismus, der mittels der ideologischen Prämisse der Vererbung erworbener Eigenschaften (Neo-Lamarckismus) von Lyssenko eine parteikonforme Vererbungstheorie vertreten hat, die ihn um mehrere Jahrzehnte genetischer Forschung zurückgeworfen hat.
[97] In der Sowjetunion gab es mehrere isolierte Inseln, auf denen wertfreie Wissenschaft betrieben wurde.

gelwerkes, gegen das zu verstoßen die Sanktion „moralische Missbilligung" der *scientific community* nach sich zieht.

Von seinen Fachkollegen ostentativ nicht mehr zur Kenntnis genommen zu werden, erweist sich als äußerst wirksames Druckmittel. Das gilt allerdings nur, wenn die Wissenschaft eine internationale, sehr kritisch kommunizierende und urteilende Weltgemeinschaft bildet. Verordneter Provinzialismus führt bei Abschottung zu der Illusion, da alle Forscher (aus der Provinz) wegen Opportunitätserwägungen den Forschungsergebnissen zustimmen müssen, allgemeine Zustimmung zu genießen. Es kann also keine wissenschaftliche islamistische Physik, Biologie oder Mathematik geben.

Mohr (1983, 310-313) hat dieses universale wissenschaftliche Ethos kodifiziert, das aus „Grundannahmen", „Grundvoraussetzungen"[98] und „eigentlichen Geboten" besteht. Die *scientific community* ist ein Modell für eine demokratische Grundhaltung, deren Konsequenzen Unabhängigkeit, Selbstbestimmung und allgemeine Diskussion der Forschungsergebnisse bedeuten, aber auch ‚unblutige' Bestrafung bei Zuwiderhandlungen. Wird das wissenschaftliche Ethos durch den Islamismus negiert, indem das Forschungsergebnis mit den Aussagen des Korans korrespondieren muss, dann wird es ihm wie dem Kommunismus ergehen, der ein wissenschaftliches Desaster hinterlassen hat. Eine Universalisierung des fundamentalistischen Wissenschaftsverständnisses käme in seinen Wirkungen einem Rückfall in die Steinzeit gleich.

Die Verordnung, dass wissenschaftliche Ergebnisse dem Koran nicht widersprechen dürfen, ja, dass sie ihn bestätigen müssen, führt in eine absurde wissenschaftliche Welt, was dem Islam nur Schaden und internationale Geringschätzung einbringen kann.

---

[98] Wegen der Argumentationsdichte kommt Mohr unkommentiert zu Wort. „Zu Grundvoraussetzungen gehören:
- Gedankenfreiheit (intellektuelle Freiheit),
- Freiheit der Forschung (das Resultat einer wissenschaftlichen Forschung darf nicht von Faktoren von außerhalb der Wissenschaften bestimmt werden),
- Erkenntnis ist gut, d. h. zuverlässiges Wissen ist unter allen Umständen besser als Ignoranz.

Anders formuliert: Erkenntnis ist ein überragender Wert, das höchste Gut für einen Menschen, solange er Wissenschaft betreibt (Primat der Erkenntnis)" (1983, 310-313).

6.5 Islamismus und Demokratie

Der Subjektivismus ist also Bedingung für die Entstehung des Subjekt-Objekt-Verhältnisses, das nicht nur die Wissenschaften ermöglicht, sondern auch die Selbstbewertung des Menschen als Wesen an sich, seine Selbstgesetzgebung als autonome Persönlichkeit, woraus sich die Menschenrechte herleiten lassen, aber auch die praktische (ethische) Hintergrundtheorie der Regierungsform „Demokratie" speist. Welches Verhältnis hat der Islamismus zu dieser Regierungsform? Der fundamentale Unterschied zwischen Subjektivismus und Individualismus auf der einen und dem koranischen Objektivismus auf der anderen Seite ist Grund für die grundverschiedenen Regierungssysteme „Demokratie" und „Gottesstaat", der sich im Laufe der Geschichte zu einer feudalistisch-orientalischen Despotie in vielen Variationen entwickelt hat.

In *Im Schatten Allahs* hat Tibi (1994) das Verhältnis von Theokratie (Diktatur Gottes) und Demokratie untersucht. Hier sollen die Argumente der Unvereinbarkeit beider Hintergrundtheorien und der sie bedingenden Regierungsformen genannt werden. In der Zusammenfassung wird dann ausgelotet, ob es kompatible Segmente beider zueinander in Fundamentalopposition stehenden Auffassungen gibt.

Zunächst sind die Fronten klar: Der Islamist Qutb nennt Anhänger der Volkssouveränität „Ungläubige", schließt also demokratisch gesinnte Muslime aus der Glaubensgemeinschaft aus, Benhadj warnt: "Demokratie ist Unglaube" (20). Und noch einmal Qutb: „Nach dem Niedergang der Demokratie bis zum Bankrott hat der Westen der Menschheit nichts mehr zu geben [...]. Es ist an der Zeit, dass der Islam die Führung übernimmt" (zit. nach Tibi 2001, 330). Enayat stellt resigniert fest: „Jene muslimischen Denker, die sich beherzt und frei von dem Zwang ihres Glaubens [...] diesem Thema stellen, gelangen am Ende für gewöhnlich zu dem offenen Eingeständnis, dass Islam und Demokratie unvereinbar sind" (334).

Wieder andere Lehrmeinungen gehen von der *Schura* (Beratung)[99] aus - im Koran nur zweimal genannt – zu der der Prophet seine Mitstreiter eingeladen hat – und sehen wie Abu-Zaid-Fahmi in ihr sogar die Wurzel der Demokratie:

---

[99] Die beiden Koranstellen, die auf die *Schura* Bezug nehmen, haben den Wortlaut:

> Die islamische Herrschaftsform ist die fortschrittlichste politische Struktur, welche die Menschheit jemals gekannt hat. Der Islam hat die Demokratie errichtet und die *Schura* als ihr Hauptargument etabliert [...]. Mit dieser Leistung hat der Islam in der Geschichte der Menschheit nicht seinesgleichen" (zit. nach Tibi 2001, 314 f.).

Hierauf eine Theorie der islamischen Demokratie zu entwickeln und ihre Universalisierung zu fordern, ist abenteuerlich und nur mit ideologischer Verbohrtheit zu erklären. Noch bemerkenswerter ist, dass der Begriff „Demokratie" zwei völlig entgegengesetzte Bedeutungen annehmen kann: als Erfindung des Islam ist sie ‚fortschrittlichste' Herrschaftsform, als Erfindung Kants ist sie ein ‚hässliches System' – ein missglückter Versuch islamistischer Dialektik und ein gutes Beispiel für eine naive Rezeption von Worthülsen.

Hier hat sich der Islamismus eines Selbstwiderspruches schuldig gemacht, indem er vorgibt, als erster diese Regierungsform praktiziert zu haben, dann aber im gleichen Atemzug „Demokratie ist Unglaube" verkündet. Natürlich ist hier zu unterscheiden zwischen einer ‚guten' also muslimischen Demokratie und einer ‚bösen' westlichen. Die Ambivalenz der Demokratievorstellungen des Islamismus sollte bei politischen Entscheidungen immer berücksichtigt werden.

Maududi nennt die Demokratie „hässliches System" (zit. nach Tibi 2002, 80). Von der Dämonisierung über Apostasie, Verfallshypothese, Unvereinbarkeitsthese zur wahren islamischen Erfindung reicht das Spektrum des Demokratieverständnisses der Islamisten. Auch die letzte Formulierung als frühislamische Erfindung ist antidemokratisch gemeint, denn während der Westen eine falsche, verfaulte, verlebte Demokratie unterstütze, sei der Islam der wahre Hort, der Gralshüter der Demokratie, so dass es nur eine Demokratie auf dieser Welt geben dürfe: die wahre islamische, die Pluralität ausschließt.

Viele im Westen lebende Islamforscher halten das Einführen demokratischer Verhältnisse im islamistisch dominierten Islam gegenwärtig für unmöglich. Wenn man die Quellen des Demokratieverständnisses sprechen lässt, den Rationalismus, Kants Subjektivismus, Naturrechtstheorien und mit dem Modell

---

„Und die auf ihren Herrn hören und das Gebet verrichten und deren Handlungsweise (eine Sache) gegenseitiger Beratung ist, und die spenden von dem, was Wir ihnen gegeben haben" Sure (42:38).
[...]. So verzeih ihnen und erbitte Vergebung für sie; und ziehe sie zu Rate in Sachen der Verwaltung; wenn du dich aber entschieden hast, dann setze dein Vertrauen auf Allah. Allah liebt die Vertrauenden" Sure (3:159).

einer absoluten und absolutistischen Gottesherrschaft vergleicht, gestützt auf Koran und Scharia, die den Gläubigen nur eine unbedeutende Einzelexistenz im Kollektiv zugestehen, ist den Forschern zuzustimmen. Die Regierungsform, die aus dem Islam folgt, ist mit fast naturalistischer Notwendigkeit die einer „orientalischen Despotie" von Menschen oder Parteien; allerdings gibt es auch Ausnahmen. Der politische Mord hat im Islam Tradition, weil es keine Abwahl eines ungerechten Imams oder Systems geben kann, sie sind „der Schatten Allahs auf Erden". Überhaupt können islamische Repräsentanten nicht vom Volk abgesetzt werden, da sie von ihm auch nicht gewählt werden können. Das gilt auch für säkulare Diktaturen. Zu Recht oder Unrecht bilden sich Verschwörergruppen, die dann den „Schatten Allahs" (Tibi 2004), nicht ohne ihn vorher zu einer religiösen Unperson zu erklären, meuchlings ermorden. Um diesem Schicksal zu entgehen, ist es nach K. Wittvogel nötig, dass der Herrscher

> wie der Tiger die physischen Mittel zur Vernichtung seiner Opfer besitzen muss. Der Despot besitzt solche Mittel. Er verfügt unumschränkt über die Armee, Polizei und den Nachrichtendienst. Er hat Gefangenenaufseher, Folterknechte, Henker, und alle Werkzeuge, die nötig sind, um eine Verdachtsperson festzunehmen, zu martern und zu töten (zit. bei Tibi 2002, 75).

Im Gefolge solcher Despotien (Saddam Hussein) treten Korruption, Vetternwirtschaft, soziale Konflikte, politische Verfolgung, politische Morde und politische Vereinnahmung des Islam mit fast naturgesetzlicher Regelmäßigkeit auf. Die ‚Gottesherrschaft' mutiert im Islam fast immer zu einer Variante des Despotismus. Ursache von Fundamentalismen, die mit allen autoritären Regierungsformen kooperieren, sind Krisensituationen, die eine einfache und administrativ transparente Lösung für die aufgeworfene Problematik zu haben vorgeben. Die Krisensituation des Islam (siehe Ähnlichkeit mit der Krisensituation der Weimarer Republik und des Russischen Reiches vor der Oktoberrevolution nach dem 1. Weltkrieg) stellt sich zusammenfassend folgendermaßen dar:

1. Der Islam sieht sich seit seiner Gründung als ein universales kulturelles System, in dem Politik und Religion eine untrennbare Einheit bilden. Das Selbstverständnis ist geprägt von feudalistischen Strukturen, vortechnischer Produktionsweisen und unbedingter Unterordnung unter den Willen Gottes. Durch die Begegnung mit westlicher Zivilisation im 19. Jahrhundert werden

die Muslime aus dem jahrhundertelangen Dornröschenschlaf einer in Tradition erstarrten Kultur geweckt und müssen ihre Unterlegenheit gegenüber dem Westen einräumen.

2. Derart demoralisiert, können sie den imperialen und in der Folge kolonialen Gelüsten des Westens nichts entgegenstellen. Es gibt jetzt die überheblichen westlichen Besatzer oder Ausbeuter, die das wirtschaftliche Ausgeliefertsein an den Westen schamlos ausnutzen, der sich auch kulturanthropologisch in der Verachtung der ‚muslimischen' Kultur (als Sammelbegriff) niederschlägt. Die Reaktion der aufgeklärten Muslime ist Anpassung an den Westen und seine Werte, um seine Hegemonie nicht mehr wahrzunehmen.

3. Die unreflektierte Übernahme westlicher Zivilisation hat negative Folgen: Massenelend, soziale Unruhen, beginnende Auflösung der traditionellen Familienstrukturen, moralische Ungezügeltheit des Liberalismus, schwache und korrupte eigene Regierungen. Das interne Demokratieverständnis des Westens entspricht ganz und gar nicht dem externen Zerrbild, das er in der muslimischen Welt verwirklicht. Der Islam als einigendes Band der muslimischen Identität wird zunehmend in Frage gestellt und gerät in eine schwere Sinnkrise.

4. Als Ausweg bietet sich der Import einer westlichen Befreiungsideologie an, der Sozialismus, dessen ‚gottlose' Konzeption aber auch bei den unterdrückten Massen auf Widerstand stößt.

5. Die vom Westen geförderte Partikulation des universalen Islam in recht willkürlich konstruierte Nationalstaaten mit eigenen regionalen Konflikten verhindert eine gemeinsame Politik, die durch den Panarabismus wiederbelebt werden soll. Der verlorene Sechs-Tage-Krieg fällt auch das Todesurteil über diesen Ansatz der Krisenbewältigung. Es entsteht das Feindbild „Israel" und „USA", dem man andere westliche Länder nach Belieben zuordnen kann.

6. Die ‚siegreiche' Ölkrise kommt nicht dem Volke, sondern korrupten Oligarchien zu Gute, die mit dem Westen kooperierten, indem sie die Petrodollars wiederum zur Unterdrückung des eigenen Untertanen verwenden. Aber fortan wird das Erdöl eine politische Waffe.

Der Islam, so lässt sich feststellen, hat historisch fast nur negative Erfahrungen mit dem Westen und seiner Demokratie gemacht. Diese ist nur das Feigenblatt für ein wirtschaftliches, politisches und technologische Hegemonialstreben, an deren Segnungen meist nur die herrschende Clique partizipiert hat. Diese korrupten Regime wurden vom Westen, der Absatzmärkte und Erdöl sichern will, ohne moralische Skrupel alimentiert; doch er ‚vergaß', seine demokratischen und sozialen Prinzipien mitzuexportieren. Das Doppelgesicht der westlichen ‚Volksherrschaft' ist so zu beschreiben: nach innen und untereinander gelten demokratische Gepflogenheiten, nach außen werden Regime gestützt, von denen man sich einen ökonomischen oder strategischen Vorteil erwartet. Weder Sozialismus noch demokratische Verhältnisse, noch Säkularisation haben die islamischen Länder für sich einnehmen können. Es bleibt also nur der Weg der Besinnung auf die eigene Geschichte und Kultur. In der Weltgeschichte war gerade ein Vakuum entstanden, das der schon theoretisch stabilisierte Islamismus sofort besetzt. Dieser ergreift die Initiative und fordert folgende Gegenreaktionen:

1. Abschottung vom Westen und seinen subversiven Ideen,
2. Wiederentdeckung des Islam mit seiner gesellschaftlichen Kraft der Integration,
3. Wiederentdeckung eigener historischer Blütephasen,
4. Rückbesinnung auf die eigene glorreiche politische und religiöse Vergangenheit und Konstruktion einer eigenen historischer Utopie, die dem Islam eine Renaissance und dem Westen einen schmählichen Untergang prophezeit,
5. Konstruktion einer Verfallstheorie der westlichen Welt und seiner demokratischen Wurzeln, die es dem Islam zur Pflicht macht, seine von Gott vorausgesagte Universalität zu verwirklichen.

Damit zeigen die Krisenbewältigungsreaktionen des Islamismus den Mechanismus auf, wie aus einer verachteten Weltanschauung heraus ein neues Selbstbewusstsein entstehen kann, das seinerseits die Funktion der Identitätsstiftung übernehmen kann. Die eigenen Defizite werden unter kräftiger ideologischer Argumentation auf den Gegner, der jetzt immer mehr zum Feind und moralischen Unhold stilisiert wird, projiziert, so dass die eigene Position gestärkt, die des Feindes geschwächt wird.

Schließlich unterstreicht die neu entstandene **Ideologie(-)** ihren Erlösungsauftrag, so dass aus Verachteten die künftigen Herren der Welt werden. Mit dem Kunstgriff der Propagierung einer bald die Realität leitenden Staatsutopie hat die ideologische Kriegsführung begonnen. Die westlichen Demokratien sind und haben abgewirtschaftet, der Islam hat als wiedererstarkte Religion den Gottesauftrag, den idealen Staat global als Gottesherrschaft zu etablieren. ‚Gott will es!' – mit diesem Schlachtruf, den vor allem die unterprivilegierten Schichten wegen ihres kümmerlichen Daseins begierig aufgreifen, soll der religiösen Botschaft des Islam durch den Islamismus auch politisch Weltgeltung verschafft werden.

Durch gegenseitiges Stützen von Islam und Islamismus, von Koran und Kampf, Gott und Gewalt, Krieg dem Westen und Friede dem „Haus des Islam" soll der letzte und endgültige ‚kleine' Djihad Gottes Reich auf Erden inthronisieren. Der Islamismus bläst jetzt zum Angriff, um den totalen Sieg zu erringen, der dann alle Opfer rechtfertigt. Die Offensive in Richtung Deutschland durch gezielte Einwanderung und ständige Interventionen der islamischen Schutzmacht „Türkei" mit Hilfe ihres „Religionsministeriums" hat bereits begonnen.

Woher gewinnt der Islamismus als Siegerideologie seine Argumente? Es ist schon an die soziale Komponente des Islamismus erinnert worden, der aus Gründen der Zustimmung des Volkes, nicht aus Mitleid mit der leidenden Bevölkerung Schulen, Krankenhäuser und allgemeine Fürsorge übernimmt (siehe Hamas in den Palästinensergebieten und Hisbollah im Libanon), um als „soziales Gewissen" die Volksgunst zu gewinnen. Noch wichtiger als Kulturstabilisator aber ist die tiefe religiöse Bindung der Muslime an ihre Religion, so dass der Islamismus zwei Strategien zugleich verfolgt: im Inneren eine Re-islamisierung, nach außen Schaffung einer kohärenten Theorie der historischen Notwendigkeit der neuen weltbeherrschenden Funktion des Islam, die sich als Rettung aus dem in sich morsch gewordenen westlichen System auch der Dritten Welt anpreist.

Der Mythos einer Befreiungsbewegung, deren Zielen im Grunde jeder Muslim zustimmen kann, soll zuerst die im Westen lebenden unterdrückten Glaubensbrüder[100] befreien, bis sie dann überall auf der Welt die Grüne Fahne des Propheten hissen kann.

Wenn Kanzlerin Merkel behauptet, der Islam ist in Deutschland angekommen, sagt sie nichts wirklich Neues, weil die Grundlagen schon viel früher gelegt wurden.[101] Doch der Islamismus kann noch andere und ähnlich schwerwiegende Gründe zu seiner neuen welthistorischen Rolle angeben. Die Natur als Gottes Schöpfung, als Gegenstand *sui generis*, der man im Islam Schonung und Achtung entgegenbringt, weil sie Abbild von Gottes Existenz und Willen ist, wird vom Westen nach Kant als „Gegenstand der Erfahrung", aber nicht als selbstwertig betrachtet. Sie ist also der menschlichen Verfügbarkeit schrankenlos unterstellt, so dass sie vom Westen gemäß seiner kommerzialisierten Weltanschauung schonungslos ausgebeutet wird.

Das Prinzip der Kommerzialisierung ist auf die Spitze getrieben, indem nur noch ein Wert die westliche Welt bestimmt, die Umrechnung aller Werten in einen Marktwert: menschliche Schönheit wird zum kommerzialisierten Sexualobjekt, menschliche Intimität des Zusammenlebens zum ‚Fraß' der Öffentlichkeit durch Sensationsberichterstattung, menschliches Vorsorgestreben zum sinnlosen Anhäufen von oft nicht benötigten Konsumgütern, die Industrieproduktion zur immer ungehemmterer Ausbeutung der natürlichen Ressourcen, um jährliche Steigerungsraten zu erreichen, der angebliche menschliche Selbstwert zur Funktion einer nur auf materiellen Konsum basierenden ‚Zivili-

---

[100] Dazu zwei Zitate:
„Der islamische Weltkongress hat auf seiner Arbeitstagung in Kairo eine neue Strategie gefordert für die *Dawa*/Aufruf zum Islam [...], hierzu gehört der Aufbau islamischer Zentren in Europa [...], um die dort lebenden Muslime auf ihre Rolle in der Zukunft vorzubereiten [...]. Die Anwendung der Scharia als Richtschnur im Leben der Muslime ist zu fordern" (Dokument in: al-Scharq al-Ausat vom 28. Juli 1993, zit. aus Tibi 1994, 11).
„Islamische Rechtsvorschriften sind nicht auf Muslime und ihre Gesellschaften beschränkt. Sie sind dazu geschaffen, um alle menschlichen Beziehungen zu organisieren und sind daher der gesamten Menschheit zugewiesen, sei sie islamisch oder noch nicht islamisiert; „denn islamische Regeln schaffen ein allgemeingültiges internationales Recht" (Sabir Tuayma: *Die islamische Scharia im Zeitalter der Wissenschaft*, Beirut 1979, 208, zit. nach Tibi 2002, 48).
[101] „Die Traditionen, die wir ‚westlich' oder ‚islamisch' nennen, können nicht mehr mit bestimmten geographischen Regionen identifiziert werden. [...] Die Schnelligkeit der muslimischen Immigration [...] deutet darauf hin, dass wir bald nicht mehr nur vom Islam *und* dem Westen, sondern vom Islam *im* Westen sprechen müssen (Kelsay, J.: *Islam and War. The Gulf War and Beyond*. Louisville/Ky 1993, 118, zit. nach Tibi 2001, 80).

sation', Werte werden zur bloßen Verwertbarkeit, der Werteverlust wird zum Nihilismus, das durch soziale Gefüge gesicherte Dasein zum rücksichtslosen Ellbogen-Egozentrismus. Selbst wenn viele Argumente überzeichnet sind, ist ein selbstgefälliges Herabsehen des Westens auf die Kraft, die in der islamischen Kultur steckt, fehl am Platze. Der Islam aber muss fürchten, dass, wenn er den „natürlichen Fehlschluss" als Fehlschluss akzeptiert und sich der Aufklärung öffnet, es ihm ähnlich wie dem Christentum ergehen kann, so dass die harschen Regulierungen durch seinen islamistischen Überbau im Sinne der Beharrung auf seinem absolut gesetzten Wahrheitsbesitzes zu erklären, wenn auch überhaupt nicht zu billigen sind.

Die Staatsidee des Islamismus ist auf die Einrichtung eines Gottesstaates gerichtet, weil sowohl der demokratische Okzident mit der Trennung von Religion und Staat, von Wert und Vernunft als auch der despotisch regierte Orient mit seiner Instrumentalisierung und Korrumpierung des Islam zur eigenen Machtsicherung dem Menschen nicht gerecht werden. Gemeinsame Sprache (Arabisch), gemeinsames Gedankengut einer Wiedergeburt der Religion „Islam" und ihre Manifestation in einem Gottes Gesetze verwirklichenden Staat, gemeinsames Feindbild eines abgewirtschafteten, aber noch gefährlichen Westens und korrupten Ostens, gemeinsames Akzeptieren von Gewalt um der ‚großen Sache' willen, gemeinsames ‚Wissen', dass dies alles im Auftrage Gottes geschieht, eine sehnlichst erhoffte Inthronisierung des gottgesandten ‚großen Führers', des ‚wahren' Imams, machen einen dritten Weltkrieg denkbar, von Pflüger (2004), aber auch von anderen vorausgesagt, in dem sich ein bis zum Äußersten entschlossener Gottesstaat oder Staatenbund im Kampf gegen eine technisch überlegene säkulare Koalition gegenseitig auslöschen würden. Allein dieses Szenario einer negativen Utopie sollte dazu führen, dass beide Seiten erkennen, dass sie nur Verlierer sein werden, wenn sie einer Konfrontation weiter zuzuarbeiten.

7. Vom Islamismus zum Djihadismus

Wir können zwei Formen des Djihad unterscheiden. Als ‚größerer' Djihad bedeutet er „den inneren geistigen Kampf des Einzelnen gegen die niedrigen Regungen der eigenen Seele, gegen Laster, Leidenschaft und Unwissenheit" (Barth 2002, 71). Als ‚kleinerer' Djihad, und um den geht es, ist er ein „heiliger Krieg", der „so lange geführt werden muss, bis sich alle Völker dem Islam unterwerfen" (71). Sowohl der Islam als auch der Westen treffen sich, wenn es um die heutige Bedeutung des Djihad als ‚heiliger Krieg' geht. Die frühere Hauptbedeutung als Läuterung des Glaubenslebens verblasst zusehends zugunsten des heutigen Verständnisses als ‚Krieg gegen die Ungläubigen'. Allerdings wurden früher bei der Führung des ‚heiligen Krieges' Konventionen beachtet. Doch diesen ‚ritterlichen Komment' beachtet er heute nicht mehr. Dieser ‚heilige Krieg gegen die Ungläubigen' hat durch den Fundamentalismus islamischer Prägung eine inflationäre Erweiterung erfahren, indem er „auf alle möglichen bewaffneten Aktivitäten" (72) ausgedehnt worden ist, jedes Mittel zur Vernichtung des Feindes ergreift und rechtfertigt und die islamistischen Terroristen zu Märtyrern verklärt, die von Allah mit den Freuden des Paradieses belohnt werden. Auch kann z.B. von dem Gebot, nur Verteidigungskriege führen zu dürfen, keine Rede mehr von Kriegsregeln und deren Einhaltung sein.[102] Hier ist vor allem das mörderische Vorgehen islamistischer Reitermilizen gegen die autochthone Bevölkerung in der Provinz Darfur zu nennen. (Hier fehlen klärende Worte des gottgläubigen Islam, die diese Pervertierung der Religion als Rechtfertigung von Verbrechen gegen die Menschlichkeit deutlich und glaubwürdig für unvereinbar mit dem Glauben an Gott anprangert.)

---

[102] Die Terroranschläge auf die Londoner U-Bahn wurden damit erklärt, dass auch diejenigen, die den englischen Premierminister Blair gewählt hätten, Schuld an der Invasion im Irak trügen. Und was ist mit denjenigen, die andere Parteien gewählt haben?

Die These, dass der Islam eine Religion mit großem Ideologisierungspotential darstellt[103] - wir brauchen nur an das Bestehen auf dem absoluten Wahrheitsanspruch, der Globalität des Herrschaftsanspruches, der Kollektivierung islamischen Lebens in der Scharia und des Besitzes des Wahrheitsmonopols zu erinnern -, soll hier in der Form weitergeführt werden, dass der sich auf den Islam stützende Islamismus, der wiederum die ihm gemäßen militanten Auslegungen des Korans fördert, die legitimierenden Begründungen für den Djihad, den kompromisslosen Kampf nicht nur gegen den Westen, liefert. Eine **Ideologie(-)** tritt in die Phase des bewaffneten Kampfes ein, wenn sie ein totalitäres Konzept politisch verwirklichen will. Der Islam setzt sich leider nicht gegen seine politische Instrumentierung zur Wehr; ganz im Gegenteil, er glaubt, von der scheinbaren religiösen Renaissance profitieren zu können, und lässt sich allzu willig vor den Karren der Islamisten spannen.

Lieber gebraucht den Begriff „Totalitarismus" in zwei Bedeutungen (siehe Kap.4, 2.2). Was versteht er konkret unter dem Begriff „Totalitarismus? Seine Kennzeichen sollen hier aufgezählt und auch als Theorie des Islamismus erkannt werden, dessen Praxis im Führen eines zunächst noch religiös-ideologischen totalen Krieges besteht.

Der Totalitarismus (Islamismus)
- ist eine Massenbewegung,
- fordert einen unkontrollierbaren Ausschließlichkeitsanspruch der Herrschaft,
- führt einen zentralistischen Staatsapparat ein (noch Utopie wegen der verschiedenen Interessenlagen der einzelnen muslimischen Staaten),
- greift in alle Lebensbereiche regulierend ein, so dass es keine privaten Freiräume mehr gibt (Scharia),

---

[103] Als Indiz dafür lassen sich die "Hassprediger" anführen, die mit ihrer Botschaft der Ausrottung der Ungläubigen, also von uns, durch Westeuropa ziehen, und weder von den Islamgemeinden noch vom Staat daran gehindert werden. In den Schulbüchern der König-Fahd-Akademie wurde wie eh und je die Vernichtung der Andersgläubigen gefordert, bis die Schulbehörde endlich eingriff. Ich gehe davon aus, dass in vielen islamischen Ländern bei einer Schulbuchuntersuchung mit dem Thema „Das Bild des Nichtmoslems in der Schulbuchliteratur" ähnliches wie bei der König-Fahd-Akademie herauskommen würde. Vielleicht findet sich ein arabisch oder türkisch sprechender Kollege, der diese Arbeit in Angriff nimmt, was inzwischen auf der Ebene der universitären Forschung geschehen ist.

- beansprucht das Wirtschafts- und Erziehungsmonopol (Koranschulen),
- organisiert permanente Kontrolle durch eine terroristische Geheimpolizei,
- produziert Rechtfertigungsstrategien der Macht, um sich vor möglichen Herrschaftswechseln zu immunisieren,
- formiert Staat, Religion und Gesellschaft zu einer Einheit (noch Utopie), die eine umfassende Identifizierung von Volk und Führung bewirken soll,
- lässt die totale Herrschaft über die Massen erscheinen als totale Herrschaft der Massen,
- nimmt für sich Ausschließlichkeit des Herrschaftsanspruchs und Unbegrenztheit des Herrschaftsbereiches in Beschlag,
- verpflichtet Philosophie und Wissenschaften, die autoritäre Herrschaft wissenschaftlich zu begründen und zu rechtfertigen,
- erhebt einen dogmatischen Wahrheitsanspruch, aus dem Sendungsbewusstsein und Missionierung resultieren, und institutionalisiert eine „Vorsehung", die die ‚wahren' Gläubigen lenkt und leitet,
- versetzt mittels Emotionalisierung, Schematisierung, Schwarz-Weiß-Malerei, Radikalisierung von Fühlen, Denken und Handeln die Massen in eine ständige Aggressionsbereitschaft,
- produziert eine dem gesamten Leben vorgelagerte **Ideologie(-)** mittels häufiger Verwendung von Freund-Feind-Dichotomien und Dämonisierung von Feindbildern,
- verklärt (religiöse) Führer und Religion zur höchsten Wahrheitsinstanz, weil sie angeblich über besonderes Wissen verfügen,
- bekämpft andere Religionen und Weltanschauungen, weil sie als gefährliche Konkurrenten eine andere Wahrheitsvorstellung haben.

Diese Kriterien, an Kommunismus und Nationalsozialismus gewonnen, lassen sich sowohl auf Totalitarismus allgemein als auf die spezifische Form „Djihadismus" anwenden. Einigendes Band des globalen Islamismus ist einmal dieses als **Ideologie(-)**, zum anderen die gemeinsame Sprache Arabisch als Sprache des Korans und vieler Muslime, was gegenseitige Zusammengehörigkeit schafft und Kommunikation ungemein erleichtert.

Doch ein Kriterium fehlt noch: die Konzentration auf einen Machtmittelpunkt, ein zentralistisches und monolithisches Steuerungszentrum. Man kann den einzelnen unabhängigen islamischen Staaten zutrauen, untereinander Burgfrieden zu schließen und ein oder mehrere Machtzentren anzuerkennen (Iran, Saudi-Arabien nach einer Vertreibung der Monarchie, Türkei, Pakistan, Indonesien), damit der Islamismus beginnen kann, Westeuropa und die USA zu beherrschen. Ajatollah Khomeini hatte vieles von einer solchen ‚Lichtgestalt', die bei einer Beilegung des Konfliktes zwischen Schiiten und Sunniten eine solche Funktion hätte übernehmen können, wenn man von der Utopie eines universalen und „wahren Imam- oder Gottesstaat" ausgeht, den es wieder zu errichten gilt. Im vorigen Jahrhundert lag das territoriale Zentrum des Islam in Konstantinopel, dann in der arabischen Welt; jetzt schickt sich der Iran an, das Welterbe des Islam anzutreten und es durch den Bau von Atombomben auch militärisch durchzusetzen. Doch auch hier „frisst die Revolution ihre Kinder" (Leonhard), indem wie im Irak der noch nicht zentral gesteuerte Djihadismus auch zur Bekämpfung verwandter Konfessionen dient.

Die zwischen den einzelnen Nationalstaaten islamischer Prägung schwelenden Konflikte machen eine schnelle Zentralisierung in Kürze unwahrscheinlich. Vor allem der Dauerkonflikt zwischen Sunniten und Schiiten, von dem wir täglich Zeugen werden, verhindert zurzeit eine stabile muslimische Haltung gegenüber dem Westen. Aber es hat sich ein vom einzelnen islamischen Staaten unabhängiges Parallelsystem entwickelt, die Al-Quaida, die dezentral ein Netzwerk bildet, das von autonom agierenden Gruppen, medial verknüpft, aktiviert wird. Barth (2003) erklärt das Entstehen dieser zweiten islamistischen Internationale mit dem Afghanistankrieg, in dem ‚Freiheitskämpfer' aus aller Herren Länder, wo Muslime wohnen, zusammenströmten, um die Ungläubigen, die Sowjets, mit amerikanischer Waffenhilfe zu vertreiben. Dass die USA zum Opfer ihres Antikommunismus wurde, weil sich die Aggression der Afghanistankämpfer nach dem Sieg gegen sie richtete, und zwar mit den gleichen Argumenten wie gegenüber der Sowjetunion, kann als Ironie der Weltgeschichte keinen Trost spenden.

Die muslimischen ‚Freiheitskämpfer' machten eine Erfahrung: gleich einem Urerlebnis erfuhren sie die Solidarität der Mitkämpfer, weil trotz aller Unterschiede der Umgangssprachen und Heimatländer sie ein gemeinsames Band umschloss, der Islam. Diese Urerfahrung[104] der geistigen Einheit des Islam schuf eine Plattform, auf der die Vision eines islamischen Weltreiches in erreichbare Nähe gerückt war. Wenn auch nach dem Abzug der Sowjets wieder die alten Stammeskämpfe ausbrachen, die Freiheitskämpfer sich wieder in Fraktionen aufspalteten und die Heimatländer die heimgekehrten Kämpfer mit Argwohn betrachteten, weil diese auch Front gegen die eigene, oft korrupte Obrigkeit machten, war die Fronterfahrung eines internationalen Islamismus hinreichend, im Untergrund diese Einheit zu erstreben. Das Mittel, die erklärten Feinde (eigene verwestlichte oder diktatorische Regime, Israel und Amerika, den gesamte dekadenten Westen) empfindlich zu treffen, war die Ausrufung des „Djihad", eines totalen ‚heiligen' Krieges ihnen gegenüber. Auch in der Diaspora lebende Muslime haben die Erfahrung des islamischen Internationalismus gemacht, so dass vermutet werden kann, dass ihre Kooperationsbereitschaft über jede Staatsangehörigkeit geht. Sie können (siehe London) ‚spontan' eigene Terrorzellen bilden, die sich eines großen Wohlwollens radikaler Muslime sicher sein können.

Dabei bedient man sich der Vorstellung der rückwärtsgewandten Geschichtsutopie, es habe einen reinen, gottgefälligen Islam gegeben, der in der Zeit Mohammeds und der vier „rechtgeleiteten Kalifen" den Islam zur Weltreligion gemacht habe. Die Djihadisten gebrauchen dieses fundamentalistische Argument der Re-islamisierung zur Rechtfertigung ihres irregulären Vorgehens als Terroristen. Der Islamismus in seiner orthodoxen Ausprägung ist also der Stichwortgeber des islamistischen Terrorismus, des verlängerten Armes des Djihadismus. Dabei ist das Leben des Propheten Vorbild, weil die Zeiten damals (*Hedschra*) und heute (Abfall vom Islam durch Säkularisation) sich

---

[104] Diese „Urerfahrung" der Einheit machen die Muslime auch im säkularen Ausland, wo sie als Glaubensbrüder durch die Diaspora-Situation nur das Gemeinsame ihrer Weltanschauung herausstellen. Damit kann der „Euroislam" außer einer westlich-integrativen Komponente auch das Gegenteil bewirken. Statt kultureller Annäherung wie anfangs wird eine Abschottung hinter einer eigenen einheitlichen Identität aufgrund der Diaspora-Situation angestrebt (wir müssen im Angesicht des gemeinsamen Feindes das ‚Kriegsbeil' begraben), durch die die traditionell muslimische Welt ebenfalls den Impuls zur weltanschaulichen Vereinheitlichung empfängt.

ähneln. Dadurch wird – wie schon dargestellt – Mohammeds Rolle für den Islam zu einem irregulären Krieger reduziert.

Doch wer dieses Faktum benennt, versündigt sich angeblich am Geist des Islam, obwohl in Wirklichkeit der Islamismus eine Radikalisierung und Militarisierung des Islam bedeutet und den Propheten zum Vorbild des politisch-religiösen Mordens macht und das auch noch als ‚gottgefälliges Werk' preist. Der wahre Feind des Islam ist der Islamismus, nicht der Westen.

Nun ist Mohammed nicht irgendwer in der Geschichte des Islam. Seine Taten und Aussprüche genießen als *Hadithe* eine fast so große Wertschätzung wie der Koran selbst. Auf sie beziehen sich die Terroristen, wenn sie ihre Aktionen legitimieren. (Diese ‚Heiligsprechung' von Mohammeds Lebensvollzug ist durch nichts gedeckt.) ‚Es kann kein Unrecht sein, wenn wir „in Zeiten großer politischer, gesellschaftlicher und religiöser Krisen" (Barth 2003, 26) an Mohammed, dem Gottesmann, uns ein Beispiel nehmen und, als er in einer ähnlichen Lage war, auch seiner Methoden bedienen.' Was macht der Islamismus aus Allah für ein Wesen, damit es zulässt, dass in seinem Namen Unschuldige und Schuldige, Gläubige und Andersgläubige, Greise und Kinder, Feinde und Freunde unterschiedslos niedergemacht werden können, nur um seinen Willen durchzusetzen?

Gott und Mohammed werden von den Djihadisten als blutige Despoten vereinnahmt, denen kein Mittel sakrosankt ist, um eine absolute Gottesherrschaft (in Wirklichkeit die der ‚Gotteskrieger') auszubauen und zu sichern. Kein aufgeklärter Mensch kann dieses Gottesbild nachvollziehen, übrigens auch kein wirklich gläubiger Muslim, der von einem souveränen Gott ausgeht, welcher sich nicht in das Schlepptau von irgendwelchen Ideologien(-) nehmen lässt. Der Weg, die Ereignisse um Mohammed auch zeitgeschichtlich zu erklären, wird vom Islamismus, der auf einer wörtlichen Adaption des Korans besteht, für Apostasie erklärt. „Der Islamist versucht, so weit dem Islam zu entsprechen, wie ihn der Prophet vorgelebt hat, und lässt nur den Koran sowie die *Sunna* im wörtlichen Sinne als Quellen gelten. Den Rest, die Jahrhunderte der Entwicklung und Anpassung an die geschichtliche Situation, lehnt er ab" (143), muss Barth einräumen.

Wenn es um die vermeintlich kompromisslose Durchsetzung des Willens Gottes geht, legt der Islam allgemein keinen großen Wert auf subtile Differenzierungen, weil diese Religion den Menschen als Selbstwert nicht anerkennt und Existenz und Sein des Menschen nur von Gott her definiert. (Die Amtsmacht, die ihm zugesprochen wird, macht ihn zwar zum Verwalter von Gottes Anliegen in der Welt, aber nicht zum Schöpfer eigener Welten.)

Ein Mensch, der sich dieser Ordnung widersetzt, ist eine Unperson, ein Nichts; und wenn es sich um einen Apostaten handelt, ist es für jedermann eine lobenswerte Tat, ihn zu töten. Eine derartige Theorie und Praxis einer Religion im 21. Jahrhundert ist ein Skandal!

In dem Essay *„Neue Organisationsformen des Terrorismus und Ordnungstypologien transnationaler Politik"* (Behr 2002) untersucht der Verfasser die terroristischen Aktivitäten der Al-Qaida. Zunächst unterscheidet er die Begriffe „international", „multinational" und „transnational" voneinander (110 f.). „International" bedeutet, dass eine Körperschaft mit festem Sitz in vielen Ländern tätig ist, „multinational", dass in ihr viele Nationen personell vertreten sind, „transnational", dass die Organisation dezentral in vielen Ländern arbeitet, ohne von einem Zentrum gesteuert zu sein. Letztere ist vernetzt, so dass sie gleichzeitig in verschiedenen Ländern losschlagen kann. Eine solche Zelle besteht aus dem terroristischen Kern, um die herum legale Unternehmen wie Banken, ‚Wohltätigkeitsorganisationen', Einzelpersonen, ja sogar Staaten gruppiert sind, so dass sie nur durch Insiderwissen enttarnt werden kann. Aber wo endet hier die Legalität und beginnt die Illegalität? Es ist also sehr schwer, hier auch justiziabel befriedigende Lösungen anzubieten.

Es hat sich hier der Begriff „*war of terrorism*" (113) eingebürgert, das ist ein Krieg, der mit terroristischen Waffen ausgetragen wird, so dass die Angegriffenen keinen identifizierbaren Gegner stellen können. Wie man im Krieg im Libanon sieht, handelt es sich um einen *asymmetric warfare* der hier geführt wird. Verabscheuungswürdig ist, dass Strafreaktionen als Antwort auf den Terror, weil der Feind unsichtbar bleibt, oft Unbeteiligte trifft, was die Erbitterung derer, denen man helfen wollte, noch steigert. Umgekehrt werden die terroristischen Verbrechen der Al-Qaida verharmlost und von denen öffentlich und insgeheim gebilligt, die bei Übergriffen des Gegners mit großer Sensibilität reagieren. Auch hier irritiert das ambivalente Verhalten vieler Muslime.

Zivilisierte Staaten sind durch vier Merkmale gekennzeichnet:
1. Integration des politischen Akteurs,
2. Souveränität,
3. nationale Grenzen,
4. Konzept einer nationalen Sicherheit (116-168).

Die Terroristen sind nicht in Geschichte und Tradition des Landes, in dem sie operieren, eingebunden; als „Privatpersonen" ignorieren sie die Ordnungsfunktion des Staates, seine Rechtsnorm, in dem sie sich gerade befinden. Grenzen definieren einen bestimmten Raum des politischen Handelns. Wird dieser ‚entgrenzt', dann verschwimmen die Konturen der Nationalstaaten, was die logistischen Ressourcen des Terrorismus vermehrt. Das Konzept einer nationalen Sicherheit ist durch Berechenbarkeit gekennzeichnet, damit der potentielle Angreifer weiß, auf was er sich einlässt. Die transnationale Operationsweise der Al-Qaida erfüllt keines der vier Kriterien, so dass sich diese Form des Terrorismus mit einer nationalen Politik nicht mehr beherrschen lässt. Dieser Organisation ist nur beizukommen, wenn die demokratischen Staaten unter sich eine ähnliche logistische Strukturierung wie Al-Qaida ermöglichen, so meine Meinung.

Die erste Phase der Transnationalisierung hat ihre Probeläufe (siehe Terrorakte) mit Erfolg absolviert, die zweite, so meine Meinung, wird bald anlaufen, wo dann gleichzeitig viele Aktionen ablaufen werden, so dass sich jeder Bürger massiv bedroht fühlen muss. Der ‚dekadente' Westen wird auf diese permanente Erpressung mit Wohlverhalten und vorauseilenden Gehorsam wie jetzt schon reagieren, indem er politisch-religiöse Forderungen der Al-Qaida dienstfertig erfüllt, wie es essayistisch Broder (2006) kritisch pointiert. Jetzt kann die massive islamische Missionierung beginnen. Durch die Dislozierung von Macht, transnational fluktuierende Organisation, virtuelle Omnipotenz und fehlende Personalisierung auf Seiten der Al-Qaida ist der einzelne Nationalstaat überfordert.

Die Philosophie ist hier machtlos, weil die terroristischen Akteure einem ideologisch(-) unerschütterlichen ‚Werthintergrund', wenn man denn diesen Ausdruck hier noch gebrauchen kann, gehorchen, den wir mit „unmenschlich" in deskriptiven Sinn ansetzen können. Um der Islamisierung der Welt zum Durchbruch zu verhelfen, ist der Gebrauch jeden Mittels erlaubt, weil er einem ‚guten' Zweck dient. Nationalsozialismus und sowjetischer Kommunismus haben mit einer ähnlichen Rechtfertigung ihres ‚höchsten Gutes' „Reinrassigkeit" bzw. „klassenlose Gesellschaft" den Gott „Ideologie" mit einer nie vorher gekannten Zahl von Menschenopfern gefüttert. Diese Tradition führt der Djihadismus fort.

Es müsste jetzt auch klargeworden sein, dass die Selbstmordattentäter keine fanatisierten Muslime sind, sondern rational denkende Akteure, die ein Maximum an Zerstörungskraft bewirken wollen. Aber wie kommen junge Menschen dazu, ihr Leben dafür zu opfern, dass sie noch viele Unschuldige umbringen? Es muss ein Apparat hinter diesen Terroristen stehen, der für Motivation und Schulung dieser Jugendlichen sorgt. Die Strategie der Hintermänner ist immer die gleiche.[105] Die Jugendlichen werden nicht zu diesen Attentaten gezwungen, sie sehen eine Ehre darin, sie ausführen zu dürfen, weil ihnen der „Opfertod für Allah" (Heiligsetzer 2002, 158) als „Märtyrer" vergönnt ist. (Jeder Muslim sollte wissen, dass Selbstmord und Mord vom Koran nicht gedeckt sind.)

Die Strategen, die den Attentätern das ewige Paradies für ihre Tat versprechen, wissen, dass sie lügen. Gegen sie müssten eigentlich die „heiligen religiösen Gefühle" der Gläubigen rebellieren. Weit gefehlt. Auch die Angehörigen der geopferten Jugendlichen sind stolz auf ihre toten Kinder, von denen sie glauben, dass sie jetzt im Paradies leben. Warum wenden sich die Gläubigen nicht gegen solche Koranschänder, die sich selbst nicht die Hände schmutzig machen? Dazu kommt noch, „dass die religiösen Ideologen auch für das Jenseits nicht mit Versprechungen geizen: 70 Angehörige und Freunde des Täters dürfen ohne Ansehen ihres Lebenswandels mit ins Paradies; er selbst wird reichlich versorgt mit Jungfrauen, goldenen Palästen und überquellenden Festgelagen" (159). Dieser Zynismus gegenüber einer Religion kann nur von Atheisten und Nihilisten kommen, die um des politischen Kalküls willen sich des Islams bedienen und seine Symbolkraft kühl kalkulieren.

---

[105] Heiligsetzer (2002, 157) fasst diese in fünf Thesen zusammen:
- „die Optimierung von Präzision und Zielgenauigkeit der ‚militärischen Operation', da der ansonsten nötige Schutz für die Attentäter selbst wegfällt,
- einen maximalen Schaden, und zwar sowohl im Hinblick auf materielle wie auch psychologische Verletzung des Feindes,
- die spektakuläre Erregung des internationalen Interesses,
- die fast völlige Nutzlosigkeit von Präventivmaßnahmen,
- eine [...] sehr erschwerte Fahndung nach Mittätern und Hintermännern".

Man kann nur ahnen, wie die freiwillige Gehirnwäsche durch Hasstiraden gegen den Westen aus jungen Menschen „lebende Bomben" macht[106]. Wer an ein solches Paradies glaubt, dessen Hemmschwelle ‚über Leichen zu gehen', ist stark herabgesetzt. Ihm wird quasi die Chance gegeben, im späteren Leben so zu leben wie viele orientalische Potentaten schon heute. Toleranz lässt sich bei einer so starken Motivation zu Märtyrern zu werden, nicht erwarten. Haben eigentlich die kopftuchtragenden Frauen islamischen Glaubens den Inhalt dieses Hadith zu Kenntnis genommen, der ihnen auch im Paradies das verspricht, was heute schon ist, Lustobjekt und dienstbarer Geist des Mannes, aber keine Eigenperson zu sein? Inwieweit sich in diesem Text volkstümliche Träume und Motive widerspiegeln, ist mir unbekannt.

---

[106] Der folgende Text stammt aus Barth (2003, 79), der in diesem Buch eine fundierte Islamkenntnis verrät. Dieser Hadith, der das Jenseitsverständnis eines Muslims artikuliert, hat folgenden Inhalt:
„Die Aussichten für den Märtyrer, der im Kampf gegen die Nicht-Muslime sein Leben gibt, sind verlockend. Gleich nach seinem Tod betritt der Märtyrer die ‚Gärten der Wonne' (Paradies), wo für das leibliche Wohl bestens gesorgt ist: Klares Wasser, das nie schal wird, und weiße Milch, die nicht säuert, fließen dort ebenso wie der schwere Wein in nimmer versiegbaren Strömen. Gekleidet in Seide ruhen die Gläubigen auf Teppichen und speisen im Silbergeschirr. Dort empfangen ihn die 72 schwarzäugigen Huris, die sich nach jeder Beiwohnung des Mannes praktischerweise sogleich wieder in Jungfrauen zurückverwandeln, kein Mann hat sie je berührt. Groß und rund sind ihre jugendlichen Brüste, die rosigen Knospen schwellen in Erwartungen der Liebkosungen. [...]. Nie werden sie laut, nur mit sanfter Stimme sprechen sie zu ihrem Gebieter, denn sie sind stets zufrieden mit ihm, treu und ergeben. Menstruation und Migräne kennen diese reinen Schönheiten nicht, immer sind sie bereit, immer willig. [...]. Für alle Fälle sind auch noch unsterbliche Knaben anwesend (schön wie ‚Perlen'), die als Mundschenke dienen. Außerdem wird für Märtyrer ein Treffen mit dem Propheten arrangiert. Und da die paradiesische Glückseligkeit nicht am Essen und den Frauen allein hängt, sondern Männerfreundschaften das Einzige sind, was im Leben und Tod wirklich zählt, darf sich der Märtyrer am Tage der Auferstehung 70 Freunde aussuchen, die ihn begleiten. Der erste Tropfen Blut, den ein Märtyrer vergießt, wäscht die Sünden seines irdischen Daseins fort. [...]. Auf ewig wird er 30 Jahre alt bleiben, egal, wie alt er beim Ableben war. Auch wird er nie die Beschwerden kennen, die das Alter bringt. Denn damit er sich als wahrer Herr von 72 ewig willigen Jungfrauen erweisen kann, wird sich seine Potenz um das Hundertfache steigern. Wird ein Selbstmörder auf seine Mission geschickt, lautet die Abschiedsformel: ‚Möge Allah mit dir sein, möge er dir Erfolg geben, dass du ins Paradies gelangst.' Daraufhin erwidert der Todeskandidat ‚Inshallah – dort werden wir uns treffen' ".

8. Schluss

Diese Untersuchung hat gezeigt, dass zwei Universalität anstrebende Wertsysteme unseren Alltag dominieren, der Subjektivismus, der sich seit der griechischen Antike in Auseinandersetzung mit allen europäischen Philosophien als sehr flexibel und innovativ erwiesen hat, und der Objektivismus des Islam in Form eines mythologisch-religiösen Welthintergrundes. Während der erstere auf eine lange Geschichte der Auseinandersetzung mit anderen weltprägenden geistigen Strömungen zurückblicken kann, hat der zweite seit Mohammeds Kodifizierung des Islam im Koran nur einmal die Klingen mit der philosophischen Welt gekreuzt, im Goldenen Zeitalter, und an die Orthodoxie verloren, so dass danach wieder der doktrinäre Islam weisungsgebend für die islamische Welt war.

Es steht also einer sich im Laufe der Geschichte vielfach entwickelte Philosophie ein Wertsystem gegenüber, das sich seit seiner Gründung als evolutionsresistent erwiesen hat. Zwischen diesen beiden immer mehr auseinanderdriftenden Wertsystemen ist der Kampf entbrannt, der Kampf um globale Hegemonie. Dieser soll jetzt zusammengefasst und ein Ausblick gewagt werden, der diese schon im Gange befindliche brutale Konfrontation zivilisieren kann.

8.1 Zusammenfassung

Der schon militant gewordene Dualismus beider Weltauffassungen entzündet sich an der anthropologischen Frage: ‚Was ist der Mensch?'

Das abendländische Verständnis verkündet als höchsten Wert in der Moderne den selbsterkennenden, Maßstäbe setzenden, schöpferischen Menschen, das Subjekt, das aufgrund eines methodischen Skeptizismus fragwürdiges vom unbezweifelbaren Wissen trennt und damit Wissen, das jede Skepsis zunichte macht, besitzt und daraus die Erkenntnis der gegenständlichen Welt konstituiert; die Religionen nehmen einen existenziell förderlichen, aber nur nachgeordneten Status des subjektiven Für-wahr-Haltens ein, um dem Menschen mit der Sinnfrage in dieser Welt beizustehen.

Für die islamische Welt dagegen gilt die Philosophie der Subjektivität, die Aufklärung, gar nichts, die Religion verwaltet alle Wahrheit und Objektivität. Hinter dieser Religion steht das höchste Wesen, Gott, das im Koran die Summe allen Sinns und Seins durch den Propheten Mohammed als letztgültige Wahrheit den Menschen übergeben hat. Der neuzeitliche Subjektivismus und der koranische Objektivismus stehen sich als Wertsysteme konträr gegenüber, durch die Ideologie des Islamismus zu einer äußerst brisanten Dichotomie und auch Dämonisierung verstärkt, die hier mit Manichäismus bezeichnet wird. Aus diesem Grundwiderspruch beider Wertsysteme lassen sich alle anderen Kontrapositionen erklären. Dem Menschen als Wert an sich steht ein absoluter Gott gegenüber, für den der einzelne Mensch eine zu vernachlässigte Größe darstellt. Für Allah zählt einzig die *Umma*, die Gemeinschaft der Gläubigen. Den Besitz der absoluten Wahrheit hat Allah im Koran für die Gläubigen verewigt, während sich die selbstkritische westlich-rationale Sicht mit dem Besitz einer nur relationalen Wahrheit zufrieden geben muss, die kontext- und standortgebunden auftritt; es gibt keine Theorie, die nicht noch durch Falsifikation verbessert werden könnte. Doch mit dem Anspruch auf alleinigen absoluten Wahrheitsbesitz maßt sich der Islam an, die Menschen zu kategorisieren: die wahrheitsbesitzenden Muslime stehen an der Spitze, den Angehörigen der Buchreligionen wird je nach politischen Lage ein Mitbesitz der Wahrheit zugesprochen. Sie sind Menschen zweiten Grades oder – wie heute der Islamismus predigt - zur Vernichtung freigegebene Teufel. Grundsätzlich völlig wahrheits- und damit rechtlos sind die Vertreter aller anderen Weltanschauungen. Dem gegenüber ist der Mensch als Mensch im Sinne des Subjektivismus trotz vieler kultureller Verschiedenheit von gleichem Wesen: frei, selbstbestimmt, selbstverantwortlich, selbstgestaltend. Mit dem Bestehen auf absoluten Wahrheitsbesitz gibt der Islam dem Islamismus die Waffen in die Hand, gemäß dieser den politischen und religiösen Alleinvertretungsanspruch, beides in enger Wechselwirkung, gegenüber einer pluralistischen und polykulturellen Welt realisieren kann.

Daraus ergeben sich weittragende soziokulturelle Konsequenzen: demokratische Regierungsformen auf der einen, diktatorische auf der anderen, nomokratisch sich gebende Theokratien, deren Repräsentanten als „Schatten Allahs" vorgeben, Gottes Willen staatlich durchzusetzen. Aus dem Eigenverständnis, die „beste Gemeinschaft" zu sein, resultiert die prinzipielle Militanz des Islam und seine Einteilung der Welt in zwei Sphären: das „Haus des Islams", in dem der „große Djihad", der Kampf um soziale Gerechtigkeit herrscht und dem „Haus des Kriegs", das sind alle nichtmuslimischen Länder, in dem der „kleine Djihad", der Kampf gegen die Nichtmuslime, durch ein Regelwerk institutionalisiert, praktiziert worden ist. Der „kleine Djihad" ist durch den Islamismus, der von religiösen Hardlinern, den Mullahs, argumentativ gestützt wird, zum menschenverachtenden Terrorismus mutiert.

Es führt eine gerade Linie vom Islam über den Islamismus zum religiös motivierten Terrorismus, die Ideologiekriterien "absoluter Wahrheitsbesitz", „vertikaler und horizontaler Totalitarismus", globalisierter Herrschaftsanspruch" belegen (leider) diese Hypothese der grundsätzlichen Militanz des Islam, die aber nur zu Krisenzeiten aktiviert worden ist. Wir können uns heute für das Verhältnis von Islam, Islamismus und Djihadismus ein Geflecht vorstellen, in dem alle drei Ebenen vernetzt sind, so dass sie immer ununterscheidbarer werden. Der Islam ist an dieser heutigen geringen Unterscheidbarkeit von Religion, totalitärer Ideologie des Islamismus und terroristischer Praxis mittels Djihad nicht unschuldig, weil er sich allzu bereitwillig einer wortwörtlichen Auslegung seiner „heiligen Schrift" geöffnet und die Denkbemühungen der Philosophen des Goldenen Zeitalters unterdrückt hat und noch heute unterdrückt. Dadurch wurden die religiös-politischen Kräfte entfesselt, die durch Aufladung mit **Ideologie(-)** alle Negativitäten auf eine jetzt fratzenhaft entstellte und dämonisch das Böse an sich verkörpernde Feindattrappe projiziert haben.

Das Vokabular, mit dem wir seitens des Islam und des Islamismus bedacht werden, entlarvt alle Toleranzbeteuerungen. Ein historisches Experiment, das bald abgeschlossen sein wird, die völlige Vertreibung aller Christen aus muslimisch beherrschten Ländern, nimmt unser Schicksal vorweg, das ‚intellektuelle' Kreise und leider auch schon viele europäischen Länder mit ‚vorauseilendem Gehorsam' bzw. „vorauseilender Kapitulation" (Broder 2006, 42) noch unterstützen.

Die sich aus dem fundamentalen Gegensatz „Gott oder der Mensch als Wert an sich" ergebenden konträren Positionen sollen jetzt nur noch genannt sein. Es stehen sich explosive Emotionalität und diskursfähige Rationalität, das Kollektiv, die Umma und das einzelne Subjekt, die Glaubensgewissheit und Erkenntnisgewissheit, Gottes Rechtsordnung und ‚geborenes' Menschenrecht, der Monismus und Pluralismus, der Holismus gegen die Trennung von Sein vom Sollen, die Diskriminierung der Frau und ihre Gleichberechtigung, die

Globalisierung des territorialen Herrschaftsanspruches und die Beherrschung der Weltmärkte, die Scharia und positives Recht, die Utopie der Entstehung einer weltumspannenden Umma gegen selbstbestimmte pluralistische Regierungsformen, eine von Mullahs geführte archaische Gesellschaft und eine aufgeklärte Wissensgesellschaft gegenüber. In politisch-ideologischer Sicht des Islamismus stehen sich ein satanischer Westen, ein Neo-Kreuzrittertum, ein dekadentes Abendland, ein säkularisiertes Christentum als Mischung allen Bösen und ein göttlich inspirierter, moralisch guter, die irdischen Güter gerecht verteilender Islam gegenüber. Jeder westliches Gedankengut vertretende Bürger muss wissen, dass trotz aller anderslautender Beschwichtigungsformeln der Islamismus, aber auch der Islam, wenn er die Macht hat, neben sich nichts anderes duldet. Der (kleine) Djihad, der schon bei Beginn des Islam ein Instrument seiner gewaltsamen Verbreitung war, hat durch den Islamismus eine solche Schubkraft entwickelt, dass die Ermordung unschuldiger Menschen zu seinem täglichen Ritus gehört.

Was den Westen am Islam so irritiert, ist sein ambivalentes Erscheinungsbild. Er gibt sich friedlich, befürwortet aber immer häufiger brutale Gewalt durch den Djihad, er sieht sich selbst als tolerant, weicht aber kein Jota von seinem absoluten Wahrheitsanspruch ab, hat die Benachteiligung der Frau im Programm, gibt aber vor, ein zeitgemäßes Frauenbild anzustreben, predigt Richtung Westen Religionsfreiheit, unterdrückt aber überall, wo er herrscht, andere Religionen, gibt sich als Förderer der Wissenschaften aus, bekämpft aber ihre säkulare Hintergrundprämissen, nennt Andersgläubige ja nach Intention Ungläubige, denen er mit der Auslöschung droht, oder dem Islam nahestehende religionsausübende *Djimmi*, Bürger zweiter Klasse, meint, wenn er von echter Demokratie spricht, in Wirklichkeit eine Diktatur Gottes, predigt gegenüber den Glaubensbrüdern den Frieden, gegenüber den Andersgläubigen als Ungläubige den irregulären Djihad, fordert für sich in der Diaspora Rechtsgleichheit, die er gegenüber eigenen Minderheiten nicht einräumt. Das Misstrauen gegenüber dem Islam wächst solange, wie er die Doppelrolle des „Zwiedenkens" (Orwell) spielt. Die heute schon bestehende ernste Konfliktsituation wird sich ständig verschärfen, da die Diskrepanz zwischen einem seit vierzehn Jahrhunderten veränderungsresistenten, religiös verankerten Wertekanon und einem weltoffenen, pluralistisch und evolutionär anpassungsfähigen Wertsystem ständig wächst.

8.2 Ausblick

Die eingangs genannte Hypothese des soziokulturellen Einflusses der Philosophie auf den geschichtlichen Prozess verträgt sich mit einer Schichtung der Wirklichkeit, deren unterste Schicht, oft verborgen, von philosophischen, religiösen oder mythischen Grundüberzeugungen her bestimmt wird. Sie kann, wenn man sie akzeptiert, zu einem Ausweg aus der stetig steigenden Dominanz des vom Islamismus infizierten Islam führen. Niemand sollte sich Illusionen darüber hingeben, was mit ihm in einem islamisch regierten Staat geschieht, wenn er nicht, wie zwei amerikanische Journalisten im Gaza-Streifen, zum Islam übertritt. Wird aber das archaische Wertsystem des Islam durch ein philosophisch begründetes bereichert, ist es möglich, dass eine allmähliche Modifizierung und Liberalisierung des islamischen Überzeugungssystems zu einer Humanisierung der kulturellen Wirklichkeit von islamischer Religiosität führen kann. Das hat es schon einmal gegeben, und zwar im Goldenen Zeitalter des Islam von 750-1250 n. Chr., wie ich nicht oft genug betonen kann.

Generalthema der Philosophie im Goldenen Zeitalter ist die Transkription und Rezeption der Philosophie der griechischen Antike, die in Opposition zu der geoffenbarten Religion mittels menschlicher Rationalität zu einem Diskurs anregt. Es geht um den „Glauben, der nach Einsicht sucht" (Lerch 1999, 101). Al-Farabi begründet den Anspruch der Philosophie auf Wahrheit mit der Philosophie des Aristoteles, speziell mit seinem logischen Hauptwerk *Organon*. Hier diskutiert er vor allem die von Aristoteles formalisierte Schlussform des Syllogismus, der auch dem natürlichen Argumentaustausch zu Grunde liegt, aber in seinem Wahrheitswert noch nie einer Prüfung unterzogen worden ist. Nach diesem Wahrheitswert unterscheidet Aristoteles drei Formen des Syllogismus, den nicht anfechtbaren, der von zwei verbürgten Prämissen ausgeht und durch ihre Verknüpfung zu sicherer Wahrheit führt, den dialektischen Schluss, der von wahrscheinlichen Prämissen ausgeht und zu kontrovers zu diskutierenden Ergebnissen führt, und den Trugschluss, der fragwürdige Prämissen benutzt und zu schweren Irrtümern führt, so dass er sie mit wohlklingender Rhetorik garniert, um sophistischen Argumentationen zu einer Scheinrichtigkeit zu verhelfen. (Heute würde Aristoteles diese Art Argumentation die politische nennen.)

Jetzt hat Al-Farabi ein Wahrheitskriterium gefunden, mit dem er den Wahrheitsbesitz verschiedenen Disziplinen zuordnen kann. Die Philosophie ist mit ihren wahren syllogistischen Schlüssen im Besitz der allgemeinen Wahrheit, während die Disziplinen „Theologie", „Rechtswissenschaft", „Sprachwissenschaft", da sie nur einen dialektischen, d.h. hier einen partikularen Wahrheitsbereich vertreten können, dieser nachgeordnet sind. Die von Al-Farabi als vierte eingeführte poetische Schlussform ist der Religion vorbehalten und keine Wissenschaft. Der Anfang der Philosophie ist also wie bei Aristoteles in seinem *Organon* zu finden.

Avicennas Methode besteht in einer Reduktion von Körperlichkeit, durch die klargemacht wird, dass des Menschen Selbsterfahrung nicht durch die Sinne vermittelt wird, sondern, wie weit der Mensch in Gedanken auch amputiert wird, um die Möglichkeit seiner sinnlichen Erfahrung einzuschränken, er immer schon eines weiß, die Existenz seines Selbst, seiner Seele. Er ist sich, insofern er sich von seiner Sinnlichkeit Schritt für Schritt befreit, bewusst, dass er es ist, der diese Tat vollbringt. Dieses Selbst, das uns unmittelbar immer schon ‚transzendental' bewusst ist, wird „Seele" genannt. Sie ist immateriell, individuell, vom Körper unabhängig, damit unsterblich. Sie macht den Menschen zur Person, zum „denkenden Subjekt" (Rudolph 2004, 51) und zum Sammelpunkt seines unzerstörbaren Wesens, das, insofern es sich im Leben um Erkenntnis bemüht, als Lohn „der ewigen Glückseligkeit zuteil wird" (51).

Aber noch bleibt aus Sicht der Philosophie die Rolle des Propheten Mohammed ungeklärt. Gerade dieser Prophet zeigt ja einen anderen Weg auf, um zur wahren Erkenntnis zu gelangen. Avicenna nennt diesen Erkenntnisweg „Intuition" (52). Er schreibt sie den Philosophen, aber auch Mohammed zu. Sie bedeutet, dass es Menschen gibt, die nicht den steinigen Weg der mühseligen Erkenntnisgewinnung gehen müssen, sondern kraft ihrer natürlichen Einsicht ohne langwierige Schlussverfahren zur richtigen Erkenntnis gelangen. Insgesamt vertieft Avicenna aus Sicht der Philosophie die islamische Religion und bietet damit ein „Angebot zur Integration" (56) an, aber unter dem Primat der Philosophie.

Ibn-Tufail, der Weltabgewandte, steht politisch in Kontraposition zum Islam, weil er die Verquickung von Koran, Sunna und Scharia mit weltlicher Herrschaft missbilligt. Er rät jedem Philosophen, sich aus der Öffentlichkeit zurückzuziehen, um „die Autonomie des menschlichen Intellekts zu erweisen" (65). Er kleidet seine Lehre in eine Robinsonade ein, um das, was der Mensch aus sich intellektuell hervorbringt, abzutrennen von tradiertem, aber nicht immer begründetem Wissen.

Doch mit fünfzig Jahren kommt ‚Robinson' in Kontakt mit der Nachbarinsel, auf der eine muslimische Gemeinde lebt. „Dabei stellt sich heraus, dass die Bewohner der Nachbarinsel in allen wesentlichen Punkten (Existenz Gottes, Beschaffenheit der Welt, Bestimmung des Menschen) mit den Erkenntnissen, die er alleine gewonnen hat, übereinstimmen" (67). Dies bedeutet einmal, dass die These, jeder Mensch sei von Natur aus Muslim, durch dieses Isolationsexperiment gestützt wird. Zum anderen wird auf zwei Wege der Erkenntnis verwiesen, den symbolischen, der sein Wissen der muslimischen Gemeinde und dem Propheten verdankt und den naturalistisch-spekulativen, der durch die Philosophie in reiner Abstraktion erreicht wird. Damit hat Ibn-Tufail sich das Ziel gesetzt, Islam und Philosophie, Avicenna und Al-Ghazali, praktischen Glauben und philosophische Spekulation in einer Synthese zu versöhnen. Man kann ihn den Vertreter einer rationalen Theologie nennen, weil er seinen Helden ebenso zu Erkenntnis Gottes gelangen lässt wie die muslimische Gemeinde der Nachbarinsel durch den Koran.

Averroes, der Hermeneutiker, stellt die Frage des Verhältnisses der Philosophie zur koranischen Offenbarung. Er begreift den Koran pauschal nicht als wörtliche, uninterpretierbare und überzeitliche Äußerung Gottes, sondern als Schrift, die drei verschieden zu verstehende Verlautbarungen enthält, so dass sich auch eine Koranexegese danach richten müsse. Die erste Gruppe von Suren ist evident, also sowohl philosophisch als auch religiös beweisbar wie der Satz „Es gibt keinen Gott außer Gott", also strikt wörtlich zu verstehen. Die zweite muss ebenfalls wörtlich verstanden werden, kann aber verschieden rezipiert werden. In Sure (20:5) steht: „Der Barmherzige hat sich auf dem Thron zurecht gesetzt", was für den schlichten Gläubigen bedeutet, dass Gott wie ein leiblicher König, weil er aus dem praktischen Leben die Königsherrschaft kennt, seine Macht ausübt. Der Philosoph dagegen weiß um die unkörperliche Existenz Gottes, so dass Gott sich nicht als König verkleiden kann. Der einfache Gläubige kann also nicht anders, als diesen Vers allegorisch zu verstehen, während der Philosoph die Allegorie als eine solche versteht. (Die verheerenden Folgen einer wörtlichen Auslegung des Korans sind ja eingehend dargestellt worden.) Die dritte Form der Verlautbarung sind Verse, bei denen nicht klar ist, ob sie allegorisch oder wörtlich zu verstehen sind. Averroes wählt das Beispiel der Auferstehung, bei der nicht sicher sei, in welcher Form, sei es leiblich oder geistig, sie zu deuten sei. Niemand kann einen eindeutigen Beweis für die eine oder andere Meinung liefern, so dass in diesen Fragen unterschiedliche Antworten keine Ketzerei bedeuten. Es gibt also einen philosophischen Raum der Kontingenz im Koran, in dem Meinungsfreiheit herrschen muss.

Das Goldene Zeitalter zieht dank philosophisch geprägtem Wertsystem eine Blütezeit islamischer Baukunst, islamischer Wissenschaft und Mathematik, Medizin und religiöser Toleranz nach sich, bis islamische Eiferer und orthodoxe Religionslehrer diese Philosophen auf den Index setzen und damit der geistigen Freiheit ein Ende bereiten. Nach Lerch (2000) zusammengefasst, ergibt sich folgendes Bild:

1. Islamische Philosophen haben die antiken Philosophen, hauptsächlich Aristoteles, übersetzt und der christlichen Welt überliefert.
2. Die „Denker des Propheten" (11) haben aber auch eigenständige Theorien entwickelt mit dem Ziel der Synthese von Glauben und Vernunft.
3. Die Philosophie des Islam stellt die gleichen Fragen wie die christliche, nur eher.
4. Der Koran wird im Islam nicht widerspruchsfrei rezipiert, da Mohammeds Verkündigungen nicht ‚aus einem Guss' entstanden sind. Erst zehn Jahre nach Mohammeds Tod werden die Aussprüche des Propheten schriftlich im Koran festgehalten, und zwar nicht chronologisch, sondern nach Surenlänge geordnet. So werden die auf konkreten geschichtlichen Ereignissen beruhenden Suren mit solchen basierend auf reiner Inspiration gemischt. Daraus entwickeln sich viele theologische Streitfragen, so dass der Koran bis heute noch nicht verbindlich ausgelegt werden kann und es also *de facto* viele Strömungen im Islam gibt. Jedoch dadurch, dass der Korantext von keiner muslimischen Richtung bezweifelt wird, ist der Gedanke auch einer einheitlichen Auslegung immer lebendig und als Forderung des Islamismus mit politischem Sprengstoff belastet. Der Fundamentalismus verkürzt und verstümmelt die eigene Religion und Kultur, indem er sie in den Dienst einer Ideologie stellt, die die religiösen Bindungen für politische Forderungen missbraucht.
5. Die im Islam heute in Gang gekommene Aufklärung findet, weil solche Philosophen um ihr Leben fürchten müssen, entweder im westlichen Ausland statt, oder wegen der Verfemung in der ‚inneren Emigration'.

Es gibt heute im Islam philosophisch-religiöse Tendenzen, die die Philosophie des Goldenen Zeitalters wieder aufgreifen und dann weiterentwickeln wollen, um den Alleinvertretungsanspruch des Korans zu modifizieren und einer rationalen Betrachtung Raum zu geben. Dass hier vor allem religionskritische Stimmen zu Wort gekommen sind, hat den Sinn, auf philosophisch-religiöse Tendenzen aufmerksam zu machen, die auf eine Veränderung des jetzigen orthodoxen Stillstandes von islamischer Philosophie hinarbeiten. Das Tragische an diesem verordneten Stillstand ist, dass es keinen weltweiten religionsübergreifenden Wettbewerb der Ideen gibt, sondern eine Abschottung des Islam hinter der Dichotomie „Gläubige/Ungläubige". Hier werden drei von islamischen Denkern beschriebene analytische Wege dargestellt, den absoluten Wahrheitsanspruch des Islam so zu begrenzen, dass religiöse Überzeugungen und wissenschaftliche wie politische Postulate zwar Gegenspieler bleiben, aber die Feindesrolle abstreifen und die gegenseitige Souveränität achten.

Der erste, An-Naifar, beruft sich auf die Geschichte des Christentums, das zur Zeit Luthers einen ähnlich desolaten Zustand der Verfilzung von religiöser und politischer Macht bietet wie der Islam in vielen Ländern heute. Indem der Mensch nur *sola fide* (durch den Glauben allein) vor Gott gerechtfertigt ist und sich durch keinerlei irdische gute Werke den Himmel erkaufen kann, findet eine Trennung zwischen Weltlichem und Geistlichem statt. Ähnlich könnte sich im Islam eine Trennung von politischen Machtansprüchen und religiösen Forderungen auswirken, was aber mit besonderen Schwierigkeiten verbunden ist, da der Islam seit seiner Entstehung eine politische und religiöse Gemeinschaft zugleich gewesen ist.

Der zweite, Taha, sieht den Koran als einen evolutiv zu deutenden Text an, dessen humanistische Urform sich unter Mohammed nur um den Preis der historischen Relativierung hat verwirklichen können und sich in einem fortschrittlichen Prozess bis heute so weit diesen Idealen angeglichen hat, dass sie sich in einer „zweiten Botschaft" zur reinen überzeitlichen Glaubenswahrheit herauskristallisiert haben, so dass eine Instrumentalisierung Mohammeds für islamistische Propaganda unmöglich wird.

Der dritte, Abu-Zaid, fordert, wenn der Koran einen den Wissenschaften standhaltenden Wahrheitsanspruch geltend machen will, diese „heilige Schrift" auf, von ihrer dogmatischen und unbewiesenen Prämisse der Göttlichkeit dieses Werkes Abstand zu nehmen und sich den Wissenschaftskriterien zu unterwerfen oder den profanen und theologischen Bereich zu trennen. Er will also die Hermeneutik auch auf die textliche Untersuchung des Korans ausdehnen. Damit bestreitet er dem Koran nicht, transzendente Entitäten zu enthalten, deren Untersuchung Sache einer rationalen Theologie wären. Empirisch beweisbar aber sind Weltbildannahmen seines Schöpfers Mohammed, deren weitere Hintergrundannahme, von Gott inspiriert zu sein, aber nicht verifiziert werden kann, sondern als Überzeugungshintergrund einer Kultur *sui generis* historische Kontinuität bietet. Abu-Zaid will mit seinem wissenschaftlichen Hermeneutikprogramm Religionskritik und zugleich Ideologiekritik betreiben, um der Instrumentalisierung des Korans für politische Interessen ein Ende zu bereiten, den Koran der Vernunft unterwerfen, um auch „Vorurteile und Zweifel" (543) subjektiv prüfbar zu machen. Er sieht den Koran als „Kulturprodukt", der eine „Zivilisation des Textes" (544) hervorgebracht habe, er sei der „herrschende Kontrolltext" (544) für die islamische Zivilisation. Die geschichtliche Identität des Islam stehe heute im Spannungsfeld zwischen erstarrter Tradition und vorsichtiger Säkularisation. Doch die islamischen Wissenschaftler, die letzteres anstreben, haben weder eine religiöse noch politische Lobby: politisierter Islam und islamisierte Politik haben ein Bündnis geschlossen, alles, was nur nach einem westlichen Einfluss aussieht, zu liquidieren: Ideen und Personen.

Was es dagegen bräuchte, wäre ein Äquivalent zu dem Wirken von Martin Luther einhergehend mit einer Modernisierung des Islams, die zu einer breiten Akzeptanz in der islamischen Welt führt.

Anhang: Der Islamismus im Spiegel von ausgewählter Literatur

Nachdem jetzt die philosophisch-ideologiekritische Analyse des Islamismus erfolgt ist, soll nun daran gegangen werden, ausgewählte Literatur im Lichte dieser Kriterien zu untersuchen. Bestimmend für die Literaturauswahl sind Themen, die in dieser Arbeit einen breiten Raum einnehmen. Vollständigkeit kann wegen des Themenumfanges nicht angestrebt werden; aber verschiedene Perspektiven können bereichernd auf seine vielen Erscheinungsformen hinweisen.

A.1 Akbuluth: Der Islam und seine Bedeutung für die Weltpolitik – eine Fehl- und Falschinterpretation

Ansatzpunkt seiner Darstellung ist eine Soziologie des Islam, seine gesellschaftsverändernde Kraft innerhalb und außerhalb der islamischen Welt. Insofern er den Islam als eine Weltreligion versteht, sieht sich diese Arbeit als religionssoziologische Auseinandersetzung mit dem Islam, die durch die Migration auch Europa betrifft. Damit will er „Verwirrung und Ratlosigkeit" (9), die durch die Begegnung mit dieser anderen Religion entstanden ist, rational untersuchen, um Barrieren des Verstehens des Islam, verursacht von beiden, niederzureißen. Denn „durch lückenhafte Informationen [...] ergeben sich Vorurteile und Ängste gegenüber dem Islam, die europäische Öffentlichkeit empfindet ihn teilweise als Gefahr bzw. Bedrohung für die Gesellschaft" (9). Dieses Problem „soziologisch", d.h. mit Mitteln der Sozialwissenschaften anzugehen, lässt einen hohen Aufklärungswert erwarten.

Doch schon anfangs wird man stutzig, wenn man liest: „Der Koran versteht sich als fortsetzendes und ergänzendes Buch zu anderen ‚heiligen Büchern', der Thora und dem Evangelium." (12). In Wirklichkeit ist der Koran die bei Gott liegende Urschrift seines Willens von absolutem Wahrheitsanspruch, Interpretationsspielräume sind nicht erlaubt. (Aber warum soll man nicht den Juden und Christen ein Bröckchen ‚Anerkennung' hinwerfen?) So sieht es in Wirklichkeit auch der Verfasser, wenn er schreibt:

„Dem [der kulturhistorischen Koraninterpretation – der Autor] wird entgegengesetzt, dass der Islam sich durch die Historie und auch durch die Interpretationsspielräume nicht verändern lasse, da der Koran als höchste Autoritätsinstanz (Gottes Wort) für alle Fragen in Bezug des Islam die unveränderliche Grundlage bilde und seit seiner Niederschrift seine Originalität bis heute nicht verloren habe" (21).

Das hier gebrauchte Passiv soll auf Allgemeingültigkeit ohne subjektive Interpretationsvariationen hinweisen. Also nichts mit ‚Ergänzung' und ‚Fortsetzung'. Doch muss er zugestehen, „dass auch im Falle des Islam Mehrdeutigkeiten der anfänglichen Lehren und Umdeutungen derselben im Laufe der Geschichte zu finden sind" (21) – ein nicht leicht aufzulösender Widerspruch zwischen Anspruch auf unveränderliche Wahrheit und einer Wirklichkeit von vielen Auslegungsformen verschiedener Glaubensrichtungen.

Damit hält er sich als Islamist (was noch zu beweisen ist) den Weg offen, durch eine Anknüpfung an die Gründerzeit des Islam zu einer eindeutigen und wahren Koraninterpretation zu gelangen, weil verschiedene Interpretationen den einen heiligen Wahrheitsanspruch schwächen würden. Uns wird geschickt Meinungspluralität bei grundlegender Einheit des Islam vermittelt.

Der Aussage ist nicht zuzustimmen, dass „für die Politisierung des Islam der Koran keine Grundlage [bietet]" (22), so dass keine bestimmte politische Ordnung aus ihm hergeleitet werden kann. Doch dieses Argument ist mehrfach falsch, einmal, weil die *Schura* ja als die Keimzelle der Demokratie bezeichnet wird, zum anderen, weil Mohammed zugleich mit dem Islam einen islamischen Staat gegründet hat und dessen vom Propheten aufgestellte Regeln, die *Sunna,* „eine verbindliche Basis für die islamische Lehre und Glaubenswelt" (Barth 2003, 62) darstellen. Damit hat sich die Politik durch die Seitentür der *Sunna* doch wieder mit dem Islam verknüpft; „am Beispiel der Person Mohammed [wurde] der Prophet gleichzeitig zum politischen Führer; und der Islam trat als Religion und gleichzeitig als ein politischer Faktor in die Geschichte ein" (Akbuluth 2002, 23). Und es ist erklärtes Ziel der Islamisten, die Geschichte durch direkten Bezug auf Mohammed ‚neu' weiterzuführen. Deshalb projiziert dieser Autor vom Marxismus entlehntes Gedankengut direkt auf den Propheten, der „gerechte Entlohnung der Arbeiter fordert" (26) und deren "Ausbeutung" (26) er kritisiert. (Es ist hier festzuhalten, dass es zu Mohammeds Zeiten Arbeiter in unserem heutigen Sprachgebrauch nicht gibt, so dass sich der Verfasser mit diesem terminologischen Missgriff als dem sozialen, früher marxistischen Flügel des Islamismus zugehörig offenbart.) Mohammed

ist also der erste Marxist und der Islam eine Theorie der Abschaffung der Schranken zwischen Arm und Reich und der Ungleichheit der Menschen. Dazu passt hervorragend, dass in der Nachfolge des Propheten „die Sklaverei anfing, sich aufzulösen[107]" (26), also der Islam als Religion der humanisierten sozialen Gerechtigkeit' zum Siege verhalf.
Zu den Halbwahrheiten gehört auch die Feststellung:

> „Um neue soziale Strukturen aufzubauen, war er [der Prophet – der Autor] bestrebt, den Wissensbestand der Menschen anzuheben. Deshalb machte er es zur Pflicht für jeden Moslem, sich zu bilden und sich mit Wissenschaft zu beschäftigen "(30).

Dieser Autor vergisst hier, dass derjenige, der diese Forderung aufstellt, selbst Analphabet ist. Was für ein Begriff von Wissenschaft liegt hier zu Grunde? Doch sicher der von ‚Kunde von etwas ... erwerben' und nicht der

---

[107] Dieser Autor scheint dem sozialistischen Lager des Islam besondere Sympathie entgegenzubringen: "Die neue Religion wurde zum Kampfmittel der Armen gegen die reichen und herrschenden Klassen [hier der Herrschaftspraxis des Kuraisch-Stammes – der Autor]" (24). Aber die Behauptung, dass durch Mohammeds Wirken die Sklaverei Zug um Zug überwunden wurde, beruht, wie die Klassenkampfparolen, auf einer projektiven Objektivierung dessen, wie Akbuluth die Anfänge des Islams sehen will. Dass ist genau das offizielle Dogma des islamischen Fundamentalismus, zurück zu den von ihm verklärten Anfängen (hier mit marxistischem Unterton) des Islam zu blicken, um sich als Vollender dieses Ideengutes auszugeben.
Die Darstellung des Verhältnisses von Islam und Sklaverei kann als bewusste Täuschung enttarnt werden. Während sich das Christentum vor allem des Sklavenhandels mit der Neuen Welt schämt und die Auseinandersetzung mit diesem Verbrechen sucht, so dass sie in unserem kulturellen Gedächtnis gespeichert ist, wird auf Seiten des Islam über die eigene Verstrickung in diese Barbarei beharrlich geschwiegen – die Methode des Verschweigens eigener Vergehen ist eine durchaus übliche Methode der ‚Vergangenheitsbewältigung' des Islam. Da die arabischen Sklavenhändler in weltpolitisch abseits liegenden Gebieten operierten, wurde dieses schlimme Geschehen nicht öffentlich wahrgenommen, so dass dieses kognitive Defizit dafür herhalten muss, sogar für sich das Gegenteil zu behaupten. Doch in *Die Geschichte der Sklaverei* (Delacampagne 2004) wird mit dieser so ins Bild passenden Geschichtsklitterung aufgeräumt. Sklaverei war in den drei Buchreligionen üblich, auch die arabische Tradition vor Mohammed bediente sich ihrer, die Religion der Schwarzen, der Animismus, wurde und wird verteufelt, so dass es gute Gründe des Gebrauchs der Sklaverei im Islam gab. Den Palast des „Kalifen von Bagdad" (119) bevölkerten „im 10. Jahrhundert nicht weniger als 11000 Sklaven" (120). Nach Delacampagne forderte der arabische Sklavenhandel in Afrika „11 Millionen Opfer" (126), so viel wie der „transatlantische Sklavenhandel" (126) des ‚christlichen Abendlandes'. Bewusst die historischen Tatsachen zu ignorieren, um eine historisch nicht belegbare Kontinuität zu konstruieren, ist ein politisches Propagandawerkzeug; für eine mit wissenschaftlichem Anspruch auftretende Religionssoziologie bedeutet sie schlicht Unwahrheit.

eines methodischen Wissenserwerbes, obwohl hier und auch an anderen Stellen der Eindruck der Wissenschaftsverehrung[108] des Islam erweckt werden soll. Bis auf das Goldene Zeitalter (750-1258) hat sich der Islam durch Wissenschaftsfeindlichkeit, was die wissenschaftlich-ontologischen Grundentscheidungen betrifft, vor allem den positiven Wissenschaften gegenüber hervorgetan. Auch hier projiziert Akbuluth einen Wunsch „So soll es sein" auf die kognitive Ebene des „So ist es auch", um dem westlichen Menschen etwas vorzutäuschen.

Die verbreitete Praxis der Unterjochung der Frau im Islam, von der ich ausgehe, versucht der Verfasser erst gar nicht, empirisch zu widerlegen. Mittels einer „Koransoziologie" will er die Fortschrittlichkeit des vom Koran verkündeten Rechtsstatus der Frau beweisen, der sich bis heute weiterentwickelt habe, indem „der Islam einen geschichtlich höchst bedeutsamen Impuls zugunsten einer sozialen Gleichstellung von Frauen gesetzt [habe]" (31). Ein Impuls ist ein Stoß mit Folgen für den angestoßenen Gegenstand, der sich jetzt in eine bestimmte Richtung bewegt. D.h., der Islam hat die Bestimmungen des Korans über die Frau als Rechtsperson in Richtung Emanzipation der Frau in Gang gesetzt. Das kann gar nicht sein, wenn, wie hier, dieser Verfasser von der zeitunabhängigen Wahrheit des Korans überzeugt ist. Was der Koran über die ‚Natur' der Frau sagt, gilt anthropologisch für alle Zeit. Richtig ist, dass Mohammed für seine Zeit ein fortschrittliches Frauenbild vertreten hat, das aber durch seine Konservierung in patriarchalischen und diktatorischen Herrschaftssystemen bis zur Gegenwart zur fast völligen Entrechtung der Frau geführt hat. Über Frauenrechte in Theorie und Praxis gab es schon im Römischen Recht Auffassungen, die viel fortschrittlicher waren. Aber weit schlimmer ist doch dann die heutige Stellung der Frau in vielen islamischen Ländern, in denen ihr das Wichtigste, die eigene Identität, vorenthalten wird und sie als in der Öffentlichkeit verkleidetes Unwesen erst dann ihre Unperson ablegen darf, wenn sie sich in den Wänden der Familie befindet. Aber auch dort lebt sie nicht frei, sondern muss bei männlichem Besuch die Intimsphäre des Hau-

---

[108] Mit berechtigtem Stolz weist Akbuluth auf medizinische, mathematische und astronomische Entdeckungen dieser Zeit hin, ebenso auf die ‚Übersetzung', Assimilation und Weitergabe der antiken Philosophie. Er nennt auch den wahren Grund, weil nämlich „die Wissenschaften selbständig, ohne politische und religiöse Begrenzungen und Verbote frei arbeiten [konnten]" (57-62). Und **genau das** ist meine Forderung an eine neue Besinnung und Bestimmung des Islams unter der Führung der Philosophie!

ses aufsuchen. Mittels der „Koransoziologie" entzieht sich der Verfasser des nachprüfbaren Nachweises der rechtlosen Existenz vieler Frauen im Islam. Ist das die Aufklärung eines kompetenten Religionssoziologen über die soziale Stellung der Frau im Islam? Was vielleicht zu Mohammeds Zeiten ein Fortschritt war, hat sich im Laufe der Zeit zu einem politisch sanktionierten patriarchalischen Instrument der Unterdrückung der Frau rückentwickelt. Scharf zu kritisieren ist die Methode der „Koransoziologie", die die rechtlichen Bestimmungen der Stellung der Frau in der Gesellschaft, die im Vergleich zu den Rechten des Mannes eingeschränkt sind[109], so darstellt, als ob sie die Wirklichkeit abbilden.

Allgemein gesprochen, sind die Argumentationsschemata der Islamisten deduktiv, indem das, was im Koran dargestellt wird, als wahr und deshalb auch empirisch wirklich gefolgert wird (starke Korrespondenz). Je korantreuer ein muslimischer Staat ist, desto rechtloser und damit vermummter erscheint eine Frau (siehe den Wahabitenstaat in Saudi-Arabien, den iranischen ‚Gottesstaat', die Taliban in Afghanistan), um nur die gängigsten islamischen ‚Frauenrechtler' zu nennen. Es ist schade, dass der Verfasser die soziale Stellung der Frau im heutigen Islam ausblendet. Statt Empirie liefert er Koran-Ideologie.

Akbuluth hat an der Methode „Koransoziologie" Gefallen gefunden, die deduktiv aus dem Koran eine Gesellschaftsordnung ableitet, von der behauptet wird, dass sie auch in Wirklichkeit zutreffen würde. Damit ergibt sich die Möglichkeit einer verharmlosenden Interpretation. Dahinter steht das Wertsystem des islamistischen Verfassers, dessen absolute Wahrheitsbehauptung schon im Voraus die Feder führt, so dass das Ergebnis, der Islam sei die beste Gemeinschaft auf dieser Erde, soziologisch nur noch ‚entdeckt' zu werden braucht.

Damit spreche ich das heikelste Kapitel des Islam an: sein Verhältnis zu den anderen Religionen. Akbuluth hat auch hier das gleiche Rezept der Verharmlosung parat, indem er behauptet: „Der Koran fordert unmissverständlich Toleranz gegenüber Angehörigen anderer Religionen", „Er verbietet jede Zwangsausübung, was die Religion betrifft" und „Im religiösen Bereich gilt die Bestimmung der freien Ausübung der Religion" (38 f.). Dazu zitiert er die Ko-

---

[109] Selbst der Koran räumt ein: „Und wie die Frauen Pflichten haben, so haben sie auch Rechte, nach dem Brauch; doch haben die Männer einen gewissen Vorrang [der vom Patriarchat ständig erweitert wird – der Autor] vor ihnen; und Allah ist allmächtig; allweise" Sure (2:228).

ranverse (5:48), (2:62) und (42:15). Wie aber schon in dem Kapitel „Ideologiekriterien" bewiesen, ist die Stellung des Islam zu den anderen Buchreligionen höchst ambivalent.[110] Es ist falsch, den Koran als Dokument der Toleranz (Toleranz beruht oft auf Schwäche) gegenüber Andersgläubigen zu preisen, aber auch, ihm ständige Aggressionsbereitschaft gegenüber Nichtmuslimen zu unterstellen. Es lassen sich empirisch Geschichtsepochen der einen oder anderen Version zuordnen; insofern im Goldenen Zeitalter ein durch Philosophie aufgeklärter Islam Toleranz und Gedankenfreiheit garantiert hat, hat sich diese Religion als relativ friedfertig anderen Glaubensrichtungen gegenüber erwiesen, aber eben nur, weil ihr absoluter Wahrheitsanspruch von der Philosophie beansprucht worden ist. Man muss aber heute schon überdimensionale Scheuklappen tragen, um dem Islam in seiner gegenwärtigen Präsentation eine tolerante Seite abgewinnen zu können. Der permanente Missionsauftrag, der aus dem Anspruch auf das Wahrheitsmonopol folgt, überlagert als ständig präsenter religiöser Imperialismus die Geschichte des Islam.

Im Kapitel „Islamisches Kriegsverständnis und Kriegsrecht" erleben wir die Darstellung des Begriffsspiels „gerechter und ungerechter Krieg". Akbuluth fasst zunächst zusammen, wann ein Krieg gerechtfertigt ist: nämlich zum Schutz der islamischen Gemeinschaft vor Feinden, die Religion und Menschen vernichten wollen. Dann aber erscheint eine Parole aus der Mottenkiste der kommunistischen Befreiungsideologie, die imperialismusträchtige Doktrin[111], dass „Kriege zum Sturz ‚ungerechter' Herrschaftssysteme in anderen Ländern, die durch tyrannische Methoden Menschen (darunter auch Moslems) unterdrücken, verfolgen oder töten" ‚gerechte Kriege' (44) genannt werden dürfen.

Und weiter: „Der Islam sieht sich berechtigt, nicht nur innerhalb eigener Grenzen, sondern auch in anderen Gebieten sich für diese ‚Gerechtigkeit' einzusetzen, da dies der Wille Gottes sei und der Koran die Moslems damit be-

---

[110] Hier eine Sammlung von Koranzitaten: "Die ungläubig sind und als Ungläubige sterben, über sie der Fluch Allahs und der Engel und der Menschen insgesamt" (2:161), „Und kämpft wider sie [die Ungläubigen – der Autor], bis keine Verfolgung mehr ist und aller Glaube auf Allah gerichtet ist. Stehen sie jedoch ab, dann, wahrlich sieht Allah sehr wohl, was sie tun" (8:39), „Und wenn die verbotenen Monate verflossen sind, dann tötet die Götzendiener, wo ihr sie trefft [...]" (9:5).
[111] Wir spiegeln diese These, so dass alle ‚ungerechten' islamischen Regierungssysteme vom Westen bekämpft werden dürfen und sollen. Was bleibt dann noch von der islamischen Welt übrig?

auftrag habe" (44).[112] Damit werden die Kriterien für einen ‚gerechten' Krieg universalisiert – ein marxistisches Erbe -; wenn die muslimische Vorstellung von „Gerechtigkeit" in allen Ländern zu gelten hat, ebenso die von "ungerechten Herrschaftssystemen", die mit Mitteln des Krieges bekämpft werden müssen, dann heißt das nichts anderes, dass der Koran mit der zitierten Sure unverhohlen seine Gläubigen legitimiert, die Weltherrschaft anzustreben; und das wird wohl nicht anders ablaufen können als schon bei dem Beginn des Islam durch „Feuer und Schwert". Diese Interpretation erinnert fatal an die kommunistische Befreiungsdoktrin, in der man zuerst die Leerformeln „Gerechtigkeit" „gerechter Krieg" und „ungerechte Herrschaftsform" mit Klassenkampf-Parolen vereinnahmte. Wer ist bei der Vielstimmigkeit des Islam überhaupt berechtigt, eindeutig gültige Definitionen der genannten Leerformeln vorzulegen? Mit diesem durch verharmlosende Interpretation verniedlichten kommunistisch-koranischen Imperialismusanspruch ist die Glaubwürdigkeit des ‚Aufklärers' Akbuluth über das Wesen des Islam nur noch als sehr gering einzustufen. Sein Ziel ist nicht soziologische Information über das gesellschaftliche Wirken des Islam: der Koran wird mit dem Anspruch absoluten Wahrheitsbesitzes politische Waffe für den Fundamentalismus, hier in der Spielart islamischer Fundamentalismus, was auch noch unseren Beifall finden soll.

Die vom Verfasser dann vertretene Prämisse heißt: „Jedoch ist der Begriff ‚Fundamentalismus' eine dem Islam fremde Kategorie" (74). Er nennt ihn nach Pörksen (1989) „Plastikwort", das eine ähnliche Bedeutung wie Worthülse oder Leerformel hat. Es ist assoziativ negativ konnotiert und deshalb geeignet, den politischen Gegner ohne präzise Angabe von Inhalten zu diskriminieren. Um den Islam vor dieser Diskriminierung zu schützen, fragt der Verfasser nach der Geschichte dieses Begriffes.

1910-1915 erscheint in den USA eine Schriftenreihe mit dem Titel *The Fundamentals*, in der eine religiöse Erneuerung gepredigt wird und die im angelsächsischen Raum eine protestantische „Erweckungsbewegung" entstehen lässt. Sie verfolgt drei grundsätzliche Prinzipien:

---

[112] Der islamische Imperialismus wird mit der Sure (8:75) begründet: "Die nun geglaubt haben und ausgewandert sind und gestritten haben für Allahs Sache, und jene die (ihnen) Herberge und Hilfe gaben – diese sind in der Tat wahre Gläubige. Ihnen wird Vergebung und ehrenvolle Versorgung."

„1. Die buchstäbliche Unfehlbarkeit der Heiligen Schrift,

2. Die Nichtigkeit aller modernen Theologien und Wissenschaften, soweit diese dem Bibelglauben. widersprechen,

3. Die Überzeugung, dass niemand, der den fundamentalistischen Standpunkt nicht teilt, ein echter Christ sein könne" (Akbuluth 2002, 76).

(Wenn wir für heilige Schrift „Koran" und für „Christ" „Muslim" einsetzen, ergibt sich zwanglos ein islamischer Fundamentalismus[113], was der Verfasser nicht zu merken scheint.) Da der hier skizzierte christliche Fundamentalismus eine antimoderne Haltung gegenüber Wissenschaft und persönlicher Lebensführung einnimmt, insgesamt also als unbelehrbares Sektierertum empfunden wird, hat er die Konnotation der Rückständigkeit, Fortschrittsfeindlichkeit und Beschränktheit erworben. Eine zweite Bedeutungs-Quelle liegt im Begriff selbst: Basis. Fundamentalismus heißt danach die Suche nach demjenigen, das den wahren Grund für eine komplexe, nur noch schwer zu analysierende Wirklichkeit abgibt. Fundamentalismus bedeutet danach aber auch, dass etwas, das man auf seine wahren Gründe zurückgeführt hat, dementsprechend umorganisiert werden muss. Fundamentalismus meint aber auch die Sicherheit des eigenen Standpunktes der letzten Gewissheit.

Jetzt beginnt die Inflation und Negativierung dieses Begriffes in Gestalt des Begriffes „Fundamentalismus" z. B. bei den Grünen (Fundis und Realos), bei dem Westen gegenüber dem iranischen Fundamentalisten Khomeini, bei den Marxisten gegenüber dem orthodoxen Flügel. Deshalb fordert Akbuluth, diesen Begriff mit wissenschaftsfähigen Kriterien zu besetzen (mit Recht), ihn aber nur für den protestantischen Fundamentalismus gelten zu lassen (zu Unrecht, wie gezeigt worden ist.) Er will Fundamentalismus nur als "westliches Phänomen" (Hemminger 1991, 10) gelten lassen. Seine Begründung besteht in einer Kategorisierung der Christen in einen bibelkritischen und einen fundamentalistischen Flügel. Letztere wollen diese Kritiker davon überzeugen, dass nur eine wörtlich verstandene Bibel die gesamte Wahrheit enthält und die positiven Wissenschaften nicht fähig sind, die Lebensprobleme des ‚Jetzt' zu

---

[113] Siehe Tepe: *Fundamentalismus als Denkform*, wo dieser Begriff als „Denkform" vorgestellt wird: http://wwwalt.phil-fak.uni-duesseldorf.de/germ4/tepe/tepeSite/mim/editionMIM/a01_pt_fund/pt_funda.pdf

lösen. Eine solche religiöse Differenzierung gäbe es im Islam nicht. Er behauptet:

> „Im Islam gibt es keine solche Tendenz, die eine unmittelbare Gültigkeit des Korans in Frage stellen würde. Deshalb gibt es auch keine fundamentalistische Strömung, die die Unfehlbarkeit des Korans zu behaupten bemüht wäre [...]" (Akbuluth 2002, 81).

Was geschieht, wenn der Unfehlbarkeitsanspruch des Korans bezweifelt wird? Es gibt durchaus auch im Islam Reformkräfte, die den Koran nicht orthodox interpretieren wollen. Doch da streikt Akbuluths Wahrnehmungsvermögen; denn er will, dass die abwertende Bedeutung dem christlichen Fundamentalismus, die aufwertende als „islamische Weltanschauung" dem Islamismus zugeschrieben werden soll, so dass es keine Korankritik geben kann. Ganz Unrecht hat er nicht; denn mannigfaltige Drohungen und Repressalien lassen viele Kritiker verstummen. Hier ein Fall: Der ägyptische Hochschullehrer Abu Zaid (siehe Tibi, FAZ vom 03.07.1996) hatte eine Koranexegese mit literaturwissenschaftlichem Ansatz entwickelt, die zu dem Resultat gekommen war, dass dieser hermeneutische Ansatz den absoluten Wahrheitsanspruch des Korans erschüttern würde. Er wurde als Abtrünniger verurteilt und seine Scheidung angeordnet[114].

Es ist beschämend, dass ein sich Wissenschaftler nennender ‚Aufklärer' so tut, als ob er nicht wüsste, was demjenigen droht, der den absoluten Wahrheitsanspruch des Korans bestreitet. Was nicht sein soll, darf auch nicht sein. Tibi (1985) zeigt einen Fall auf, der erklären kann, warum es keine Reformkräfte im Islam gibt und zitiert Muhammad Muslehuddin, einen pakistanischen Islamisten:

> „Diejenigen, die daran denken, den Islam zu reformieren beziehungsweise zu modernisieren, sind irregeleitet und ihre Bemühungen zum Scheitern verurteilt. [...]. Denn warum sollte der Islam modernisiert werden, der schon perfekt rein und universell für alle Zeiten gilt. [...]. Sie übersehen, dass [...] Gott allein wissen kann, was wirklich gut für die Menschen ist" (96).

Ebenfalls findet er ein Argument, die Wissenschaftsfeindlichkeit im orthodoxen Islam, besonders wenn es um hermeneutische Auslegungen des Korans geht, geradezu in das Gegenteil zu verkehren. Wir kennen es schon: „Der Islam verlangt nämlich, alle Wissenschaften zur Kenntnis zu nehmen und in der

---

[114] Berichtet nach Müller (1996, 148 f.).

Gesellschaft anzuwenden. Auch wenn diese Wissenschaft nur ‚im fernen China' gelehrt wird" (Koranzitat, Akbuluth 2002). Mohammeds Wissenschaftsbegriff auf die modernen Wissenschaften und deren ontologische Prämissen zu übertragen, ist wissenschaftlich abenteuerlich. Akbuluths Hoffnung, damit der negativen Tönung des Begriffes Fundamentalismus zu entgehen, hat sich nicht erfüllt.[115]

Er nennt die Renaissance des Islam „Islamismus", eine „neue politische Ideologie" (83) (im Sinne von Gesellschaftstheorie). Um dem Vorwurf, der Islamismus sei im Grunde Fundamentalismus zu entgehen, stellt er die These auf: „Der Islamismus ist in erster Linie eine soziale Bewegung." (83). Diese Version widerspricht jedoch den üblichen Auffassungen der „Ismen" als Weltanschauung, deren Inhalt von dem entsprechenden Stammbegriff gebildet wird, wonach Islamismus zuerst einmal eine von der Religion Islam geprägte Weltanschauung bedeutet. Im Westen würde aber der Begriff des Islam immer mehr negativ aufgeladen, so dass es besser gewesen wäre, mit dem Wort „sozialer Islamismus" seine negative Konnotation zu neutralisieren.

Qutb, der Theoretiker des Islamismus, nennt als Basis dieser die Wahrheit allein vertretenen Weltanschauung, "Koran, Sunna (Worte und Lebensweise des Propheten) und die ‚Ära der rechtsgeleiteten Kalifen' ".[116] Damit stimmt Akbuluth dem anerkannten Theoretiker des Islamismus zu, dass der Islamismus keine Weiterentwicklung des Islams im Sinne seiner vergangenen Heilsgeschichte bedeutet, sondern ein Zurück zu den wahren, von der Geschichte nicht verfälschten Quellen des Beginns der islamischen Zeitrechnung, die Zeit der ‚Arbeiter- Sklaven- und Frauenbefreiung'. Diese „Vorbilder für das islamische System [...] sollen nicht eine ‚Wiederherstellung' jener Zeit, sondern, daran orientiert, eine Antwort auf die Herausforderungen des 20. Jahrhunderts sein" (97). Der Autor stellt die Theorie auf, den Islam als soziale Theorie weiterzuentwickeln, so dass er glaubt, den in Verruf gekommenen Begriff „Fundamentalismus" den USA zuschreiben, sich selbst aber mit einer sozialen und humanen Aura des Islamismus umgeben zu können.

---

[115] Sein Ziel ist, den Fundamentalismus als „Winkelried-Begriff" dem Westen zuzuordnen. Wie dieser (Winkelried) die feindlichen Lanzen auf sich zog, um den Anderen Luft zu verschaffen, so soll dieser sehr negativ getönte Begriff die negativen Konnotationen auf die westliche Variante transportieren, damit der Islamismus als fortschrittliche Weltanschauung zum Hoffnungsträger werden kann.
[116] Zit. nach Akbuluth (2002, 97).

Akbuluths Analyse legt die Gründe für die Entstehung des Islamismus aus: Enttäuschungen der Muslime von den westlichen Ideologien des Sowjet-Kommunismus und Kapitalismus, Verwestlichung vieler Gesellschaften, Auflösung traditioneller Strukturen in den Familien, Minderwertigkeitsgefühle gegenüber der Überlegenheit kolonialer Wirtschaft und Industrie, kriegerische Demütigung der arabischen Welt durch Israel. Der Islamismus soll diese Fehlentwicklungen nicht nur eindämmen, sondern positive Alternativen zu diesen verderblichen Einflüssen entwickeln. Eine dieser positiven Alternativen ist: „[...] eine auf dem Islam beruhende neue gesellschaftliche Ordnung" (84) zu installieren, um „neue für die Massen annehmbare soziale, politische und kulturelle Verhältnisse zu schaffen" (84).

Damit ergibt sich eine kausale Rangfolge. Aus der Religion Islam lassen sich bestimmte allgemeine Verhaltensnormen deduzieren, die eine neu zu formende islamischen Identität hervorbringen sollen, was er anfangs bestreitet. Nun stammen diese Normen aus der ‚Gründerzeit' des Islam; inwieweit sie noch eine moderne Gesellschaft stützen können, bleibt fraglich. Die Glaubwürdigkeit des Islam fundiert die normative Akzeptanz seiner aufgestellten Lebensregeln, so dass ein Angriff auf seine Glaubwürdigkeit auch seine gesellschaftliche Wirkung erschüttern würde.

Dieser Verfasser ist der auch vom Autor vertretenen Meinung, dass „mit der Beendigung der Ost-West-Systemkonkurrenz der Islamismus in gewisser Weise die Stelle des Marxismus [einnahm], indem er eine internationale und zugleich ‚antikolonialistische' Stoßrichtung entwickelte" (96 f). Auch die Sprache des Islamismus hat sich der kommunistischen Ideologie bedient und „Imperialismus, Antiimperialismus, Dritte Welt, Volkskrieg, Revolution, Sozialismus" (101) mit ihren Inhalten besetzt. Der schon genannte potentielle Universalismus des Islam entspricht also einem über die Grenzen des Islam hinausgehenden Islamismus, der sich als Konkurrent des Weltkapitalismus versteht. Dieser „islamische Internationalismus" (89) soll bewirken, dass alle Muslime, auch die in nichtislamischen Ländern, eine *Umma* bilden sollen. Des Weiteren vertreten die Islamisten die Doktrin, dass der „Islam als ein vollständig auf sich selbst beruhendes, gesamtgesellschaftliches System verstanden [wird], das auf Koran und *Sunna* basiert und zu jeder Zeit und an jedem Ort praktizierbar sein soll" (90). Demgemäß kann die Welt nur durch den Islam gerettet werden, weil nach Qutb „alle anderen Weltbilder und Modelle versagt haben" (99).

Je weiter man Akbuluths Text verfolgt, desto klarer wird, dass er selbst ein Islamist ist und statt soziologischer Wissenschaft fundamentalistische Propaganda betreibt. Wenn er die heutige Rolle der Frau im Islam beschreibt, kann man nicht anders als in ihm den wahren Hort des Feminismus zu sehen. Obwohl selbst Türke, ist keine Rede von den skandalösen ‚Ehrenmorden', die mit ‚Familienehre' und unislamischem Verhalten begründet werden und deshalb gerichtlich nicht verfolgt werden. Er zitiert die ‚Feministin' von eigenen Gnaden, Mernissi:

> „Ich habe einen feministischen Propheten gefunden und aus dem Dunkel der Vergangenheit in Erinnerung gebracht. In meinem Buch sind Dutzende von Suren aus dem Koran und Aussagen des Propheten nachzulesen, in denen die Menschenrechte und die Gleichberechtigung von Mann und Frau zum Ausdruck kommen".[117]

Also auch hier wieder eine ‚Surensoziologie' statt Fakten. Die Antwort des Autors in ‚Surensoziologie':

> „Allah verordnet euch in Bezug auf eure Kinder: Ein Knabe hat so viel Anteil wie zwei Mädchen." [...] (4:11).

> „Und wenn welche von euren Frauen Unziemliches begehen, dann ruft vier von euch als Zeugen gegen sie auf; bezeugen sie es, dann schließet sie in die Häuser ein, bis der Tod sie ereilt oder Allah ihnen einen Ausweg eröffnet" (4:15).

> „Und wenn zwei Männer unter euch solches begehen, dann bestraft sie beide. Wenn sie dann bereuen und sich bessern, so lasst sie für sich [...]." (4:16).

> „Die Männer sind die Verantwortlichen über die Frauen, weil Allah die einen vor den anderen ausgezeichnet hat und weil sie von ihrem Vermögen hingeben. Darum sind tugendhafte Frauen die Gehorsamen [...]" (4:34).

Im Kapitel „Demokratie und Menschenrechte" weiß der Leser schon im Voraus, was ihn erwartet: nämlich dass beide vom Islam schon immer praktiziert wurden, jedoch im Laufe der Geschichte ‚verraten' worden seien. Also, zurück *ad fontes*, wie es unsere Soziologin Mernissi schon bei den Frauenrechten ge-

---

[117] Siehe *Die Zeit*: Der Prophet war ein Feminist (22.12.1995, 26). Richtig ist, dass eine neutrale Auslegung des Korans tatsächlich den Frauen im Islam einen größeren Spielraum gewährt als sie ihn heute in den meisten islamischen Ländern haben. Die islamistischen Fundamentalisten, die sich allzu gern auf diese Toleranz berufen, „drücken jedoch in ihren Schriften, politischen Reden und Gesprächen deutlich aus, dass Kopftuch und Verschleierung gewünscht werden" (Akbuluth 2002, 114), und er hat nichts dagegen. Hier wird die häufige Doppelmoral des Islamismus deutlich.

zeigt hat. „Der Islam habe als erstes Demokratie ‚erfunden' und in die Praxis eingeführt" (Akbuluth 2002, 130), so erklingt der Chor der Islamisten. Natürlich ist hier unter Demokratie nicht „Volksherrschaft", sondern hintergründige Herrschaft religiöser Führer unter Instrumentalisierung Allahs gemeint.

Begründet wird dies mit der Sure (3:159): „[...] und ratschlage mit ihnen über diese Angelegenheit!" und der Sure (42:38): „Und die auf ihren Herrn hören, das Gebet verrichten, sich untereinander beraten und von dem, was Wir ihnen gegeben haben." Es ist ein wahrhaft dünnes Eis, auf das die Islamisten ihren Anspruch, gemäß dem Koran die ersten Demokraten gewesen zu sein, bauen. Akbuluths Aufklärungsversuch richtet sich an alle, die vom Islam nur ein ungefähres Wissen haben, weil sie als leicht indoktrinierbar eingeschätzt werden.

Wieder ‚vergisst' der Verfasser, auf den Kernpunkt jeder Demokratie, die diesen Namen verdient, auf das Menschenbild hinzuweisen, welches den Grund für eine solche Regierungsform abgibt. Stattdessen werden Kriterien eines „islamischen Idealstaates" (130), also einer Fiktion mit unverbindlichem Utopiecharakter, für reale Münze genommen – mit bekanntem Ergebnis. Für die demokratische Regierungsform gilt als Bedingung das freie Subjekt als Souverän, weil dieses als autarke Persönlichkeit die Möglichkeit der Selbstbestimmung und Selbstgesetzgebung wahrnehmen kann. Demokratie besteht in der freien Ausübung dieses Rechtes, wobei aus praktischen Erwägungen sich eine repräsentative Demokratie empfiehlt, in der gewählte Vertreter die Souveränität anstelle der Einzelsubjekte eines Volkes wahrnehmen. Um Universalität der Menschenrechte zu garantieren, geht man von einem „vorstaatlichen Naturzustand" (Müller 1996) des Menschen aus, damit die Geltung der Menschenrechte nicht von menschlicher Kultur abhängig zu machen ist. Der Autor lehnt dieses durchaus plausible Argument ab, weil nicht die menschliche ‚Natur', sondern die Menschheit in ihrer kulturellen Vielfalt selbst ihre universellen Rechte begründen muss. Bei der Entwicklung der Menschenrechte haben Christentum, Aufklärung, Liberalismus und Naturrechtstheorien Pate gestanden. Müllers Zusammenfassung der Begründung der Menschenrechte sieht so aus:

> „Der Mensch ist selbstbestimmt, weil er zur Vernunft und damit zur Einsicht in das fähig ist, was gut und böse ist. Er hat ein ethisches Bewusstsein, das unabhängig von religiösen und staatlichen Vorgaben bestehen kann. Er hat eine Würde, die, anders als

die Ehre, nicht aus seinem Verhalten, sondern allein aus seinem Menschsein folgt" (53).

Im Islam, was so viel wie „Ergebung in den Willen Allahs" bedeutet, ist der Souverän Allah, der Gesetzgeber, in dessen Willen sich der Muslim fügen muss. Es gilt eine „absolute Gottesdiktatur". Wenn es so ist, ist Unsinn, dass „der Islam als erstes Demokratie ‚erfunden' habe" (Akbuluth 2002, 130). Wie so häufig, verstehen die Islamisten unter Demokratie und Menschenrechten etwas anderes als der Westen, nämlich:

> „Die islamischen Menschenrechte seien direkt von Gott festgelegt, und die Einhaltung dieser Rechte sei vom Koran vorgeschriebene Pflicht. Aus diesem Grunde seien die Menschenrechte auf Grund ihrer ‚Heiligkeit', da sie ja Gottes Befehle sind, in einem islamischen Staat besser verankert" (132).

Heiligkeit heißt im Islam Unkritisierbarkeit. Unbestritten wird jemand, für den die Menschenrechte gottgewollt sind, ihnen einen stringenteren Wert zumessen, da er außer gegenüber den Menschen auch vor Gott Verantwortung trägt, so dass mit ‚höheren' Weihen ausgestattete Rechte und Pflichten dem Einzelnen ihre Befolgung erleichtern können. Sie müssen jedoch in ihrem Umfang ebenso gelten, wenn auf eine metaphysische Begründung verzichtet wird. Sind sie aber nur metaphysisch (religiös) begründet, gelten sie auch nur für die Gläubigen dieser Religion. Wenn die universalen Menschenrechte, die ja in Wirklichkeit nur Gott geschuldete Pflichten sind, allein mit dem Koran gerechtfertigt werden können, dann lässt sich aus der Einhaltung der Menschenrechte ein Zwang ableiten, eben diesen religiösen Prämissen widerspruchslos zu folgen und diejenigen anderen Glaubens zu missionieren.

Die Universalisierung der islamischen Menschenrechte bedeutet Erfüllung eines Missionsauftrages in Richtung der Universalisierung des Herrschaftsanspruches des Islam. „Die Gleichheit vor dem Gesetz „zwischen Muslim und Nichtmuslim", „Mann und Frau", „Schwarz und Weiß" (133) ist nur Augenwischerei, denn wer von den Genannten nicht gottgläubig ist, also die Begründung der Gottgewolltheit nicht nachvollziehen kann, für den gelten auch nicht diese Pflichtenrechte.

Welche Rechte gelten aber z.B. für Atheisten? Das islamische Modell eines durch Religion gerechtfertigten Staates ist das Grab der Liberalität und ihrer atheistischen, materialistischen und rationalistischen Vertreter.

Welches in der Gegenwart realisierte ‚islamistische Demokratiemodell' wird wohl der Verfasser beispielhaft darstellen? Es kann gar nicht anders sein, das iranische. Für einen zeitungslesenden Zeitgenossen ist es ein Genuss, bei Akbuluth zu lesen:

> „Im Iran akzeptieren die Islamisten [...] eine nach demokratischen Prinzipien funktionierende Republik mit ‚allgemeinen Wahlen, einer verfassungsgebenden Versammlung, einem Parlament, in dem wirkliche Debatten stattfinden, mit einem Präsidenten, einem Ministerrat, politischen Fraktionen, einer Verfassung und einer Art obersten Gerichtshof" (120).[118]

Ist die Todesfatwa von Khomeini gegen den Schriftsteller Rushdie auch so eine Erfindung der ‚fundamentalistischen Demokratie'? Nach Rotter (1993) lautet Artikel 25 der iranischen Verfassung:

> „Die Bildung von Parteien, Gesellschaften politischen und beruflichen Vereinigungen wie auch religiöser Gesellschaften ist erlaubt, vorausgesetzt, sie verletzen nicht die Prinzipien der Unabhängigkeit, Freiheit und nationalen Einheit, die Grundsätze des Islam oder die Grundlage der islamischen Republik."

Was dürfen dann noch politische Parteien im Iran? Gemeinsam das Freitagsgebet in der Moschee verrichten. Eines besonderen Lobes ist der wahrhaft ‚demokratische' iranische Gottesstaat wert, weil er Frauen, die das Kopftuch nicht tragen wollen, öffentlich auspeitschen lässt.

---

[118] Zitat bei Rotter (1993, 177).

A.2 Kellerhals: Der Islam. – eine aneignende Interpretation

Es gilt heute die allgemein anerkannte Prämisse, dass der Verfasser einer religionswissenschaftlichen Abhandlung nicht als gottgläubig gelten muss; im Gegenteil, er ist als Wissenschaftler nicht dazu da, Beweise zur Existenz Gottes zu liefern und dazu selbst praktizierender Gläubiger zu sein. In dem Buch *Der Islam* geht der Verfasser von der These der Gläubigkeit des Religionswissenschaftlers aus. Dazu kritisiert er die Forderung, dass „kirchlich frei" (9), also religiös nicht gebunden, religionswissenschaftlich vorgegangen werden müsse. Als Begründung nennt er, „dass auch glaubensmäßige Neutralität eine (freilich negative) Glaubensentscheidung voraussetzt", so dass auch sie „auf einer bestimmten Weltanschauung beruht" (9). Darum geht es aber nicht, insofern diese „negative Glaubensentscheidung" die wissenschaftliche Arbeit nicht beeinflusst.

Richtig ist, dass auch ‚reine' Wissenschaft von bestimmten Hintergrundprämissen ausgehen muss. Als Beispiel mögen die Evolutionstheorien gelten, die von einer in weiten Bereichen platonischen Natur ausgehen; denn in einem Chaos ohne Konstanten ist Leben nicht möglich, das ja auf die Präsenz des sich selbst Gleichen angewiesen ist. Sie selbst können aber keinen Beweis für dieses ‚Vorurteil' geben, sie können mit dieser Hypothese allerdings ihre Argumentationskraft stärken. Da heute die Naturwissenschaften das Vorbild aller Wissenschaften abgeben, ist klar definiert, was wissenschaftliche Arbeit bedeutet.

Wissenschaftliches Arbeiten verlangt keine „negative Glaubensentscheidung", jedoch einen wie auch immer gearteten Agnostizismus, nämlich theologische oder metaphysische Prämissen nicht ihrer Arbeit vorzuschalten, weil sie nicht der Falsifikation im Sinne Poppers fähig sind. Es verlangt also Wissenschaftlichkeit keine „negative Glaubensentscheidung"; denn dann wäre sie selbst eine Form von Weltanschauung. Jedweder Glaube an Werte, ausgeschlossen das Objektivitätspostulat Monods und das wissenschaftliche Ethos im Sinne von Salamun (1975) und Mohr (1982) ist für die Wissenschaften ‚gleich-gültig'. Das empirische Subjekt muss sich mit seinen Methoden und Aussagen zum ‚reinen Subjekt' disziplinieren, so dass das ‚reine' Objekt, ohne alle persönlichen Zusätze zu Wort kommen kann. Ob Atheist, Christ, Muslim, Animist – die konsequent betriebene Wissenschaft macht sie zu gleichen Subjekten, die bei gleicher Problemstellung zum gleichen Ergebnis kommen müssen, weil die Art der Methode nicht das Ergebnis festlegen darf: sie gehören jetzt der *scientific community* an. Das religiöse Wertverständnis bleibt aus dem Spiel, ist deshalb zunächst nicht angesprochen. Wenn also eine Religion kulturhistorisch, soziologisch oder psychologisch untersucht werden soll, verläuft die Kausalkette von metaphysischen Vorgaben, die selbst nicht objektiv erforscht werden können, aber die Bedingungen einer empirischen Wirklichkeit ausmachen, zu den daraus resultierenden Folgen, so dass zwar die Folgen z. B. einer Gottesvorstellung objektiv untersucht werden können, was aber keinen Rückschluss auf die Existenz Gottes zulässt. Der Verfasser gebraucht eine geradewegs entgegengesetzte Methodologie:

„Wenn wir zum Voraus deutlich machen, dass wir vom Standpunkt der christlichen Heilsoffenbarung aus an den Islam herantreten wollen, dann scheint uns dieses Vorgehen nicht weniger wissenschaftlich und zudem klarer und realistischer und hilfreicher zu sein. Denn als glaubender Mensch stehe ich auch einem fremden Glauben näher [siehe aber Religionskriege unter verwandten Religionen – der Autor] als derjenige, der den Glauben ablehnt oder gleichgültig gegenübersteht" (Kellerhals 1969, 9f.).

Der Mensch allein ist also unfähig, kraft seiner Ratio zu wirklich wissenschaftlich gesichertem Wissen zu gelangen, zuletzt soll Gott entscheiden. „Das heißt: nur wenn uns Gott selbst die Augen öffnet, sehen wir den rechten Weg" (162). Das klingt ja ähnlich wie der Lobpreis Allahs in einer islamischen wissenschaftlichen Arbeit. Einem solchen Mann wird 1966 – das Buch war schon 1956 in der Schweiz publiziert worden – der „Wissenschaftspreis der Stadt Basel" (6) verliehen.

Diese Art der Interpretation, das „projektiv-aneignende Verfahren"[119] bestätigt die hineinprojizierten Prämissen, so dass sie im ,Objekt' wiederentdeckt werden können. Der Islam bestätigt den wissenschaftlichen Beweis der Wahrheit des Christentums, dieses bestätigt den Islam als wissenschaftlich fundier-

---

[119] Dieser Begriff, von Tepe (2001) in die Literaturwissenschaft eingeführt, gilt aber nicht nur dort, sondern insgesamt für hermeneutische Texte. Er besagt:
„Projektiv-aneignende Textinterpretationen tragen den eigenen weltanschaulichen Rahmen massiv an den Text heran und sind bemüht, den Text gemäß diesem System zu deuten, wozu gehört, dass er in die Begrifflichkeit des eigenen Rahmens gewissermaßen ,übersetzt' wird. Die Deutung läuft *de facto* darauf hinaus, dass das eigene Überzeugungssystem auf den Text *projiziert* und der Text dadurch zu einer Bestätigungsinstanz für den eigenen weltanschaulichen Rahmen gemacht wird" (126).

ten Glauben. Glauben und Wissen bestätigen und legitimieren sich gegenseitig.

Die Religion, aus deren Perspektive die andere untersucht wird, steht natürlich höher, ist richtiger:

> „Erst vom Kreuz her wird nämlich die ganze Tiefe, der ganze Ernst, das ganze Gewicht der menschlichen Sünde erkennbar – und gerade das Kreuz als Erlösungswerk lehnt der Islam radikal ab, offenbar weil sein Verständnis der Sünde ein anderes ist als das christliche. Was ist hier Recht, was ist hier Unrecht? Gott allein, vor dem wir beide stehen, der Christ und der Moslem, hat hier zu entscheiden" (Kellerhals 1969, 159).

Dies ist eine typische Strategie der Nachkriegszeit, auf ‚wissenschaftlicher' Grundlage eine Synthese von Glauben und Wissen herbeizuführen. Man kann zugleich Gläubiger und Wissenschaftler sein, wissen und glauben, werten und deskriptiv vorgehen, Religiosität praktisch leben und theoretisch untersuchen. Dieses „und" präjudiziert dann auch eine gegenseitige Verträglichkeit von rationalen Argumenten und gefühlten Werten; Harmonie umschwebt die Gegensätze – doch sie erzeugt nur einen falschen Schein.

A.3 *Elyas:* Islam – Religion des Friedens: *BKA (Hg.):* Islamistischer Terrorismus - *eine verharmlosende Interpretation*

In seinem Referat „Islam – Religion des Friedens" im Rahmen der BKA – Herbsttagung 2001 wird schon durch die Überschrift eine Antwort gegeben, die – wie Elyas einräumt – auch zunächst noch fraglich bleiben kann. Sein Vortrag dient nicht so sehr religionswissenschaftlicher Vertiefung, sondern der Darstellung der praktischen muslimischen Religiosität und der daraus abzuleitenden Mentalität, um den deutschen Behörden bei der Einschätzung des möglichen terroristischen Potentials des Islam und der daraus abzuleitenden Präventionsmaßnahmen Argumentationshilfe zu geben. Da im Koran der Begriff „Frieden" fünfzigmal auftritt, auch „Islam" (*salam* – der Friede) sich aus diesem Wort herleitet, bedeutet für den Muslim „Islam", „den Frieden in der Welt zu realisieren" (Elyas 2001, 31). Theologisch wird diese Friedfertigkeit mit dem Friedenswillen Allahs in Verbindung gebracht, dem sich jeder Muslim anzugleichen habe. Aber das Wort „Frieden" gehört zu den „essentiellen Leerformeln" (Salamun), die vorgeben, Bedeutsames sozusagen schon im Begriff gespeichert zu haben, das man nur zu extrahieren brauche. Wenn man ihn für sich reklamiert, glaubt man, im Besitze seiner Bedeutung zu sein. Doch jede Weltanschauung hat diesen Begriff anders besetzt, expliziert aber nur selten seine Kriterien, so dass er für die Sache schlechthin zu gelten hat, weil sein hohes Prestige jeweils den Zwecken der eigenen Weltsicht dienen kann, obwohl er mit einer oft sogar gegenteiligen Bedeutung versehen worden ist. Deshalb muss hier die Frage nach seiner Bedeutung gestellt werden. Hier halte ich mich an die gut dokumentierte Biographie des Propheten, zu der Elyas sagt:

> Der Prophet Mohammed pflegte jeden Tag ein Bittgebet zu sprechen, in dem er sagte: „O Gott, Du bist der Friede, von Dir kommt der Friede, so gib, dass wir in Frieden leben" (32).

Diese friedliche Gesinnung, die sozusagen von Gott auf Mohammed überfließt, entspricht nun aber gar nicht der hier schon vorgestellten Vita des Propheten. Der Friede gilt bei ihm nur für seine Anhänger. Barth (2003) zieht folgende Bilanz: „Und besonders verstörend ist seine ambivalente Einstellung zur Gewalt" (23). (Die Ambivalenz auf vielen Gebieten ist geradezu ein Kennzeichen des Islam.) Beispiele für Gewalt durch den Propheten: Er führt Raubzüge durch, um seine Gegner zu schwächen, liquidiert das jüdische Viertel von Medina, überfällt im Ramadan eine mekkanische Karawane, lässt „Abtrünnige" nachts umbringen (23-25). Für den Überfall ist er durch Gott legitimiert, denn:

> Sie fragen dich über den Kampf im Heiligen Monat. Sprich: „Dann kämpfen ist bedenklich, aber von Allahs Weg abbringen und ihn und die Heilige Moschee und ihre Bewohner auszutreiben, ist noch bedenklicher vor Allah. [...]" (2:218).

Hier heiligt der Zweck die Mittel, so dass gerade im Islam der Mensch zum Instrument Gottes zu werden droht. Ich lese daraus, dass der Friedensbegriff im Islam doppeldeutig gebraucht wird nach dem Motto „Friede den Hütten" bedeutet gleichzeitig „Krieg den Palästen": für die eigenen Glaubensgenossen garantiert er einen weitgehend konfliktlösenden Weg; für die Nichtmuslime kann er vertrauensvolle Zusammenarbeit, nur temporär geduldete Existenz, ja Verfolgung bis zur straflosen Tötung begründen, der Koran liefert für alle diese Möglichkeiten Belege. Deshalb hat der Islam ja auch einen so ‚friedlichen Beginn' mit „Feuer und Schwert" zu verzeichnen. Diesen Teil der Wahrheit kehrt Elyas unter den Teppich. Er vergisst, dass schon bei der Religionsstiftung des Islam Gewalt eine herausragende Rolle spielt, die sich, erfreulicherweise von Phasen der Liberalität durchbrochen, durch die Geschichte des Islam mühelos dokumentieren lässt. Allahs lebensfördernde Gebote gelten nicht für „Heiden" (Elyas 2001, 33), so dass also Atheisten, Positivisten, Liberale nicht unter die Friedenspflicht des Islam fallen – ein weiterer Beweis, dass der Begriff „Frieden" nur innerhalb der muslimischen Gemeinschaft seine positiven Konnotationen verwirklicht. Elyas gebracht die gleiche Argumentstruktur wie Akbuluth. Es fällt auf, dass er nicht die Wirklichkeit des Islam, wie wir sie auch hautnah erleben, zu hinterfragen sucht, sondern einen idealen, mit der Realität nicht korrespondierenden Islam aus dem Koran herausdestilliert. So erfahren wir zwar sehr viel über den ideellen Anspruch dieser Religion an ihre Vertreter, von ihrer Darstellung in der Wirklichkeit fast nichts, so dass damit „Anspruch gleich Wirklichkeit" suggeriert wird. Was jetzt an Wirklichkeit nicht mehr vertuscht werden kann, fällt unter die Rubrik „unislamisch" (39).

Die Methode des Weglassens der nicht so vorteilhaften Alternativen koranischer Maximen erfüllt einen ähnlichen Zweck: Elyas kann nicht genug wiederholen, wie friedfertig, wie tolerant der Islam als Religion und als Lebensentwurf der einzelnen Muslime ist. Den Hinweis auf völlig gegensätzlich auszulegende Suren kontert er mit der Behauptung:

> Der Islam und die islamischen Gelehrten haben Regeln festgelegt, nach denen eine Auslegung als islamisch ausgelegt wird oder nicht. [...]. Wenn aus einem Text ein Widerspruch zu verschiedenen grundlegenden weiteren Texten herausgearbeitet wird, so wird diese Auslegung widerlegt, weil sie so vielen anderen Grundsätzen widerspricht (39).

Inwiefern es ein solches Regelwerk gibt, ist mir nicht bekannt. Was aber damit an die Adresse auch kritischer Nichtmuslime für eine Botschaft gerichtet ist: Jeder soll glauben, dass es *eine* verbindliche Auslegung des Korans gibt, auf die man sich verlassen kann. Dieser Glauben wird aber erschüttert, wenn man den Wahrheitsanspruch des Korans „Somit ist Gott der Garant der Richtigkeit seines [des Buches – der Autor] Inhalts; er erklärt es für verbindlich und fordert von den Menschen Gehorsam und Gefolgschaft" (Khoury 2001, 34) an den möglichen Interpretationsregeln messen muss, die vielleicht dort, wo es um essentielle Widersprüche geht, Harmonie vortäuschen. Elyas wendet sich gegen eine Uminterpretation des von sich aus friedfertigen Islam, aus dem einige Leute „auf einmal eine kämpferische, menschenverachtende Religion machen" (2001, 38). Macht er (der Islam) das nicht selbst, wenn er fast täglich mit dem Begriff „heiliger Krieg" spielt? Historisch leicht nachzuweisen ist der Expansionsdrang „mit Feuer und Schwert" des Islam in Richtung der Gründung großer Reiche; und nicht von ungefähr haben die Kriege des Osmanischen Reiches sich in das kulturelle Gedächtnis der Mittel- und Osteuropäer eingebrannt, und auch die grüne Fahne des Propheten als Symbol der Unterwerfung und Sklaverei bleibt unvergessen.

Der Islamismus macht es einer kriegerischen Auslegung leicht, indem er einen Märtyrerkult betreibt.[120] Was wir fast täglich erleben, sind muslimische Terrorakte, die viele unschuldige Opfer verletzen oder töten. Diese „Märtyrer" berufen sich auf den Koran, indem sie sich als Kämpfer für Allahs Sache ausgeben. (Khomeini verspricht ihnen sogar das Himmelreich.) In Wirklichkeit sind sie politische Werkzeuge einer Politik, die den Islamismus für seine Ziele instrumentalisiert. Und der oft ambivalent und daher sehr missverständlich interpretierbare Koran liefert die Rechtfertigung von religiös-politischem

---

[120] Als Beispiel dafür die Sure (3:170): „Haltet jene, die für Allahs Sache erschlagen wurden, ja nicht für tot – sondern lebendig bei ihrem Herrn; ihnen werden Gaben zuteil."

Mord frei Haus, so dass sich die Terroristen als Gottesstreiter fühlen dürfen. Hier wäre ein deutliches und eindeutiges Wort der religiösen und politischen Würdenträger der islamischen Welt wünschenswert.

Mit dem Begriff „unislamisch" (39) wird der Sachverhalt sehr verhalten kommentiert. Es gibt im Islam außer dem Himmel auch eine Hölle; warum wird den Terroristen diese von der islamischen Geistlichkeit unter Zuhilfenahme des Korans nicht angedroht? Was folgt aus dieser lauen Haltung? Man wirft vielen Muslimen vor, insgeheim doch eine gewissen Sympathie für die ‚Freiheitshelden' zu hegen. Die Asymmetrie des oft zu beobachtenden Verhaltens: Tötet ein muslimischer Attentäter bei seiner Aktion auch viele Muslime, so wird das schnell mit dem ‚Argument' „Allahs Wille" abgetan, tötet ein Muslim Christen, erhält er tosenden Beifall aus der Loge der Islamisten, tötet ein Nichtmuslim Muslime, dann demonstriert die gesamte islamische Welt.

Die zunehmende Distanz zwischen beiden Religionen würde in Deutschland von einigen Gruppen aus Opportunismus gefördert, „um den Muslimen bestimmte Rechte vorzuenthalten" (39). Ich wiederhole hier: Es gibt in Deutschland 2500 neueröffnete Moscheen, in der Türkei keine einzige neueröffnete christliche Kirche. Für wie dumm hält uns Elyas? Hier fehlt jede Selbstkritik und Einsicht. Es drängt sich mir der Eindruck auf, dass der Autor dem Gedanken eines muslimischen Staates innerhalb des deutschen Staates nicht ganz ablehnend gegenübersteht.

Für einen fast nicht mehr zu überbietenden Zynismus steht das Kapitel „Die Menschenrechte als Indiz für die Friedfertigkeit [der Muslime – der Autor]" (34 ff.). Danach garantieren Koran und Sunna die Menschenrechte - so einfach ist das -, und so etwas wie Menschenrechtsverletzungen in der Praxis und in den Geboten kommen nicht vor.

Elyas sieht hier die Deutschen als blinde Grüne oder grüne Blinde, denen er Märchen aus „Tausend-und-einer-Nacht" erzählen und sie als kognitive Argumentation verkaufen kann.

Wieder benutzt er die Methode des Surenzitierens, wonach es natürlich zum Besten steht, was die Einhaltung der Menschenrechte betrifft.[121] Die Menschenrechte im Islam seien dadurch besonders beglaubigt und gesichert, „weil sie Bestandteil unseres Glaubens sind" (Elyas 2001, 35), d.h. von Gott, dem eigentlichen Souverän. Einen Teil dieser Souveränität haben sich die Religionsfunktionäre gepachtet, die jetzt Hüter der Menschenrechte sein sollen? Ein Ayatollah Khomeini als Hüter der Menschenrechte – eine wahrlich absurde Vorstellung!

Zur Religionsfreiheit im Islam zitiert Elyas die Koranverse:

> Sure (2:256): *Es gibt keinen Zwang in der Religion.* Sure (109:6): *Euch eure Religion und mir meine Religion.*

Gerade diese Methode, durch Koranzitate die eigenen Prämissen zu stärken, wird, wenn es sich um einen ‚westlichen' Wissenschaftler handelt, scharf kritisiert, zumal, wenn er eine Kontraposition einnimmt. Ich lasse hier die Wirklichkeit sprechen. Es ist richtig, dass der Islam die freie Religionsausübung nicht behindern *darf*; doch ein solches Prinzip wird von den lokalen Verhältnissen in den muslimischen Ländern insgesamt ignoriert. Dieses Beispiel lässt sich generalisieren: Überall wo Christen und Muslime in einem Staat leben und letztere die Mehrheit bilden, werden die Christen unterdrückt, sogar in dem formal laizistischen Land Türkei. Wie kann ein Türke über Religionsfreiheit reden, wenn in seinem Land seit langem keine *einzige* christliche Kirche mehr gebaut werden durfte, wo das Kircheneigentum beschlagnahmt wurde, wo keine Priester ausgebildet werden dürfen? Welch ein Aufschrei geht durch die muslimische Welt, wenn sich Bürger weigern, die Erlaubnis zum Bau einer

---

[121] Es gibt zwei sich deutlich unterscheidende Versionen von Menschenrechten, einmal die von Kant aus der Autonomie der menschlichen Person und ihrer selbstbestimmten und selbstbestimmenden Vernunft entwickelten, die als Selbstgesetzgebung in demokratischen Systemen praktiziert wird und universal gelten sollen, zum anderen die des Islam, die ebenfalls universal gelten sollen und vom Koran, d.h. von Gott den Menschen gegeben werden. Der Mensch im Islam ist keine selbstbestimmte Person, sondern dem Gesetz Gottes unterworfen, das aber, weil Gott nur des Menschen Heil will, ihm im Rahmen dieser Gesetze die freie Entfaltung garantiert. Darin aber verbirgt sich die Problematik der islamischen Menschenrechte; denn wem obliegt die Kontrolle der Einhaltung dieser Rechte? Wegen der Untrennbarkeit von Politik und Religion in vielen islamischen Staaten und der politischen Idee eines Gottesstaates auf Erden sind religiöse Funktionäre die wirklichen Garanten der Menschenrechte – eine Horrorvision für die nichtislamische Welt.

Moschee, von denen es zweieinhalbtausend in Deutschland gibt, zu erteilen. Sofort ist die Religionsfreiheit in Gefahr. Auch hier wird wieder die schon genannte Asymmetrie des Verhaltens, das viele dem Islam gegenüber misstrauisch werden lässt, sichtbar: im eigenen Land werden Andersgläubige in allen Belangen unterdrückt und benachteiligt, was von der islamischen Mehrheit überhaupt nicht wahrgenommen oder verdrängt oder sogar befürwortet wird, während ein mögliches singuläres fehlerhaftes Verhalten des Westens mit wütenden Protesten und Pochen auf die Grundrechte quittiert wird.

(Man stelle sich vor, es gäbe eine mutige Partei in Deutschland, die die Forderung auf reziprokes Vorgehen „Wir behandeln die Muslime so, wie diese die Christen behandeln" durchsetzen würde.)[122]

Wir hören hier vom Verfasser Elyas, der ja für den Islam insgesamt zu sprechen vorgibt, kein Wort. Andersgläubige dürfen zum Islam konvertieren; aber es ist in vielen muslimischen Ländern einem Muslim strikt verboten, eine andere Religion anzunehmen: eine Übertretung dieses Verbotes kann mit dem Tode bestraft werden. Heiratet ein Muslim eine Christin, dann muss sie zum Islam übertreten.

Die Begründung für diese ‚doppelte Moral'? Der Artikel 6b des Entwurfes einer Menschenrechtserklärung bezüglich der Religionsfreiheit sagt:

> Es obliegt dem Muslim – er ist bereits durch das Bekenntnis zu Gott und seiner Einheit auf den rechten Weg geleitet worden – den Islam beizubehalten.[123]

Auch diese ‚islamische' Auslegung des Menschenrechtes ist sehr widersprüchlich, so dass großes Misstrauen angesagt ist, wenn sich der Islam zu ihnen äußert. Der Autor interpretiert diese widersprüchliche Haltung zu ihnen in der Weise, dass, wenn Muslime im westlichen Ausland leben, sie wissen, auf der Einhaltung des liberalen westlichen Menschenrechts „Religionsfreiheit" zu bestehen, aber ‚vergessen', diese Maßstäbe auch für das eigene Land gelten zu lassen. Aber hören wir zur Wiederholung weiter:

> „Dies darf nicht mit der Bestrafung des Apostaten verwechselt werden, also der Bestrafung des Muslims, der den Islam verlässt. Denn dies ist eine Sache und das, was wir über die Religionsfreiheit gesagt haben, ist eine andere Sache. Der Muslim hat sich mit seiner Unterwerfung unter Gott zur Einhaltung der Regeln des Islam und seines Bekenntnisses verpflichtet. Und wenn er abtrünnig wird, verstößt er gegen seine Ver-

---

[122] In 2013 wurde eine solche Partei gegründet: die AFD [Anmerkung des Bearbeiters].
[123] Zit. bei Müller (1996, 144).

pflichtung, schädigt den Staat und rebelliert gegen ihn. Das erfordert eine Bestrafung [...].“[124]

Dieses Beispiel zeigt sehr prägnant das Orwellsche Zwiedenken der Islamisten, die von den anderen die Einhaltung der Menschenrechte fordern, für sich aber aus Glaubensgründen davon nach Belieben Abstand nehmen können. Nun kann sich Elyas nicht damit rausreden, von dieser doppelbödigen Interpretation der Menschenrechte durch den Islam nichts zu wissen. Sein Adressat ist das Bundeskriminalamt, dessen Organen er fehlerhaftes Verhalten gegenüber den Muslimen vorwirft, anstatt das handlungsbestimmende Wertsystem vieler Muslime und auch der muslimischen Öffentlichkeit offenzulegen, damit deutsche Behörden differenziert reagieren können. Wer sein Kapitel „Die Menschenrechte als Indiz für die Friedfertigkeit [der Muslime – der Autor]" liest, kann nicht anders als in seinem Innern zutiefst von der tiefen Toleranz der muslimischen Welt gerührt zu sein. (Das ist ironisch gemeint!)

Den Gipfel an Demagogie bildet jedoch das von Elyas verwendete Koranzitat: „Die Frauen sind Zwillingsgeschwister der Männer" (2001, 35) als Beweis für die Gleichberechtigung[125] der Frau im Islam. Er hält damit die gesamte deutsche Öffentlichkeit für blöd, die ja täglich mit diesem Thema in Berührung kommt. Um hier die Asymmetrie und Differenz zwischen koranischer Exegese und Wirklichkeit sinnfällig zu machen, sind im Folgenden die Geschlechterrollen vertauscht, was bei Symmetrie gar nicht auffallen würde:
‚Ein weiblicher Zeuge ist glaubwürdiger als zwei männliche Zeugen; Frauen dürfen ihre Männer schlagen, wenn sie sich in der Ehe auflehnen; die Frau erbt doppelt so viel wie ihr Mann; eine Frau darf vier Männer ehelichen, Frauen haben Vorrang vor den Männern; den Frauen stehen alle Berufe offen; Frauen

---

[124] Ebenda 144 f.
[125] Dem Phänomen „Asymmetrie", das uns in Wahrnehmung und Wirklichkeit schon häufig begegnet ist, scheint eine speziell im Islam liegende kulturelle Wahrnehmung zu Grunde zu liegen. Gegen die Dominanz und allgegenwärtige Präsenz des Mannes erscheint die Frau im öffentlichen Leben kaum, den Mann engt keine Kleiderordnung ein, während die Frauen aus Gründen der Tradition, Religion, Familienehre, Aussendung sexueller Reize ihren Körper bedeckt zu halten haben, bei sexuellen Übergriffen wird die Täter-Opfer- Beziehung umgekehrt, indem die geschändeten Frauen auch noch an den männlichen Übergriffen Schuld sein sollen. So erklärt sich auch die naive Formulierung: „Auch nicht auf Grund des Geschlechtes werden die Menschen bevorzugt oder benachteiligt" (Elyas 2001, 35).

dürfen ihr Gesicht zeigen; auch für Frauen gilt allgemeine Schulpflicht; auch für sie gilt sexuelle Selbstbestimmung, auch das aktive und passive Wahlrecht.'

Ein Aufschrei in der islamischen Welt wäre die Folge. Elyas will diese Asymmetrie einfach nicht zur Kenntnis nehmen; ich nenne das bewusste Täuschung eines Gremiums, das den Islam kennenlernen will, um bei der Terrorbekämpfung auch die nötige Sensibilität aufzubringen.

Er sieht nicht Zwangsverheiratung, ‚Ehrenmorde', geduldete körperliche Gewalt gegenüber Frauen, familiäre Bevormundung, ‚Vermummungspflicht', weil die ‚Familienehre' das so will, Wegsperren der Frauen vor der Öffentlichkeit.

Werden diese Defizite, obwohl sie häufig in der Presse thematisiert werden, von ihm zwar wahrgenommen, aber bewusst verschwiegen, um den Islam zu idealisieren oder wirklich nicht bemerkt, weil sie zum islamischen ‚Kulturverständnis' gehören? Als religiös-politischer Vertreter steht er für die erste Alternative. Schade.

A.4 Khoury: *Der Islam und die westliche Welt* – eine religionsphilosophisch-theologische Interpretation

Der Autor differenziert schon in seinem Vorwort das Erscheinungsbild des Islam. Einmal sieht er in ihm ein „Angebot spiritueller Werte, die ein tiefes religiöses Leben ermöglichen und fördern" (9), aber auch „eine staatliche Ordnung, die einen Totalitätsanspruch auf den ganzen Menschen und einen Universalitätsanspruch gegenüber der gesamten Menschheit erhebt" (9). Er muss also in einer Doppelrolle auftreten: als Religionswissenschaftler und als Politikwissenschaftler, weil der Islam beide Gesichter zeigt. Er hält sein Werk von immanenten und expliziten Glaubensbekenntnissen frei, interpretiert undogmatisch und kaschiert nicht die Widersprüche dieser Religion.

Allerdings macht er an vielen Stellen deutlich, dass er von der Existenz Gottes bzw. Allahs überzeugt ist. Seiner Arbeit liegt die Arbeitshypothese zu Grunde: „Christentum und Islam sind Verwalter einer „religiösen Wahrheit" (207) und definiert diese als „Wahrheit, die man tut" (207). Damit entfernt er sich von dem Wahrheitsbegriff der westlichen Wissenschaften in Richtung intuitiver religiöser Wahrheit. Insofern Khoury Religionswissenschaft betreibt, sind seine Aussagen aber als kognitiv und damit als wahr im deskriptivem Sinne zu klassifizieren; wenn er jedoch von Überzeugungen, Glauben, Werten spricht, von der „Transzendenz Gottes als Gegenstand religiöser Wahrheit" (201), dann lässt sich seine projektiv-aneignende Interpretation nur retten, wenn man für die hier pathetisch verstandene Wahrheitsvorstellung die Trias „Überzeugung, Glauben, Werte" setzt. Die Teile I – III seiner Arbeit setzen sich kognitiv mit dem moslemischen Glaubensgut auseinander. Die Qualität der Darstellung führt nicht nur zu einer informativen Kenntnisnahme des Islam, sondern zu einem tieferen Verständnis dieser Religion insgesamt, Teil IV konfrontiert diese mit den Bedingungen einer säkularisierten Welt, und Teil V plädiert für einen fairen Dialog zwischen Islam und Christentum aufgrund ihres gemeinsamen, aber relativen Wahrheitsbesitzes, d.h. er mahnt gleiche Augenhöhe zwischen beiden Religionen an.

In Teil IV stellt Khoury den Anspruch des Islam auf seine schon ausführlich besprochene dreifache Universalität vor: absoluter Wahrheitsanspruch, Totalität dieses Anspruches für alle Lebensbereiche, Errichtung eines global gültigen

Gottesstaates. Modern gesprochen, impliziert der Islam politisch einen imperialistischen Anspruch, was nur verschämt oder gar nicht von ‚Islamkennern' zugestanden wird. Nach einer ersten friedlichen Phase des Islam ändert Mohammed seine Meinung über Andersgläubige, weil sie diesen Glauben ablehnen. Seine Gefolgsleute bekriegen und bekämpfen die Andersgläubigen, bis sie liquidiert oder konvertiert sind. Dieser Kampf ist gottgefällig, denn der Gott des Islam, Allah, will, dass der Islam weltweit herrscht. Ausdruck dieses Imperialismus, so Khoury, ist die Aufteilung der Welt in „das Gebiet des Islam" und „das Gebiet des Krieges (115), denen zwei Rechtsformen entsprechen: der islamische Reichsgedanken Gottes und damit des Friedens und das Herrschaftsgebiet der Anders- und Ungläubigen, in welchem „zahlreiche Punkte den Bestimmungen des göttlichen Gesetzes widersprechen" (115). Das Endziel des Islam ist die vollständige Eingliederung des „Gebietes des Krieges". Solange die alleinige Herrschaft des Islams nicht die ganze Welt umfasst hat, bleibt der „Heilige Krieg" (*Djihad*) ein Dauerzustand.[126] Harmlos dagegen mutet der Universalitätsanspruch des Christentums an („Gehet in alle Welt und lehret alle Völker"). Deshalb gelten im Bewusstsein der Islamisten für nichtislamische Staaten nur temporäre Vereinbarungen. (Diese substantielle Nichtachtung der westlichen staatlichen Institutionen dokumentiert sich in der Bildung von islamischen Parallelgesellschaften, die sich so stark von der institutionellen und zivilisatorischen Konzeption ihres nichtislamischen Aufenthaltslandes distanzieren, dass z.B. in den französischen Vororten von Paris nicht mehr der *Code Napoleon*, sondern die *Scharia* gilt.) Diese Art der notgedrungenen Duldung anderer Systeme impliziert aber auch große diplomatische Vorsicht bei der Abfassung von Verträgen mit islamischen Ländern, weil sie gegenüber der Auslegung dieser Verträge mehr von dem Gedanken des Djihad, als von dem Rechtsgrundsatz *pacta sunt servanda* geleitet werden. (Das beste Beispiel für die Nichtachtung internationaler Verträge liefert der Präsident des Iran.)

---

[126] Zur Begriffsklärung: Zwar stammt der Begriff „Heiliger Krieg" aus den christlichen Kreuzzügen, aber sein Inhalt wird heute als „Djihad" in der muslimischen Welt ähnlich, nur mit Umkehrung der damaligen Kriegsparteien gebraucht („Heiliger Krieg" gegen „Kreuzzügler"). Seine Bedeutung im heutigen Sprachgebrauch des Islamismus versteht sich als Wahrnehmung eines im Koran legitimierten Mittels, die universale Herrschaft des Islam zu erringen, wozu terroristische, aber auch politische und diplomatische Aktionen gehören.

Gegenüber allen Beteuerungen der Religionsfreiheit, wie sie Akbuluth (2001), obwohl er es besser wissen müsste, als Tatsache hinstellt, „sieht das klassische Rechtssystem des Islams die Bildung einer Gesellschaft mit zwei Klassen von Bürgern vor" (Khoury 2001, 119), den unterworfenen Schutzbefohlenen (*Djimmi*), Bürgern zweiter Klasse, und den herrschenden Moslems mit den heute überall sichtbaren Konsequenzen. Des weiteren referiert der Autor kritisch über die aus dem Koran hergeleitete und in der Wirklichkeit bestehende Religionsfreiheit, über Apostasie, über die religiösen Rechte der *Djimmi*, um dann aus der Sicht der Muslime kritische Argumente gegenüber der pluralistischen Lebensform der westlichen Welt vorzulegen. Khoury stellt gegenüber, was der Islam vom Westen übernehmen will und was er strikt ablehnt.

Er hält mit seiner Lehre für vereinbar:
- Einführen von Wissenschaft und Technik, um sich selbst behaupten und dann den Westen technisch, wissenschaftlich und organisatorisch überflügeln zu können,
- Streben nach materiellem Wohlstand,
- Errichten einer modernen Infrastruktur.

Er verurteilt im religiösen Bereich:
- Die atheistische Ideologie des Kommunismus,
- die Trennung von Religion und Staat,
- den methodischen Atheismus in Forschung, Wissenschaft; den Materialismus als Philosophie und Weltanschauung, den Rationalismus, den Existentialismus.

Er verurteilt im gesellschaftlichen Bereich:
- Die anglo-europäische Wirtschaftsordnung mit Bevorzugung des Kapitals,
- die Kluft zwischen Kommerz und Moral,
- den westlichen Staat als Instrument des Wohlstandes und der Bedürfnisbefriedigung,
- den tiefen Graben zwischen moralischen Ansprüchen auf Gerechtigkeit und dem oberflächlichen Materialismus,

- die geistige Öde, Ziellosigkeit und Sinnleere westlicher Weltanschauungen,
- den übersteigerten Machtwillen, dem das menschliche Maß fehlt.

Er verurteilt im sittlichen Bereich:
- Das Relativieren von Normen, um sich schrankenlos auszuleben,
- das Kosten-Nutzen-Denken des Kapitalismus,
- das Degradieren des Menschen zum Mittel und Werkzeug,
- den Fetischcharakter des Geldes, um das eine dekadente Gesellschaft kreist,
- die Hinwendung zu einem Sexismus, der die Familien zerstört,
- die Prostitution als Perversion der Liebe,
- den Alkoholismus, die Drogen, die Homosexualität, die Pornographie, den Ehebruch, den Partnertausch.

Er verurteilt die westliche Doppelmoral:
- in Fragen der Menschenrechte,
- im Vorschubleisten von moralischen Argumenten, um so die eigenen Interessen effektiver zu vertreten,
- in der Realisierung der Gleichheit, die nur zwischen Menschen der westlichen Hemisphäre gilt.

Er verurteilt das Streben nach Hegemonie auch nach der Kolonialzeit:
- Bei internationalen Konferenzen werden Belange der islamischen Länder nicht berücksichtigt,
- durch ständige Hochrüstung werden die islamischen Länder ständig bedroht,
- der Westen wird seiner beanspruchten Führerrolle nicht gerecht,
- die demokratische Herrschaftsform mit ihrer Betonung der schrankenlosen Subjektivität und Freiheit ist in Wirklichkeit eine Illusion (135-139).

Diese Zusammenstellung soll nicht weiter kommentiert werden, sondern es soll auf die in Buch V beschriebenen Möglichkeiten der De-eskalation und Dialogführung zwischen beiden Kontrahenten eingegangen werden. Hier verlässt Khoury die religionswissenschaftliche und religionssoziologische Ebene der Auseinandersetzung und mutiert zum Theologen und Moralisten. Seine Arbeit kann also die wissenschaftlichen Kriterien nicht mehr erfüllen; aber deshalb ist sie nicht in Gänze unbrauchbar, sondern auf der Basis des Alltagsrealismus bestimmend für Leben und Kultur zweier großen Religionen.

Auch unser Alltag verläuft (zum Glück) nur selten auf rein wissenschaftlichen Bahnen, sondern wird durch Alltägliches bestimmt, dessen Bewältigung oft nicht weniger rationale Argumentation fordert als wissenschaftliches Arbeiten.

Die Befähigung zu einem fruchtbaren Dialog findet Khoury einmal in dem der Ringparabel ähnlichen Vers:

> Für jeden von euch haben Wir eine Richtung und einen Weg festgelegt. Und wenn Gott gewollt hätte, hätte Er euch zu einer einzigen Gemeinschaft gemacht. Doch er will euch prüfen in dem, was Er euch hat zukommen lassen. So eilt zu den guten Dingen um die Wette. Zu Gott werdet ihr allesamt zurückkehren, dann wird Er euch kundtun, worüber ihr uneins wart (5:48),

und zum anderen in dem Vers:

> „Wachst in der Gnade und Erkenntnis unseres Herrn Jesus Christus" (2 Petr. 3, 18).

Beide Religionen sind gewiss, dass Gott die absolute Wahrheit ist und die Menschen diese nicht besitzen, Ihr Wissen ist in Bezug auf Gott aber relativ, vorläufig. Unter diesen Bedingungen können beide Religionen ihren Absolutheitsanspruch in dieser Welt nicht begründen, jedoch in Wettbewerb um ihn treten, so dass nichtorthodoxe Christen und Muslime in der Transzendenz Gottes oder Allahs einen Weg zum Verständnis des Anderen finden. Aber nur für diese beiden Gruppen besteht anerkennende Toleranz und Fähigkeit zum Dialog.

A.5 Domenico Losurdo: *Was ist Fundamentalismus*? – eine objektivistische Interpretation

Seine Arbeit orientiert sich an der Regel: ‚Es ist unumgänglich, Europa von außen her zu betrachten, sein Scheitern sowie seine Erfolge mit den Augen des von den Völkern Asiens und Afrikas eingenommenen, sehr großen Teils der Menschheit zu sehen' (2001, 29). Es gelingt ihm nicht ganz, diese von außen eingenommene Perspektive durchzuhalten, weil sein ihn prägendes Wertsystem der Marxismus ist, also eine europäische ‚Erfindung'.

Seine eingangs aufgestellte Behauptung „Im Herzen des Westens als positive und stolze Selbstbestimmung entstanden, wird diese Kategorie [der Fundamentalismus – der Autor] jetzt dazu benutzt, um die außerhalb des Westens angesiedelten ‚Barbaren' abzustempeln, die sich in Wirklichkeit lieber als Islamisten bezeichnen" (5). Diese dialektische Formulierung hält aber nicht, was sie verspricht, weil schon zur Zeit der Gründung der biblischen Erneuerungsbewegung sich liberal gesonnene Amerikaner von dieser wissenschaftsfeindlichen, fundamentalistischen Ideologie und ihrer muffigen Moral abgestoßen fühlten.

Losurdo entwickelt aus dem ideologiekritischen Kriterium „Dichotomie" die überall auf der Welt zu beobachtende Fundamentalisierung. Sie erscheint in den Religionen als heiliges göttliches gegen weltliches Recht, als „unerschütterliche Kontraposition zwischen den ‚universalen' Interessen des Westens und den gleichfalls ‚universalen' Interessen des Islam" (6), als ‚heilige' Menschenrechte gegen die Gesetzgebung einzelner Staaten, als Manichäismus, dem Kampf zwischen Gut und Böse, als Schaffung einer „unbeweglichen Identität" (13) zwischen zwei Kulturen, als „Abstoßungsreaktion einer Kultur gegenüber einer anderen" (14), als „imperialer Konflikt zwischen den Großmächten" (24), als „Zusammenstoß zweier Mentalitäten" (33), als „Kreuzzug des ‚säkularen' und ‚zivilisierten' Westens gegen den ‚barbarischen' und ‚klerikalen' Islam" (48).

Dieser Autor zeigt an vielen Beispielen, dass der Fundamentalismusvorwurf nicht nur auf die Anderen zutreffen kann, sondern diese Ideologie von Europa aus weltweit exportiert worden ist. Auch hier ist es gut, an Beispielen das Entstehen solcher Antagonismen, die sich zu fundamentalistischen Bewegungen auswachsen können, zu zeigen. Dabei wird regelmäßig deutlich, dass die eigene Position positiviert, die konträre aber negativiert wird, so dass schließlich geglaubt wird, den Kampf zwischen Gut und Böse auszutragen:

[Bacons „*sacrum bellum* gegen Ungläubige und Wilde" (45), Ausrottung der Indianer und anderer Naturvölker, Legitimierung des Ersten Weltkrieges durch Wilsons „Willen Gottes, der uns in den Krieg geführt hat" (46), George Buschs „'Kreuzzug' gegen das Böse" (48), Bin Ladens „Krieg des Bösen gegen das Gute" (44)].

Wie definiert Losurdo Fundamentalismus? Für religiösen Fundamentalismus findet er die Formel, „die politischen Grundsätze von einem als heilig betrachteten Text abzuleiten" (5). Diese als intersubjektiv und objektiv verstandene bindende Handlungsanweisung wirkt zerstörerisch auf die eigene Kultur, weil abweichende Traditionen, nichtreligiöse Gesetzgebung und nicht deckungsgleiche Wertsysteme sanktioniert werden.

Nach Losurdo ist der Fundamentalismus allgemein gekennzeichnet, „eine unbewegliche Identität aufzubauen" (18). Nicht mehr die Begegnung mit anderen Kulturen formt auch die eigene, sondern eine in Stereotypen und Klischees erstarrte Selbstbespiegelung, die die eigene Kultur, aber auch die Gegenkultur naturalisiert.

Das kann so weit gehen, dass ein anthropologischer Gegensatz von „westlichen Menschen" und Muslimen präokkupiert wird, wie es Qutb, einer der Väter des Islamismus, tatsächlich vornimmt.[127] Deshalb ist die Charakteristik des Fundamentalismus als „Abstoßungsreaktion einer Kultur gegenüber einer anderen" (14) nachvollziehbar.

---

[127] Qutb projiziert sein heutiges Bild von einem Islamisten als dem Angehörigen eines „edlen, alten Stammes", auf „Noah ... Jakob ... Moses ... Mohammed" (12) und lässt bis zur Jetztzeit eine Entwicklungslinie sichtbar werden. Schon an deren Anfang steht auch der Feind, dem Qutb „einen angeborenen Willen der Aggression" (12) zuschreibt. Durch diesen ist der Islam von seinem wahren Weg abgekommen und in viele Krisen geraten, die sich heute immer mehr zuspitzen. Ein „weiter so" würde den Islam in einen Abgrund stürzen, also gelte es, zu den wahren Wurzeln des Islam zurückzukehren, zur Zeit Mohammeds und der „rechten Kalifen", als die Feinde im Staube lagen. Der heutige Islam muss einer „kulturellen Reinigung" (12) unterzogen werden, um die Jahrhunderte lange Infiltration mit verderbter Unkultur zu beenden. Diese „kulturelle Säuberung" (12) mit Ausnahme der Wissenschaften, deren Ursprünge in den Koran verlegt werden, hat das Ziel, die islamische Identität nicht nur wiederherzustellen, sondern als gewesene und wiederkommende „goldene Zeit" wertverstärkend auf das islamische Selbstbewusstsein einzuwirken.

Fundamentalismus gilt daher nicht nur für verschiedene Religionen, sondern auch für Großmächte mit Universalisierungsanspruch, was dieser Autor an der Zeit vor- und nach dem Ersten Weltkrieg an Frankophilie und Germanophilie demonstriert.

Die Geschichte des Zweiten Weltkrieges ist ein Paradebeispiel für fundamentalistische Bewegungen: des *American way of life,* des Nationalsozialismus, des Kommunismus, des Nationalismus. Diese „Denkformen" (Tepe) können aber in zwei Varianten auftreten, der militanten und der moderaten. Der Fundamentalismus kann sowohl auf den Universalismus wie auf seine religiöse Ornamentik verzichten, wie die „Freiheitskriege" mit ihrem „teutomanen" (39) Unterbau.

Losurdo betreibt aber nicht nur Darstellung und Ideologieanalyse des Fundamentalismus allgemein und des islamischen Fundamentalismus im Besonderen, sondern zeigt auf, dass die Fundamentalisierung kein unabänderliches Naturereignis ist, sondern rational erklärbar und deshalb prinzipiell vermeidbar ist. Wir müssen selbstkritisch feststellen, dass der Westen insgesamt seit der Aufklärung eine geistige wie politische und ökonomische Hegemonie gegenüber der islamischen Welt verfolgt hat. Die Antworten darauf sind zunehmender Nationalismus, Antikolonialismus, ökonomischer Sozialismus. Der Westen und das Christentum als Verursacher wachsen zu einem Feindbild zusammen: dem „Kreuzrittertum", das zum Kristallisationspunkt aller negativem islamischen Projektionen wird und mit einer naturalistisch-historischen Kontinuität ausgestattet wird.

Mit diesem Popanz, dessen wertverstärkende Wirkung nicht gering geschätzt werden darf, weil Saladin die den Islam verachtenden Kreuzritter schlug, hat sich der politische Islam ein Konstrukt geschaffen, das als Vorbild zum ‚Endsieg' ermutigt. Erfreulich ist, dass die Niederlage des Osmanischen Reiches vor Wien heute nicht als ständiger Beweis der Überlegenheit des Abendlandes gegenüber dem Morgenland herangezogen wird. Wenn der Westen auf diese Schlachtenrhetorik eingeht und einen Gegenkreuzzug inszeniert, dann legitimiert er den islamischen Fundamentalismus nachträglich. Dann geschieht das, was von Losurdo „unbewegliche Identität" genannt wird (13), die konkurrierenden Kulturen befruchten sich nicht mehr, sondern schotten sich ab und entwickeln eine Eigendynamik der gegenseitigen Entfremdung, die im Sinne von Ideologie in der anderen Kultur nur noch das wahrnimmt, was sie selbst an Negativem hineinprojiziert.

Der hier besprochene Autor geht von einem „Gleichgewicht zwischen Kritik des Westens und Übernahme seiner Errungenschaften" (43) aus, durch das ein kultureller Austausch möglich ist. Kritisierbarkeit und Anerkennung von zivilisatorischen Leistungen auf beiden Seiten wirken als kulturöffnende Kräfte. Wenn diese gleichzeitige Anziehung und Abstoßung nicht mehr funktioniert, wenn sich die Systeme isolieren „bleibt nur der Heilige Krieg des Westens gegen den heiligen Krieg des Islam übrig" (43).

Hier endet die Analyse der ausgewählten Literatur. Zum Ausblick (8.2) gehen Sie bitte zurück auf Seite 178. Das Schlusswort des Autors finden Sie am dort am Ende von Seite 183.

Literaturverzeichnis

Abdullah, Muhammad Salim: *Der Koran.* In: Zewell, Rudolf (Hg.): *Islam – Die missbrauchte Religion.* München 2001.

Affoldenbach, Martin: *Die „Islamische Charta" – Ein Meilenstein für den Islam in Deutschland?* In: *Christen und Muslime. Verantwortung zum Dialog.* Evangelische Akademien in Deutschland (Hg.), Darmstadt 2006.

Akbuluth, Duran: *Der Islam und seine Bedeutung für die Weltpolitik.* Ulm 2002.

Alboga, Bekir et.al.: *Christen und Muslime*, Evangelische Akademie Deutschland (Hg.), 2006.

al-Farabi: *Falsafah Aristutalis (Philosophy of Aristotle)*, trans. M. Mahdi in *Alfarabi's Philosophy of Plato and Aristotle*, Ithaca, NY: Cornell 1969.

Al-Ghazali, Muhammed: *Die Nische der Lichter.* Hamburg 1987.

Armstrong, Karen: *Im Kampf um Gott. Fundamentalismus im Christentum, Judentum und Islam.* München 2004.

Bacon, Francis: *Novum Organum.* 1620.

Barr, James: *Fundamentalismus.* München 1981.

Barth, Peter: *Islam und Islamismus.* München 2003.

Bayertz, Kurt: *Naturphilosophie als Ethik. Zur Vereinigung von Natur und Moralphilosophie im Zeichen der ökologischen Krise.* Philosophia naturalis 24. 1987.

Behr, H.: *Neue Organisationsformen des Terrorismus und Ordnungstypologien transnationaler Politik.* In: Bendel, Petra / Hildebrandt, Mathias (Hg.): *Im Schatten des Terrorismus.* Wiesbaden 2002.

Beltz, Walter: *Die Mythen des Koran.* Berlin 1980.

Bendel, Petra / Hildebrandt, Mathias (Hg.): *Im Schatten des Terrorismus.* Wiesbaden 2002.

Bendel, Petra / Hildebrandt, Mathias: *Der 11. September 2001*. In: Bendel, Petra / Hildebrandt, Mathias (Hg.): *Im Schatten des Terrorismus*. Wiesbaden 2002.

Beyaz, Zekeriya: *Christen und Muslime. Verantwortung zum Dialog*. Sammelband der Evangelischen Akademien (Hg.) in Deutschland. Darmstadt 2006.

Birnbacher, Dieter (Hg.): *Ökophilosophie*. Stuttgart 1997.

Birnbacher, Dieter (Hg.): *Ökologie und Ethik*. Stuttgart 1980.

Birnbacher, Dieter: *Sind wir für die Natur verantwortlich?* In: Birnbacher, D. (Hg.): *Ökologie und Ethik*. Stuttgart 1980.

Birnbacher, Dieter: *Schopenhauer als Ideologiekritiker*. In: Birnbacher, D. (Hg.): *Schopenhauer in der Philosophie der Gegenwart*. Würzburg 1996.

Birnbacher, Dieter: *Natur als Maßstab menschlichen Handelns*. In: Birnbacher, D. (Hg.): *Ökophilosophie*. Stuttgart 1997.

Birnbacher, Dieter: *Analytische Einführung in die Ethik*. Berlin 2003.

BKA (Hg.): *Islamistischer Terror*. Neuwied 2001.

Broder, Henryk M.: *Hurra, wir kapitulieren!* Berlin 2006.

Cassirer, Ernst: *Philosophie der symbolischen Formen II*. Darmstadt 1969.

Colli, Giorgio / Montinari, Mazzino (Hg.): Friedrich Nietzsche. Kritische Studienausgabe in 14 Bänden. Berlin und New York 1988.

Dawkins, Richard: *Das egoistische Gen*. Heidelberg 1994.

Dawkins, Richard: *Der blinde Uhrmacher*. München 1996.

Delacampagne, Christian: *Die Geschichte der Sklaverei*. Düsseldorf und Zürich 2004.

Dittmar, Peter: *Ost gut – West schlecht*. Köln 1977.

Djassemi, Mohammed: *Macht und Staat im Islam*. Niebüll 2002.

Elyas, Nadeem: *Islam – Religion des Friedens*. In: BKA (Hg.) *BKA Herbsttagung 2001: Islamistischer Terrorismus*. Neuwied und Kriftel 2002.

Esposito, John L.: *Unholy War: Terror in the Name of Islam*. New York 2003.

Feuerbach, Ludwig: *Das Wesen des Christentums*. Berlin 1956.

Frisch, Max: *Andorra*. 1961.

Galter, Hannes D.: *Eine Religion im Ausnahmezustand*. In: Salamun, K. (Hg.): *Fundamentalismus "interdisziplinär"*. Wien 2005.

Gehlen, Arnold: *Die Seele im technischen Zeitalter*, Gesamtausgabe Bd. 6, V. Klostermann, Frankfurt am Main 2004.

Geiger, Theodor: *Ideologie und Werturteil*. In: Lenk, Kurt (Hg.): *Ideologie*. Frankfurt am Main 1984.

Goldziher, Ignaz: *Vorlesung über den Islam*. Heidelberg 1963.

Haeckel, Ernst: *Die Welträtsel*. Stuttgart 1905.

Hegel, Georg Wilhelm Friedrich: Werke in 20 Bänden. Frankfurt am Main 1969–1971.

Heiligsetzer, Edda: *Extremismus, Terrorismus, ‚Heiliger Krieg': Zur Soziologie religiöser Terroristen*. In: Bendel, Petra / Hildebrandt, Mathias (Hg.): *Im Schatten des Terrorismus*. Wiesbaden 2002.

Heine, Peter: *Islam zur Einführung*. Hamburg 2003.

Helferich, Christoph: *Geschichte der Philosophie*. Stuttgart 2001.

Hemminger, Hansjörg: *Fundamentalismus, ein vielschichtiger Begriff*. In: Hemminger, Hansjörg (Hg.): *Fundamentalismus in der verweltlichten Kultur*. Stuttgart 1991.

Hildebrand, K. (Hg.): *Zwischen Religion und Politik*. München 2003.

Hildebrandt, Mathias (Hg.): *Im Schatten des Terrorismus*. Wiesbaden 2002.

Hitler, Adolf: Mein Kampf. München Teil 1 in 1925, Teil 2 in 1926.

Huntington, Samuel: *Kampf der Kulturen*. Wien 1996.

Hurgronje, Snouck: *Verspreide Geschriften*. Bd. 3. Leiden 1923.

Horovitz, Josef: *Das koranische Paradies*. In: Paret, Rudi (Hg.): *Der Koran*. Darmstadt 1975.

Hübner, Kurt: *Die Wahrheit des Mythos*. München 1984.

Hübner, Kurt: *Mythische und wissenschaftliche Denkform*. In: Poser, Hans (Hg.): *Philosophie und Mythos*. Berlin 1979.

Ibn-Tufail, Abu Bakr Muhammad Ibn Abd al-Malik Muhammad al-Qaisi: *Robinsonade*.

Kalikow, Theodora June: (Dean of Plymouth State College in New Hampshire), 1984.

Kant, Immanuel: Werke in zwölf Bänden. Hg.: Weischedel, Wilhelm. Frankfurt am Main 1964.

Kellerhals, Emanuel: *Der Islam. Seine Geschichte, seine Lehre und sein Wesen*. Basel 1945.

Kellerhals, Emanuel: *Der Islam. Geschichte, Lehre, Wesen*. Siebenstern Verlag. Hamburg und München 1969.

Khalil, Imalduldin: *Die Refutation des Säkularismus*. Beirut 1979.

Khoury, Adel Theodor, Hagemann, L., Heine, Peter: *Islam-Lexikon*. Freiburg 1991.

Kienzler, Klaus (Hg.): *Der neue Fundamentalismus*. Düsseldorf 1990.

Kocsis, Isabel: *Mohammed und die Gewalt*. München 2001.

Lenk, Hans: *Von Deutungen zu Wertungen*. Frankfurt am Main 1994.

Lenk, Hans: *Schemaspiele*. Frankfurt am Main 1995.

Lenk, Kurt: *Ideologie*. Frankfurt am Main 1984.

Leonhard, Wolfgang: *Die Revolution entlässt ihre Kinder*. 1965.

Lerch, Wolfgang Günter: *Denker des Propheten*. Düsseldorf 2000.

Lerch, Wolfgang Günter: *Muhammeds Erben: die unbekannte Vielfalt des Islam*. Düsseldorf 1999.

Lieber, Hans-Joachim: *Ideologie*. Paderborn 1985.

Lorenz, Konrad: *Die Rückseite des Spiegels*. München 1973.

Lorenz, Konrad: a) *Kants Lehre vom Apriorischen im Lichte gegenwärtiger Biologie*. In Lorenz, Konrad / Wuketis, Franz (Hg.): *Die Evolution des Denkens*. München 1983.

Lorenz, Konrad: b) *Der Abbau des Menschlichen*. München 1983.

Lorenz, Konrad: *Evolution und Apriori*. In: Riedl, R. / Wuketis, Fr. (Hg.): *Die Evolutionäre Erkenntnistheorie – Bedingungen, Lösungen, Kontroversen*. Wien 1987.

Losurdo, Domenico: *Was ist Islamismus?* Essen 2001.

Maetzig, Kurt: Ernst Thälmann – Sohn seiner Klasse. DEFA Film 1954.

Maududi, Abu al-: *Der Islam und die moderne Zivilisation*. Kairo o. Jg.

Mannheim, Karl: *Die Methoden der Wissenssoziologie*. In: Lenk, K. (Hg.): *Ideologie*. Frankfurt am Main 1984.

Mannheim, Karl: *Ideologische und soziologische Interpretation der geistigen Gebilde*. In: Meja, Volker / Stehr, Nico (Hg.): *Der Streit um die Wissenssoziologie*. Bd. 1. Frankfurt am Main 1982.

Mohr, Hans: *Ist das Ethos der Wissenschaften mit der evolutionären Erkenntnistheorie vereinbar?* In: Lorenz, Konrad / Wuketis, F. M, (Hg.): *Die Evolution des Denkens*. München 1983.

Monod, Jacques: *Zufall oder Notwendigkeit?* München 1996.

Moore, George Edward: *Principia ethica*. Stuttgart 1970.

Müller, Lorenz: *Islam und Menschenrechte*. Hamburg 1996.

Nagel, Tilman: *Geschichte der islamischen Theologie*. München 1994.

Orwell, George: ***1984***. Frankfurt am Main 1976.

Paley, William: Natural Theology, 1802.

Paret, Rudi (Hg.): *Der Koran*. Darmstadt 1975.

Pelz, Heidrun: *Linguistik*. Hamburg 1996.

Pflüger, Friedbert: *Ein neuer Weltkrieg?* München 2004.

Popper, Karl R.: *Objektive Erkenntnis.* Hamburg 1974.

Pörksen, Uwe: *Plastikwörter. Die Sprache einer internationalen Diktatur.* Stuttgart 1989.

Portmann, Adolf: *Zoologie und das neue Bild des Menschen. Biologische Fragmente zu einer Lehre vom Menschen.* Hamburg 1956.

Poser, Hans (Hg.): *Philosophie und Mythos.* Berlin 1979.

Prenner, Karl: *Islamischer Fundamentalismus und Koraninterpretation.* In: Salamun, Kurt (Hg.): *Fundamentalismus „interdisziplinär".* Wien 2005.

Qutb, Sayyid: *Ma'alim fi al-Tariq* (Englischer Titel: „*Milestones*"), Ägypten 1964.

Rapoport, Anatol: *Allgemeine Systemtheorie,* Darmstadt 1988.

Russell, Bertrand: *Philosophie des Abendlandes.* München 1950.

Rotter, Gernot: *Der Islam hat die Demokratie erfunden.* In: Rotter, Gernot (Hg.): *Die Welten des Islam.* Frankfurt am Mai 1993.

Rudolph, Ulrich: *Islamische Philosophie.* München 2004.

Salamun, Kurt: *Ideologie, Wissenschaft, Politik.* Graz 1975.

Salamun, Kurt (Hg.): *Fundamentalismus "interdisziplinär".* Wien 2005.

Salamun, Kurt: *Ist mit dem Verfall der Großideologien auch die Ideologiekritik zu Ende?* In: Salamun, Kurt (Hg.): *Ideologien und Ideologiekritik.* Darmstadt 1992.

Sarrazin, Thilo: *Deutschland schafft sich ab. Wie wir unser Land aufs Spiel setzen.* München 2010.

Schmidt, Alfred: *Das Phänomen des Fundamentalismus in Geschichte und Gegenwart.* In: Kienzler, Klaus (Hg.): *Der neue Fundamentalismus.* Düsseldorf 1990.

Schnädelbach, Herbert: *Erkenntnistheorie zur Einführung.* Hamburg 2002.

Schimmel, Annemarie: *Im Namen Allahs, des Allbarmherzigen.* Düsseldorf 1996.

Schupp, Franz: *Mythos und Religion*. In: Poser, Hans (Hg.): *Philosophie und Mythos*. Berlin 1979.

Schwer, T., (Hg.): *Der Koran*. München 2003.

Serauky, Eberhard: *Geschichte des Islam*. Berlin 1991.

Tepe, Peter: *Theorie der Illusionen*. Essen 1988.

Tepe, Peter: *Illusionskritischer Versuch über den historischen Materialismus*. Essen 1989.

Tepe, Peter: *Postmoderne, Poststrukturalismus*. Wien 1992.

Tepe, Peter: *Mein Nietzsche*. Wien 1993.

Tepe, Peter und May, Helge: *Mythisches, Allzumythisches – Theater um alte und neue Mythen*. Ratingen 1995.

Tepe, Peter: *Nietzsche / Erkennen*. Essen 1995.

Tepe, Peter: *Nationalsozialismus und Mythos*. In: Mythologica 5 (1997). Siehe dazu auch. http://www.petertepe.de/texte/texte.htm *Fundamentalismus als Denkform*.

Tepe, Peter: *Mythos & Literatur*. Würzburg 2001.

Tepe, Peter: *Grundsätzliches über Feindbilder*. In: *Aufklärung und Kritik – Zeitschrift für freie und humanistische Philosophie*. Hg.: Gesellschaft für kritische Philosophie 2/2002b Nürnberg 2002.

Tibi, Bassam: *Der neue Totalitarismus*. Darmstadt 2004.

Tibi, Bassam: *Der Islam und das Problem der kulturellen Bewältigung sozialen Wandels*. Frankfurt 1985.

Tibi, Bassam: *Fundamentalismus und die Quellen des Terrorismus im politischen Islam*. In: Bundeskriminalamt (BKA) (Hg.): *Islamistischer Terrorismus*. Neuwied 2001.

Tibi, Bassam: *Der Islam und die westliche Welt*. Darmstadt 2001.

Tibi, Bassam: *Die Krise des modernen Islams*. München 1991.

Tibi, Bassam: *Fundamentalismus im Islam*. Darmstadt 2002.

Tibi, Bassam: *Im Schatten Allahs. Der Islam und die Menschenrechte*. München 1994.

Topitsch, Ernst: *Gemeinsame Grundlage mythischen und philosophischen Denkens*. In: Poser, H. (Hg.): *Philosophie und Mythos*. Berlin 1979.

Topitsch, Ernst: *Erkenntnis und Illusion*. Hamburg 1979.

Vernant, Jean-Pierre: *Griechische Mythen, neu erzählt*. Köln 2000.

Vollmer, Gerhard: *Evolutionäre Erkenntnistheorie*. Stuttgart / Leipzig 1998.

Von Ditfurth, Hoimar: *Der Geist fiel nicht vom Himmel*. Hamburg 1976.

Von Kutschera, Franz: *Vernunft und Glaube*. Berlin 1991.

Wielandt, Rotraut: *Zeitgenössischer islamischer Fundamentalismus*. In: Kienzler, K. (Hg.): *Der neue Fundamentalismus*. Düsseldorf 1990.

Zewell, Rudolf (Hg.): Islam – *Die missbrauchte Religion oder Keimzelle des Terrorismus*? München 2001.